Band 14

Studien zur europäischen Literatur- und Kulturgeschichte

Herausgegeben von Fritz Nies und Wilhelm Voßkamp
unter Mitwirkung von Yves Chevrel und Reinhart Koselleck

Anne Kuhlmann

Revolution als ›Geschichte‹: Alfred Döblins »November 1918«

Eine programmatische Lektüre des historischen Romans

Max Niemeyer Verlag
Tübingen 1997

Gedruckt mit Unterstützung der Deutschen Forschungsgemeinschaft.

Die Deutsche Bibliothek – CIP-Einheitsaufnahme

Kuhlmann, Anne:
Revolution als »Geschichte« : Alfred Döblins »November 1918« ; eine programmatische Lektüre des historischen Romans / Anne Kuhlmann. – Tübingen : Niemeyer, 1997
    (Communicatio ; Bd. 14)
NE: GT

ISBN 3-484-63014-0   ISSN 0941-1704

© Max Niemeyer Verlag GmbH & Co. KG, Tübingen 1997
Das Werk einschließlich aller seiner Teile ist urheberrechtlich geschützt. Jede Verwertung außerhalb der engen Grenzen des Urheberrechtsgesetzes ist ohne Zustimmung des Verlages unzulässig und strafbar. Das gilt insbesondere für Vervielfältigungen, Übersetzungen, Mikroverfilmungen und die Einspeicherung und Verarbeitung in elektronischen Systemen.
Printed in Germany.
Satz und Druck: Memminger Zeitungsverlag, Memmingen

Inhaltsverzeichnis

Vorwort		IX
I	Problemstellung	1
II	Theorie, Lektüre, Interpretation – wissenschaftstheoretische Aspekte der Konzeption	3
III	Methodischer Aufbau der Untersuchung	7
IV	Gattungstheorie – der historische Roman als Fiktion	
	1 Literatur oder Geschichte?	11
	2 Der historische Roman – ein Realismusproblem?	15
	3 Der historische Roman als selbstreflexive Form der Geschichtserzählung	18
	4 Der historische Roman als »eigentliche« Geschichtsdarstellung	20
V	Geschichtstheorie – der historische Roman als Historiographie	
	1 Allgemeine Problemstellung	25
	2 Die Lesbarkeit der historischen Wirklichkeit	28
VI	»November 1918« als historischer Roman – Lesarten der Forschung	33
	1 »November 1918« als Fiktion – Revolution und Christentum	33
	2 »November 1918« als Historiographie – Geschichte als Politik	36
	3 »November 1918« als selbstreflexive Geschichtsdarstellung	39
VII	Der historische Roman – Programm einer aporetischen Lektüre	43
VIII	Revolution als »Geschichte« – »November 1918«	
	1 Methodische Vorbemerkungen	49

2 Revolutionen im historiographischen Diskurs
  2.1 Semantik und narrative Ordnung 51
  2.2 Archetypische Erzählformen – die Romanze .. 54
    2.2.1 Die komische Romanze 58
    2.2.2 Die tragische Romanze 60
3 Titel 65
4 Komposition – die Struktur der tragischen Romanze 67
  I. Band 68
  II. Band 71
  III. Band 72
5 Der Aufbau einer revolutionären Wirklichkeit – Konstituenten der »Geschichte« 73
  5.1 Der Anfang der »Geschichte« – Krise und Aufbruch 73
    5.1.1 Eröffnungsmotive 73
    5.1.2 Tragikomische Aufbrüche – Erstürmungen und Befreiungen 75
    5.1.3 Die Umkehr von Hierarchien oder die »Revolution der kleinen Leute« 81
    5.1.4 Akteure des Aufbruchs – die Massen und ihre Rolle 88

  Exkurs I Die Inszenierung der »Geschichte« und die Rolle des Geschichtsschreibers 92
    Der »Dichter-Erzähler« als Historiker 93
    Der »Dichter-Erzähler« als Historiker der Revolution 96

  5.2 Die Mitte der »Geschichte« – Bruch und revolutionäre Übergangszeit 100
    5.2.1 Revolution und Gewalt 100
      5.2.1.1 »Schwellenzeit« 101
      5.2.1.2 Ursprungsakt 106
    5.2.2 Peripetien – Bilder einer revolutionären Konfrontation 110

  Exkurs II Formen der Figurenkonzeption 114

    5.2.3 Leitfigur der Grenzüberschreitung – Karl Liebknecht und seine Rolle 117
    5.2.4 Bruch und »Schwellenzeit« – Modelle der Zeitlichkeit 123
      5.2.4.1 Chronik – Zeit und Zeitlichkeit der Handlungswelt 124

	5.2.4.2 »Kollektive Fiktionen« – Ende und Anfang, Langsamkeit und Beschleunigung	126
	5.3 Das Ende der »Geschichte« – das Ringen um den Zeitenbruch	130
	5.3.1 Mobilisierung der Zeit	130
	5.3.2 Machtintrigen und Verrat – die »Verhinderer« des Zeitenbruches	135
	5.3.3 Rosa Luxemburg – der Golgathaweg einer Revolutionärin	143
	5.3.4 Woodrow Wilson – Messianismus und Donquichotterie	150
	5.4 Die »Geschichte« des Erwin Stauffer – eine komische Romanze	154
	5.5 Die »Geschichte« des Friedrich Becker – eine tragische Romanze	159
IX	Zusammenfassung	167
X	Schlußbetrachtung	171
XI	Literaturverzeichnis	177
XII	Index	193

Vorwort

Eine innovative Gattungstheorie anhand eines einzelnen Romans zu entwickeln, scheint zunächst wenig vielversprechend. Zumal wenn es sich um ein derart »geschichtliches« Genre wie den historischen Roman handelt. Diskutiert man die Gattungstheorie aber von der Praxis der Lektüre aus, so erhält die Relation von Literatur und Geschichte eine andere Dimension: Das Historische eines Romans erscheint vor allem als eine bestimmte Rezeptionssteuerung, die sich intertextuell und interdisziplinär beschreiben läßt. Auch die Literarizität eines historischen Romans bleibt in widersprüchlicher Weise auf konkrete Formen historiographischer Lektüre verwiesen. Die hier vorgelegte Interpretation des Döblinschen Revolutionsepos »November 1918« orientiert sich somit entgegen neuerer gattungstheoretischer Paradigmen an dem »Zwitterhaften« dieses Genres, ohne auf die übliche Dichotomie von Geschichte und Fiktion zurückzugreifen.

Die vorliegende Arbeit wurde 1994 als Dissertation an der Philosophischen Fakultät der Universität zu Köln angenommen. Tag des Rigorosums war der 12. November 1994. Mein Dank gilt Herrn Prof. Dr. Wilhelm Voßkamp (1. Referent) und Herrn Prof. Dr. Erich Kleinschmidt (2. Referent) für ihre Betreuung und Diskussionsbereitschaft. Dank sei auch der Graduiertenförderung des Landes Nordrhein-Westfalen und der Deutschen Forschungsgemeinschaft gesagt, deren finanzielle Unterstützung diese Arbeit und deren Veröffentlichung wesentlich ermöglichten. Und danken möchte ich nicht zuletzt meiner Familie für ihre Geduld und Unterstützung.

I Problemstellung

Der Döblinsche Roman »November 1918« ist häufig als ein in der deutschsprachigen Literatur des 20. Jahrhunderts einzigartiges Werk bezeichnet worden, insofern hier in epischer Breite ein brisantes Kapitel deutscher Geschichte verarbeitet worden sei: das der Novemberrevolution von 1918 und ihrer Folgen. Zumal im Zuge der Ereignisse der »Deutschen Revolution« von 1989 hat damit der lange Zeit vergessene Roman wieder erhöhte Aufmerksamkeit in Literaturkritik und Literaturwissenschaft erfahren.[1]

Diese Aufmerksamkeit war primär durch ein historisches Erkenntnisinteresse bedingt: »November 1918« wurde als eine literarische Form der Historiographie gelesen. Im Zusammenhang mit einer solchen Lesart ist der Text meist als ein historischer Roman klassifiziert worden. Diese Zuordnung von historiographischer Lesart und Gattungsbestimmung findet sich bei der Interpretation historischer Romane häufig, ja im Grunde ist eine solche Lesart bis heute deren bevorzugte Legitimation. Sind doch historische Romane in ihrem literarischen Status nach wie vor äußerst umstritten.

Nun ist allerdings in den neueren literaturwissenschaftlichen Gattungstheorien gerade eine historisch referentielle Lektüre von historischen Romanen kritisiert worden, da auf diese Weise das spezifisch literarische Moment des historischen Romans nicht erfaßt werden könne. In den neueren Gattungspoetiken wurde vielmehr eine literatur- bzw. fiktionstheoretische Sichtweise auf dieses Genre forciert. Aber dieser Paradigmawechsel ist ein primär theoretischer geblieben: viele als historische Romane klassifizierte Texte – und die vorliegenden Interpretationen des »November 1918« sind dafür ein gutes Beispiel – werden nach wie vor eher als Historiographie gelesen.
Insofern es in der vorliegenden Arbeit nicht allein um den historischen Roman als solchen geht, sondern vor allem um eine neue oder »andere«[2] Interpretation

---

[1] Vgl. so die Rezension von Helmuth Kiesel: Totengräber des Sozialismus. In: FAZ (11. August 1990) und die jüngst erschienene Dissertation von Christina Althen: Machtkonstellationen einer deutschen Revolution. Alfred Döblins Geschichtsroman »November 1918«, Frankfurt a.M. 1993.
[2] Der Begriff des »anderen« historischen Romans stammt von H.-V. Geppert: Der »andere« historische Roman. Theorie und Strukturen einer diskontinuierlichen Gattung, Tübingen 1976. Vgl. dazu genauer die folgenden Ausführungen zur Gattungsdiskussion in Kapitel IV und VII.

des Novemberromans als eines historischen Romans, stellt sich die Frage, wie diese Dichotomie von Theorie und Praxis zustandekommt und inwiefern sie zu überwinden ist.

Der Grundgedanke der vorliegenden Auseinandersetzung mit dieser Problematik ist dabei folgender: die Kluft zwischen Gattungstheorie und interpretatorischer Praxis wird als eine Differenz bestimmter *Lektüremodelle* der Literatur wie der Historiographie verstanden, deren Bedingungen bisher nicht ausreichend reflektiert worden sind.[3] Vor allem wurden in den vorliegenden Gattungspoetiken die historiographischen Lesarten von historischen Romanen – und d. h. die überwiegende Praxis der Interpretation – vorschnell als »trivial« oder als »üblich« (Geppert) bewertet.

In dieser Arbeit wird dagegen die These vertreten, daß historische Romane immer *zugleich* auf zwei verschiedene Weisen gelesen werden können, nämlich als *Historiographie* und als *literarische Fiktion*. Diese Leseweisen, die es zunächst theoretisch zu reflektieren gilt, stehen in einem sich einander *bedingenden wie ausschließenden* Verhältnis der Bedeutungskonstitution – was erklären mag, daß Theorie und Praxis derart wenig aufeinander bezogen wurden.

Im Rahmen der Interpretation von »November 1918« soll exemplarisch gezeigt werden, daß und wie für die Erarbeitung einer Textpoetik eines konkreten historischen Romans gerade diese widersprüchlichen Formen der Lektüre zum entscheidenden Ansatzpunkt werden können.

---

[3] Eine Ausnahme bildet die jüngste Arbeit von Gerhard Kebbel: Geschichtengeneratoren. Lektüren zur Poetik des historischen Romans, Tübingen 1991. Kebbel setzt ebenfalls die Kritik an den Lektüremodellen der Gattungstheorien an den Beginn seiner eigenen Lektüren. Allerdings beschränkt sich seine Kritik auf den Aspekt der hermeneutischen Leseweise. Im Kern hält er an den vor allem von Geppert formulierten Paradigmen der Gattungspoetik fest. Siehe dazu die folgenden kritischen Anmerkungen zu der Untersuchung Kebbels in Kapitel IV.

II Theorie, Lektüre, Interpretation – wissenschaftstheoretische Aspekte der Konzeption

Im Mittelpunkt dieser Arbeit steht die Interpretation eines literarischen Textes. Der grundlegende Gesichtspunkt dieser Interpretation ist allerdings ein systematischer: es geht nicht primär um die Analyse des Einzeltextes, der in seinem Eigenwert erschlossen werden soll, sondern um die Reflexion auf die *Bedingungen* der hier anvisierten gattungsorientierten Lektüre.

Die vorgelegte Konzeption bewegt sich damit bewußt in einem Zwischenfeld von Literaturtheorie und werkorientierter Interpretation: die literaturtheoretische Konzeption ist zugleich eine Konzeption der Lektüre und umgekehrt. Eine solche Vorgehensweise begründet sich vor allem aus der einleitend angesprochenen Situation der Gattungsforschung zum historischen Roman, aber die hier festzustellenden Probleme sind letztlich nicht nur Probleme der allgemeinen Gattungsforschung, sondern sie berühren auch aktuelle bzw. in jüngster Zeit wieder aktuell gewordene Fragen des Faches Literaturwissenschaft.

Angesprochen ist der alte Konflikt von Theorie und Philologie, der seit Ende der 80er Jahre vor allem aus hochschulpolitischen, aber auch aus fachinternen Gründen wieder aufgelebt ist.[1] Die mit der geisteswissenschaftlichen Grundlegung der Literaturwissenschaft in den 20er Jahren aufgekommenen und in den 60er Jahren wiederbelebten Diskussionen um die Erweiterung der philologischen Ausrichtung durch Theorieansätze anderer Disziplinen haben nicht nur zu einer enormen Pluralisierung literaturwissenschaftlicher Methoden geführt.[2] Sie haben auch das Dilemma bewußt gemacht, daß es für die Literaturwissenschaft offensichtlich keine einheitliche epistemologische Basis geben kann, so erfolgreich und produktiv im einzelnen die Applikation philosophischer, soziologischer oder psychologischer Theorien auch ist.

Zudem hat sich die Entgegensetzung von theoretischen Zugangsweisen zum Gegenstand Literatur wie seiner historischen, sozialen und institutionel-

---

[1] Vgl. dazu L. Ellrich/N. Wegmann: Theorie als Verteidigung der Literatur? Eine Fallgeschichte: Paul de Man. In: Deutsche Vierteljahresschrift für Literaturwissenschaft und Geistesgeschichte 64 (1990) 467–513, hier bes. 467–472.

[2] Vgl. dazu W. Voßkamp: Literaturwissenschaft als Geisteswissenschaft. Thesen zur Geschichte der deutschen Literaturwissenschaft nach dem zweiten Weltkrieg. In: Die sogenannten Geisteswissenschaften. Innenansichten. Hg.v. W. Prinz/P. Weingart, Frankfurt a.M. 1990, S. 240–247, hier S. 241.

len Aspekte einerseits und der Interpretation von Texten andererseits als wenig fruchtbar erwiesen.

Die Gattungsforschung generell und die Forschung zum historischen Roman im besonderen – also im landläufigen Sinne literaturwissenschaftliche Ausrichtungen der Theorie – befinden sich von jeher in dem »Dauerspagat«,[3] zwischen Gattungspoetik bzw. Literaturtheorie und der Poetik der Einzeltexte bzw. deren Interpretation zu lavieren. Das Dilemma jeder literaturwissenschaftlichen Gattungstheorie, unabhängig davon, mit welchen theoretischen Prämissen sie arbeitet, liegt ja gerade darin, ihre Paradigmen nicht derart universalistisch formulieren zu können, daß damit die Zuordnung von einzelnen Texten unter ein Gattungsparadigma eindeutig und problemlos geschehen könnte. In den neueren funktionsorientierten Gattungstheorien werden von daher auch überwiegend nur noch Forschungsprogramme entworfen. Der »Spagat« zwischen Literaturtheorie und literaturpraktischen Verfahren bei der Untersuchung von Einzeltexten, die unter einem Gattungsparadigma betrachtet werden sollen, ist damit freilich noch nicht beseitigt.

Im Falle der Gattung des historischen Romans ist diese Differenz zwischen Theorie und Interpretation von Texten wie erwähnt besonders stark ausgeprägt. Dies liegt vor allem darin begründet, daß sich eine Theorie der Gattung im Sinne einer Gattungspoetik erst sehr spät gebildet hat. Die Interpretationen von Texten, die als historische Romane klassifiziert worden sind, orientierten sich meist an eher traditionell geformten Erwartungshorizonten, die weitgehend mit einer historiographischen Lesart der Texte einhergingen. Die seit der Arbeit von Hans-Vilmar Geppert in Gang gebrachte Theoriediskussion hat auf die Interpretation einzelner historischer Romane recht wenig Einfluß genommen.

Seit Geppert hat es höchstens Versuche gegeben, die Gattungstheorie explizit zu bearbeiten, und in diesem Rahmen Interpretationen von Texten zu geben. Der Sprung von der Theorie zum Text war damit einer, der primär im Interesse der Theorie stand – d.h. nicht im Interesse der Erarbeitung einzelner Textpoetiken. Was in der Erforschung historischer Romane – wie auch in vielen anderen Bereichen literaturwissenschaftlicher Arbeit – somit fehlt, ist eine Form der »theoretisierten Praxis« der Interpretation einzelner Texte bzw. eine Reflexion auf die Bedingungen ihrer Lektüre.

Nun hat Paul de Man mit seiner Prägung der literaturwissenschaftlichen Dekonstruktion eine solche Form der theoretisierten Praxis bzw. der »philologischen Theorie« als Basis der literaturwissenschaftlichen Arbeit zu entwickeln versucht. Für de Man ist die Praxis der Lektüre zugleich auch die Theorie der Literatur. Die Tatsache, daß in der Literaturwissenschaft ständig Texte neu

---

[3] So der Begriff bei Harro Müller: Geschichte zwischen Kairos und Katastrophe. Historische Romane im 20. Jahrhundert, Frankfurt a.M. 1988, S. 12.

Theorie, Lektüre, Interpretation

oder anders gelesen werden, verbunden mit dem Vorwurf, die jeweiligen Vorgänger hätten einen Text »falsch« gelesen, nimmt de Man zum Ausgangspunkt seiner Theorie der Literarizität.

Das spezifisch Literarische – von de Man unter dem Aspekt der sprachlichen Bewegung gesehen – liege genau darin, daß es die Möglichkeit einer falschen, widersprüchlichen Lektüre immer schon impliziere.[4] Die von ihm benannte Figuralität der literarischen Sprache suspendiert immer schon die Möglichkeit einer wörtlichen Lesart des Textes – d.h. eine eindeutige Bedeutungszuschreibung kann nicht stattfinden. Auf diese Weise wird die Voraussetzung der philosophischen Hermeneutik, es sei möglich, die Rede eines anderen richtig im Sinne einer abschließbaren Sinnkonstitution zu verstehen, von de Man in Frage gestellt. Interpretation von Literatur heißt immer, nur zu einem »negativen Wissen« der Bedeutungszuschreibung zu gelangen: die verschiedenen Bedeutungen eines Textes sind aufeinander angewiesen und schließen sich doch einander wechselseitig aus.

Diese aporetische Semantik eines Textes, die zugleich eine Aporie der Lektüre ist, macht dessen Literarizität aus.[5] Die von de Man anvisierte Verbindung von (LiteraturNr-) Theorie und Philologie bzw. Interpretation ermöglicht insofern eine »theoretisierte Praxis« der Interpretation, als die Bedingungen der Möglichkeit der Bedeutungskonstitution immer schon Teil des Prozesses der interpretatorischen Arbeit sind. Jede dekonstruktive Lektüre wird auf diese Weise zu einem selbstreflexiven Prozeß. Die theoretischen Implikationen einer solchen Literaturanalyse unterscheiden sich allerdings insofern nicht von anderen Literaturtheorien, als die an der Sprache und Lektüre orientierten Paradigmen ebenso mit dem Anspruch formuliert sind, alle Formen der Literatur in universaler Weise erfassen zu können: die selbstbezügliche Bewegung der literarischen Sprache erscheint indirekt als eine Art Metaphysik der Literatur. De Man selbst hat das Programm dieser aporetischen Lektüre aber niemals derart auf theoretischer Ebene präzisiert, daß es als Lesestrategie für alle Formen literarischer Texte in einem normativen Sinne applikabel wäre.[6] Man kann also versuchen, das dekonstruktive Projekt einer theoretisierten Praxis des Le-

---

[4] »The specificity of literary language resides in the possibility of misreading and misinterpretation.« P. de Man: Blindness and Insight: Essays in the Rhetoric of Contemporary Criticism, Minnesota 1971/1983² (erweitert), S. 280.
[5] Der Begriff der aporetischen Struktur ist nicht zu verwechseln mit dem hermeneutischen Paradigma der Mehrdeutigkeit von Texten: die literarische Ambiguität ist in einem historischen Kontinuum von Interpretationen durchaus dann doch als eine Einheit der Bedeutung eines Textes zu sehen, vorstellbar als progressive Totalisierung dieser verschiedenen Interpretationen. Vgl. dazu auch das Vorwort von Werner Hamacher zu Paul de Man: Allegorien des Lesens, Frankfurt a.M. 1988, S. 9.
[6] Liest man de Mans eigene Interpretationen, so wird man eher mit einem beeindruckenden Gespür für textuelle Aporien denn mit einer durchschaubaren Theorie des Lesens konfrontiert. Vgl. dazu auch Ellrich/Wegmann: Theorie als Verteidigung der Literatur, S. 484.

sens ebenfalls als eine Art von Forschungsprogramm zu rezipieren, das je nach spezifischer Fragestellung gewisser Präzisierungen wie auch Korrekturen bedarf. Es stellt sich somit die Frage, welche Zielsetzungen man aus einem solchen literaturtheoretischen Lektüreprogramm ableiten kann, wenn es um gattungsspezifische Formen der Literatur und deren Lektüre geht.[7]

---

[7] Diese Frage ist auch insofern von besonderer Bedeutung, als de Man literaturtheoretische Paradigmen wie das der literarischen Gattung als Zugangsweise zu literarischen Texten in Frage stellt: Literaturtheorie soll eben nicht mehr von bestimmten Erscheinungsformen der Literatur ausgehen, sondern von den sprachlichen Modalitäten der Produktion und Rezeption von literarischen Texten. Vgl. dazu P.de Man: Der Widerstand gegen die Theorie. In: Romantik. Literatur und Philosophie. Internationale Beiträge zur Poetik. Hg.v. V.Bohn, Frankfurt a.M. 1987, S. 80–106, hier S. 87.

III Methodischer Aufbau der Untersuchung

In Anlehnung an das dekonstruktivistische Lektüreprogramm wird zunächst davon ausgegangen, daß sich historische Romane auf verschiedene Weise lesen lassen, wobei die zentralen Leseweisen aufeinander bezogen sind und sich zugleich auch in aporetischer Weise einander gegenüberstehen. Mit der Applikation dieses dekonstruktivistischen Paradigmas ist aber noch nichts darüber ausgesagt, wie genau sich eine solche Aporie der Bedeutungszuschreibung im Falle des historischen Romans organisiert.

Die methodische Annäherung an diese Problemstellung setzt bei den *Lektüremodellen* an, die den zentralen Paradigmen der Gattungstheorie zugrundeliegen. Seit Geppert gehört es zum Konsens der Forschung, den historischen Roman im Spannungsfeld von Historie und Fiktion anzusiedeln. Mit diesen beiden Kategorien scheint somit eine »Systemstelle« des historischen Romans bestimmbar zu sein, von der aus sich mögliche Leseweisen konstituieren.[1]

Es gilt zunächst zu fragen, welche Lesarten des Historischen und Fiktiven mit diesem Paradigma der Gattungstheorie verbunden sind, von welchen Grundbegriffen her diese Lesarten entwickelt werden und in welchem Verhältnis sie zueinander stehen. Es soll gezeigt werden, wie durch bestimmte, in sich bereits widersprüchliche Leseweisen des Historischen und Fiktiven auf der Theorieebene eine ganz bestimmte Lektüre historischer Romane angestrebt wird, in der andere Lektüremöglichkeiten dieser Gattung ausgeschlossen werden.

Diese ausgeschlossenen Lektüremöglichkeiten, die sich vor allem auf das historiographische Moment des historischen Romans beziehen, lassen sich jedoch in Anbetracht »anderer« dokumentierbarer Lektürepraktiken bereits der Gattungstheoretiker selbst und unter Rekurs auf geschichtstheoretische Überlegungen durchaus als elementarer Teil der Schreibweise historischer Romane betrachten.

Im Rahmen dieser kritischen Aufarbeitung der Lektüremodelle der Gattungsforschung (Kapitel IV und V) soll somit die Widersprüchlichkeit der vorausgesetzten literatur- und geschichtstheoretischen Konzepte in Theorie und

---

[1] Vgl. so Kebbel: Geschichtengeneratoren, S. 15.

Praxis sowohl aufgezeigt als auch anschließend in das Programm einer aporetischen Lektüre transformiert werden.

In der Erläuterung dieses Programmes (Kapitel VII) wird es damit in genau umgekehrter Weise um die Ausarbeitung jeweils *eindeutiger* Leseweisen des Historischen und des Fiktiven gehen, deren *Verhältnis* jedoch als *widersprüchlich* ausgewiesen wird.

Die Interpretation des Einzeltextes »November 1918« (Kapitel VIII) hat den Status einer »Fallstudie« im Sinne einer paradigmatischen Lektüre. Ziel einer solchen Vorgehensweise ist es, den »Dauerspagat« von Gattungstheorie und »materialen« literaturpraktischen Analysen einzelner historischer Romane zu überwinden, indem die Gattungstheorie selbst an ein Programm der Lektüre gebunden werden soll.

Insofern damit eine systematische Perspektive für das Lesen historischer Romane erarbeitet wird, kann hier nicht zugleich auch eine historische Perspektive entwickelt werden. Die systematische Ausrichtung dieser Untersuchung hat aber nicht nur einen methodischen, sondern auch einen sachlich – logischen Grund: insofern die Frage einer *historischen Lesart* ein zentraler Gesichtspunkt der *theoretischen* Reflexion ist, kann sich die Interpretation nicht gleichzeitig als ein primär selbst an der Literatur- oder »Real«- Geschichte orientiertes Verfahren verstehen. Denn dies würde voraussetzen, daß man auf bestimmte Weise eine historische Lesart der Literatur, der Gesellschaft u.a. bereits konstituiert hat.

Die primär systematische Perspektive legitimiert auch die Beschränkung auf die Interpretation eines einzelnen Textes. Man mag einwenden, daß der theoretische Aufwand dieser Arbeit das Konto einer Einzelinterpretation überspannt. Dazu gilt es zu sagen, daß es die theoretischen Problemstellungen und methodischen Prämissen sind, anhand derer entschieden werden kann, was als das »Konto« einer Einzelinterpretation zu gelten hat.

Eine unter systematischem Gesichtspunkt geführte paradigmatische Lektüre, in der gerade die Lektüre selbst zum Problem gemacht wird, kann sich nicht in erster Linie dadurch legitimieren, daß sie sich in synchroner oder diachroner Perspektive gewissermaßen »multipliziert«. Lektüren bleiben an einzelne Texte gebunden, und die Qualität einer Lektüre kann sich nicht durch die Quantität ihrer Anwendung ausweisen.[2]

Bleibt noch die Frage, warum ausgerechnet dieser Roman für die hier anvisierte Fallstudie ausgewählt wurde. Neben persönlichen Präferenzen, die kein Interpret verleugnen kann, liegt der Grund vor allem in der Forschungs- bzw. Lektüregeschichte dieses Textes. Wie bereits in der Einleitung erwähnt wurde,

---

[2] Zumal die folgenden Überlegungen zeigen werden, daß das hier vorgeschlagene Lektüreprogramm auf das methodische Verfahren eines close reading verwiesen ist. Vgl. dazu die Ausführungen in Kapitel VII.

Methodischer Aufbau der Untersuchung

ist die Forschungsgeschichte dieses Romans stark von dem Gattungsparadigma geprägt. Eine ausreichende theoretische Reflexion auf entsprechende Bedingungen der Lektüre läßt sich jedoch kaum feststellen. Die Lektüregeschichte von »November 1918« erweist sich damit unter umgekehrten Vorzeichen als ein paradigmatischer Fall der Dichotomie von Theorie und Praxis. Die exemplarischen Analysen der bisherigen Lektüren des Novemberromans (Kapitel VI) werden zeigen, daß die eigentliche Problematik aber darin liegt, daß ähnlich wie in der Gattungsforschung verschiedene Lesarten des Historischen und des Fiktiven veranschlagt wurden, die auf widersprüchlichen begrifflichen Voraussetzungen beruhen.

Die Komplexität dieses fast 2000 seitigen Textes macht es zusätzlich interessant, die Frage nach einer gattungsspezifischen Lesart zu stellen. Denn dieses »Erzählwerk« – so der Untertitel – läßt sich bei weitem nicht nur als ein historischer Roman lesen. Eine solche Lesart setzt vielmehr eine bestimmte Problemstellung der Interpretation schon voraus. Auch insofern ist dieser Text exemplarisch ausgewählt. Er »zwingt« geradezu die literaturwissenschaftlichen Interpreten, ihre Fragestellungen deutlich zu formulieren und zu reflektieren.

Methodisch wird sich die Interpretation wie erwähnt an dem dekonstruktivistischen Paradigma der aporetischen Lektüre orientieren, weil damit die theoretischen Prämissen der Analyse eines historischen Romans von dem Gesichtspunkt seiner Leseweisen her entwickelt werden können. Es geht allerdings in Abgrenzung zu dem Bemühen de Mans, diese aporetische Struktur als ein universales Kriterium der Literarizität zu behaupten, um ganz spezifische Kriterien der Lesbarkeit, die im Falle des historischen Romans mit dem sehr allgemeinen Paradigma von »wörtlicher« und »figurativer« Bedeutung nicht zu fassen sind.

Die wörtliche und figurative Lesart historischer Romane richtet sich danach, was jeweils unter historisch und fiktional verstanden wird. Erst wenn dieses Verständnis sich begründet ausweisen und in Lektürevoraussetzungen transformieren läßt, kann auch das aporetische Moment der eigenen Lektüre bestimmt werden.

Was die Begründung dieses Verständnisses des Historischen und des Fiktionalen betrifft, so reicht also ein Rückgriff auf die Dekonstruktion nicht aus. Diskurstheoretische, geschichtstheoretische wie romantheoretische Aspekte werden hier ebenso relevant werden. Diese Überlegungen werden aus einer Kritik an den Praktiken der Lektüre entwickelt, wie sie durch die Textpoetiken der Gattungstheorie und durch die vorangehenden Interpretationen des Novemberromans geprägt worden sind. Auch die theoretischen Reflexionen sind damit Teil der Frage nach den literaturpraktischen Verfahren, die der Interpretation historischer Romane zugrundeliegen.

IV Gattungstheorie – der historische Roman als Fiktion

1 Literatur oder Geschichte?

Es herrscht bis heute ein Definitionsdefizit in der Literaturwissenschaft hinsichtlich der Gattung des historischen Romans. Die Diskussionen reichen bis zu der Frage, ob der historische Roman denn überhaupt eine Gattung sei. Auffallend an den Diskussionen um den historischen Roman ist die Tatsache, daß die Existenz dieser Gattung in den meisten Fällen *historisch* begründet wird: die rudimentäre Theorie dieses Genres orientiert sich in erster Linie an der Gattungsgeschichte. Georg Lukács hat in seiner Untersuchung zu dieser Gattung diese Verbindung vielleicht am deutlichsten betont.[1]

Im Grunde hat es bis zu der Arbeit von Geppert nur »Geschichten« über dieses Genre gegeben, ohne daß eine Gattungspoetik erarbeitet wurde. Ebenso erstaunlich ist es, daß diese Gattungsgeschichte weniger an eine Literaturgeschichte als vielmehr an eine »Geschichte« der Geschichtsschreibung bzw. des Geschichtsbegriffes anknüpft.

So wird in der Regel der Anfang der Gattungsgeschichte an der Wende vom 18. zum 19. Jahrhundert verortet, wo sich ein völlig neues, d.h. modernes Bewußtsein für die Geschichte bildet: es entsteht die Verzeitlichung des Geschichtsbegriffes, die Dissoziation von Vergangenheit, Gegenwart und Zukunft, die dazu führt, daß Geschichte insgesamt als linearer Prozeß in der Zeit verstanden wurde. Auf diese Weise etabliert sich der sogenannte Kollektivsingular »die Geschichte«,[2] der fortan Gegenstand der Historiographie wie der Geschichtsphilosophie wird.

---

[1] G. Lukács: Der historische Roman, Neuwied/Berlin 1965. Die Arbeit von Lukács, die in den neueren Gattungstheorien vor allem unter literaturtheoretischen Gesichtspunkten kritisiert worden ist, kann gleichwohl als der erste Versuch gelten, den historischen Roman überhaupt zum Thema einer umfassenden literaturwissenschaftlichen Untersuchung zu machen. Zur Bedeutung der Lukácschen Gattungsauffassung für die Exildebatte zum historischen Roman vgl. Kapitel VI/ Anm. 10.

[2] Diese »Geschichte« des Geschichtsbegriffes wie der Begriff des »Kollektivsingulars« stammt im wesentlichen von Reinhart Koselleck und anderen Historikern der sogenannten »Bielefelder Schule«. Vgl. dazu vor allem R. Koselleck: Historia Magistra Vitae. Über die Auflösung des Topos im Horizont neuzeitlich bewegter Geschichte. In: Natur und Geschichte. Hg. v. H. Braun/M. Riedel, Stuttgart u.a. 1967, S. 196–219.

Die »Geschichte« als das Allgemeine aller Geschichte war damit nicht mehr das Besondere, wie es Aristoteles noch gesehen hatte,[3] sondern eine Wahrheit, die sich als eine bestimmte *Form* der Geschichte konstituieren mußte. Die vergangenen Fakten haben für sich genommen nicht mehr den Status der »Geschichte«. Diese ist vielmehr an ihre Struktur gebunden, mit der die immanente Ordnung in der Zeit präsentiert werden soll.

Damit kann das Entwerfen dieser »Geschichte« zum gemeinsamen Problem von Dichtung und Historiographie werden: die Interferenz ermöglicht erst die moderne Konstitution von Geschichtsdichtung, wie sie sich seither im Geschichtsdrama oder im historischen Roman entwickelt hat.[4] Die verschiedene Art und Weise, wie die Dichtung im Roman oder im Drama »Geschichte« gestaltet, bildet die Materialität dieser Gattungsgeschichte. Das Ende der Gattungsgeschichte ist auch schon mehrmals geschrieben worden: insofern in der postmodernen Gesellschaft dieser Kollektivsingular der Geschichte kaum mehr existiert, kann auch bei Autoren wie Heiner Müller oder Thomas Pynchon die Gattung enden oder nur noch als absurde Schreibweise existieren.[5]

Durch die jüngste geschichtliche Entwicklung bzw. deren Interpretation ist jedoch auch diese »Geschichte« des modernen Geschichtsbegriffes wieder umgeschrieben worden. Das für die Moderne veranschlagte gespannte Verhältnis von »Erfahrung und Erwartung« (Kosselleck) wie der Bedarf an dem Entwurf von Geschichtskonzepten scheint mitten in der Postmoderne wieder Einzug zu finden.

Diese aktuellen Diskussionen um die Wiederentdeckung der »Geschichte« sollen hier nicht um eine weitere Pointe bereichert werden. Mit diesen Ausführungen sollte vielmehr gezeigt werden, daß die Gattungsgeschichte der Literaturwissenschaft wesentlich an eine »Geschichte« des modernen Geschichtsbewußtseins gebunden ist – und weniger an eine ebenso moderne »Geschichte« der Ausdifferenzierung des Kunstsystems bzw. des Literatursystems im Sinne des Autonomie-Konzeptes. Damit wurden historische Romane primär nicht als literarische Texte gelesen, die an der spezifischen Entwicklung des Literatursystems teilnahmen. Historische Romane wurden und werden nach wie vor vielmehr als Ausweis eines Geschichtsbewußtseins gelesen, das auch ohne Texte existiert.

---

[3] Vgl. die Bestimmungen im berühmten 9. Kapitel der Aristotelischen Poetik. Übers. u. hg. von M. Fuhrmann, Stuttgart 1994, S. 29/31.
[4] Zu dieser Herleitung der Gattung vgl. repräsentativ Geppert: Der »andere« historische Roman, S. 38ff.; H.-D. Weber: Heiner Müllers Geschichtsdrama – die Beendigung einer literarischen Gattung. In: DU 43 (1991) H.4, 44/45; Müller: Geschichte zwischen Kairos und Katastrophe, S. 13 sowie E. Lämmert: Geschichten von der Geschichte. Geschichtsschreibung und Geschichtsdarstellung im Roman. In: Poetica 17 (1985) 228–254.
[5] Vgl. so H.-D. Weber: Heiner Müllers Geschichtsdrama, S. 57 oder Kebbel: Geschichtengeneratoren, S. 19.

Literatur oder Geschichte?

Diese Vorgehensweise erstaunt auch insofern, als literaturwissenschaftliche Gattungstheorien in der Regel innerhalb der Literaturtheorie etwas bereits Sekundäres sind: setzt doch die Frage nach der Spezifik einer Gattung schon die Entscheidung voraus, diese Gattung sei auch Teil des literarischen Systems. Genau dies ist offensichtlich im Falle des historischen Romans bis zu der Untersuchung Gepperts nicht geschehen.

Die »triviale« Grundsituation dieses Genres ist damit wesentlich auch eine durch die Literaturwissenschaft selbst produzierte, nicht eine, die allein durch Texte geschaffen wurde, die man »gemeinhin« als historische Romane bezeichnet hat. Gepperts Unterscheidung von »üblichem« – und d.h. »trivialem«, nicht eigentlich »literarischem« – und »anderem«, eigentlich literarischem historischen Roman ist von daher auch mit Vorsicht zu betrachten, insofern man Gepperts literaturtheoretische Prämissen übernehmen muß, um sich dieser Unterscheidung in dieser Form anschließen zu können.[6]

Zweifelsohne läßt sich dieses Genre gattungspoetisch schwer einordnen. Zum kleinsten gemeinsamsten Nenner der Forschung dürfte es dabei gehören, daß dieses Genre ähnlich wie das historische Drama irgendwo in dem »komplexen Spannungsfeld zwischen Fiktion und Historiographie« angesiedelt ist.[7]

Auch Gepperts Versuch, quer zur »offiziellen« literarischen Tradition eine poetologisch-systematische Gattungstheorie des historischen Romans zu erarbeiten, bleibt zunächst an diesem Forschungsparadigma orientiert. Allerdings erfährt dieses Paradigma bei Geppert eine spezifische und folgenreiche Umdeutung. Der Einschnitt, der mit Gepperts Arbeit in der Gattungsbetrachtung einsetzt, betrifft vor allem die in dem »Spannungsfeld« angesiedelten Leseweisen von historischen Romanen. Gepperts grundlegende Forderung, historische Romane primär als literarische Texte zu lesen, impliziert nämlich nicht nur eine Kritik an »üblichen« Lesarten des Genres, die nun als »misreadings« qualifiziert werden.[8] Darüber hinaus werden mit dieser Forderung auch *spezifische* Lektüremodelle des Fiktionalen wie Historischen determiniert.

---

[6] Vgl. so auch die Kritik bei Kebbel: Geschichtengeneratoren, S. 20. Es ist wenig hilfreich, diese strikte typologische Entgegensetzung von »üblichem« und »anderem« historischen Roman durch Historisierung zu variieren, weil dadurch die literaturtheoretischen Prämissen nicht problematisiert, sondern nur umformuliert werden. So geschehen in der jüngsten Arbeit von H.J.Sottong: Transformation und Reaktion. Historisches Erzählen zwischen Goethezeit und Realismus, München 1992. Der von Sottong verwendete Gegensatz von Homogenität und Heterogenität, mit dem die diachrone Entwicklung des historischen Romans erfaßt werden soll, stellt nur eine Umschreibung des von Geppert aufgestellten typologischen Gegensatzes dar.

[7] Axel Schalk: Geschichtsmaschinen, Heidelberg 1989, S. 17.

[8] »Falsch« oder fehlgeleitet sind nach Geppert diejenigen Lektüren, in denen historische Romane als ästhetisierende Formen der Geschichtsdarstellung verstanden werden. Geppert unterscheidet dabei drei lektüreleitende wirkungsästhetische Prinzipien, die auch das »offizielle« Bild dieser Gattung charakterisieren: das der Verlebendigung/Verklärung von Geschichte, das der Mythisierung von Vergangenheit

Bezeichnenderweise ist bei Geppert selbst nicht von Leseweisen die Rede, sondern von substantiellen Qualitäten des historischen Romans. Die Unterscheidung von »üblichem« und »anderem« historischen Roman ist in diesem Sinne eine, die sich nach Geppert in der poetischen Struktur einzelner Texte selbst auffinden läßt. Von daher muß er seine Lektüren an einem allgemeinen literaturtheoretischen Paradigma orientieren, das als Maßstab des »Literarischen« gilt und mit dem sich einzelne historische Romane als jeweils »üblich« oder »anders« klassifizieren lassen.

Die in der Nachfolge von Geppert verfaßten Neuformulierungen einer Gattungspoetik sind nicht in gleicher Weise dieser kategorischen Unterscheidung zweier Typen des historischen Romans gefolgt. Was sie jedoch von Geppert übernommen haben, ist die Privilegierung einer ganz bestimmten Auslegung des genretypischen »Spannungsfeldes«. In allen nachfolgenden Gattungspoetiken ist der historische Roman primär als ein autonomer literarischer Diskurs gesehen worden. Das aber hat zur Folge, daß der historische Roman gar nicht mehr im »Spannungsfeld« von Historiographie und Fiktion, sondern nur als Fiktion betrachtet wird – wie auch immer der Begriff der Fiktion literaturtheoretisch gefaßt worden ist.

Wie im folgenden noch genauer gezeigt werden soll, ist damit auch das von Geppert formulierte und seither in der Forschung anerkannte Paradigma, der historische Roman sei durch eine Dichotomie von »Geschichte und Fiktion« geprägt, nicht mit dem Postulat der Spannung von Historiographie und Fiktion gleichzusetzen. Insofern es bei Geppert und anderen Autoren primär ein literarisch gefaßter Fiktionsbegriff ist, von dem aus die Dichotomie zum Historischen erarbeitet wird, ist die behauptete Spannung durch eine eindimensionale Betrachtungsweise des historischen Romans vielmehr schon aufgehoben bzw. in Grenzen gehalten.[9]

Auf diese Weise sollte der alte Vorwurf zurückgewiesen werden, der historische Roman sei ein »Gattungszwitter« – eben teils Historiographie und teils Roman. In dieser rein literaturwissenschaftlichen Perspektive erscheinen not-

---

und das Prinzip der meist politisch motivierten Spiegelung der Gegenwart in der Vergangenheit. Vgl.: Der »andere« historische Roman, S. 2ff.

[9] Gepperts grundlegende literaturtheoretische Annahmen sind an Roman Ingardens Fiktionstheorie orientiert, während beispielsweise Harro Müller und Gerhard Kebbel mit unterschiedlichen diskurstheoretischen Paradigmen arbeiten. Wenn Kebbel darüber hinaus bei der Erarbeitung einzelner Textpoetiken auf dekonstruktivistische Theoreme zurückgreift, steht ebenfalls allein die Literarizität des historischen Romans im Zentrum seiner Argumentation. Im Grunde lassen sich an den »Umschreibeversuchen« der jüngsten Forschung sehr gut die sogenannten Paradigmenwechsel in der Literaturwissenschaft beobachten: Diskurstheorie und Dekonstruktion können in eine diachrone Reihe jeweils aktueller literaturtheoretischer Paradigmen des Faches eingeordnet werden, die einfach auf das von Geppert formulierte Theorem des »Hiatus von Geschichte und Fiktion« übertragen wurden.

wendig die »offiziellen« Lesarten der Gattung als nicht mehr adäquat oder eben nur »üblich«.

Es stellt sich allerdings die Frage, ob aus einer einseitig an der Literaturtheorie orientierten Sichtweise die an der Historiographie ausgerichteten Leseweisen des historischen Romans überhaupt ihrerseits adäquat erfaßt und bewertet werden können. Diese Frage stellt sich vor allem deshalb, insofern nachweisbar in den neueren Gattungstheorien selbst ganz »andere« Lektüren des historischen Romans festzustellen sind, die sich von den sogenannten »üblichen« Lektüren nicht allzu sehr unterscheiden.

2 Der historische Roman als Roman – ein Realismusproblem?

Das Paradigma der Gattung, wie es von Geppert formuliert worden und seitdem in der literaturwissenschaftlichen Forschung anerkannt ist, ist das des »Hiatus von Geschichte und Fiktion«. Geppert leitet dieses Paradigma im Rahmen einer fiktionstheoretisch orientierten Literaturtheorie her.[10] Diese methodische Vorgehensweise impliziert schon eine ganz bestimmte Entscheidung der Lektüre – nämlich die, den historischen Roman primär als einen Roman zu lesen. In der Art und Weise, wie Geppert den Begriff der Fiktion faßt, wird der historische Roman an die Wirklichkeitsproblematik des Romans gebunden, wie sie seit dem 18. Jahrhundert die romantheoretischen Diskussionen geprägt hat.[11] Gepperts Vorgehensweise ist also von daher auch »diskontinuierlich«,[12] als er ein literaturtheoretisches Paradigma in die Gattungsdiskussion einbringt, das die Diskussionen um den Roman von jeher bestimmt hat, aber offensichtlich für die Produktion und Rezeption historischer Romane nicht die gleiche Rolle gespielt hat.

Die unterschiedliche Verarbeitung des Hiatus von Geschichte und Fiktion, wie sie von Geppert jeweils für den »üblichen« und für den »anderen« historischen Roman veranschlagt wird, birgt in sich die ältere Unterscheidung von Mimesis und Poesis. Der »übliche« historische Roman bleibt nach Geppert rein mimetisch, insofern er das Historische als unmittelbare Wirklichkeit darstellt. Der »andere« historische Roman entwirft hingegen in der Spannung von Mimesis

---

[10] Geppert: Der »andere« historische Roman, S. 16ff.
[11] Siehe hierzu u.a. H. Blumenberg: Wirklichkeitsbegriff und Möglichkeit des Romans. In: Nachahmung und Illusion. Hg.v. H. R. Jauß, München 1964, S. 9–28 (P& H I) und W. Voßkamp: Methoden und Probleme der Romansoziologie. Über Möglichkeiten einer Romansoziologie als Gattungssoziologie. In: Internationales Archiv für Sozialgeschichte der deutschen Literatur 3 (1978) 28–37.
[12] So Gepperts eigener Begriff für die Struktur der Gattung des historischen Romans.

und Poesis eine eigene Wirklichkeit – »eine eigene Welt«, um mit Blumenberg zu sprechen – die von der historischen als eine verschiedene erkennbar sei.[13]

Es fragt sich allerdings, ob das Realismusproblem des Romans auf der gleichen Ebene wie das des historischen Romans diskutiert werden kann, wenn noch eine sinnvolle Unterscheidung zwischen Roman und historischem Roman getroffen werden soll. Das Theorem des Hiatus funktioniert nämlich nur, wenn die Seite des Realen mit dem Historischen gleichgesetzt wird: Geschichte ist nicht Text, sondern vergangene Wirklichkeit – also in diesem Sinne nicht Fiktion. Im Rahmen der fiktionstheoretischen Herleitung des Hiatus ist die Annahme einer *epistemischen* Unterscheidbarkeit von historischen und fiktiven Gegenständen die unabdingbare Voraussetzung dafür, daß der Hiatus überhaupt als konstitutive Tiefenstruktur jedes historischen Romans behauptet werden kann.

Damit liegt das »Spannungsfeld« des historischen Romans aber nicht mehr zwischen Historiographie und Fiktion, sondern zwischen Realität und Romanfiktion. Das Historische ist definiert als vergangene, prinzipiell referentialisierbare Wirklichkeit, also als eine Gegenstandsebene, nicht als eine Textebene – wie es im Falle der Historiographie angenommen werden müßte. Das Historische bedarf in dieser Betrachtungsweise damit keiner eigenständigen Lektüre mehr: es ist als Wirklichkeit von der Romantheorie her schon kategorisiert.

In dieser Betrachtungsweise wird der historische Roman somit vor allem zu einer *thematischen* Kategorie: in dieser Gattung werden geschichtliche Gegenstände zum Thema. »Diskontinuierlich« ist eine solche Betrachtungsweise auch deshalb, als sie »quer« zu der genannten historischen Herleitung der Gattung formuliert ist: in dieser Perspektive ist der historische Roman nämlich weniger eine thematische als eine *diskursiv* gefaßte Kategorie, insofern auch die Realität der Geschichte seit 1800 an die Form eines Diskurses oder Textes gebunden wird. Der Begriff der »Zwittergattung« ist somit wohl nicht von ungefähr geprägt worden: impliziert er doch eine Leseweise des Historischen als Historiographie, und nicht ausschließlich als eines thematischen Gegenstandes.

Fast in keiner der neueren Gattungstheorien ist dieser Perspektivenwechsel explizit thematisiert worden bzw. die Geppertsche Gleichsetzung von Ge

---

[13] Letztlich war es Wolfgang Iser, der in seiner Interpretation von Scotts »Waverley« den historischen Roman zuerst in dieser literaturgeschichtlichen Perspektive des Verhältnisses von Roman und Wirklichkeit thematisiert hat. Vgl: Möglichkeiten der Illusion im historischen Roman. In: Nachahmung und Illusion (=P&H I), S. 135–157.

Der historische Roman als Roman 17

schichte und Realität konsequent hinterfragt worden.[14] Die Bemühungen von Harro Müller und Gerhard Kebbel, die rein hermeneutische Orientierung Gepperts mit Hilfe von diskurstheoretischen Annahmen kritisch zu hinterfragen und zu ergänzen, führen nur zu einer Korrektur des Autorkonzeptes, nicht aber zu einer Problematisierung des in dieser Weise fiktionstheoretisch hergeleiteten Hiatus von Geschichte und Fiktion.
Infolgedessen sind die Möglichkeiten einer historiographischen Lektüre des historischen Romans unterschätzt worden. Diese Form der Lektüre wurde vielmehr vorschnell mit ideologischen Implikationen verbunden.

Betrachtet man jedoch, wie in den Gattungstheorien das Paradigma des Hiatus in konkrete Lektüreverfahren transformiert wird, so zeigt sich, daß die thematische Bestimmung des Historischen nicht aufrechterhalten wird. So findet sich bei Geppert unter dem Aspekt einer poetologisch-typologischen »Relevanznahme« (Kap. 3–6) ein Analyseprogramm, in dem anhand kleinster *Textausschnitte* verschiedenster Romane die narrativen Möglichkeiten der Gattung hinsichtlich der Hiatus-Akzentuierung ausgewiesen werden sollen. Die von Geppert berücksichtigten Interpretamente von Erzähler-Figuren, Erzähltechniken und Zeitstrukturen des Erzählens[15] lesen sich wie ein Katalog von Möglichkeiten des Erzählens im Roman – was in Anbetracht der romantheoretischen Herleitung des Hiatus auch nicht verwundern kann.[16]

Wenn Geppert aber im letzten Teil seiner Untersuchung dazu übergeht, einzelne historische Romane in dem *Zusammenhang* ihres Erzählens zu analysieren, dann lassen sich ganz andere Lesarten des Historischen finden, die mit der epistemischen Herleitung des literarischen Fiktionsbegriffs gar nicht mehr

---

[14] Ausnahmen bilden hier höchstens die Arbeiten von Axel Hecker: Geschichte als Fiktion, Würzburg 1986 sowie die ganz neue Untersuchung von Ansgar Nünning: Von historischer Fiktion zu historiographischer Metafiktion. Theorie, Erscheinungsformen und Entwicklungstendenzen des historischen Romans in England seit 1950, Köln 1994 (Habil.schr.). Bei Hecker erfolgt allerdings auch eine Gleichsetzung von Geschichte und Realität, insofern unter erkenntnistheoretischem Gesichtspunkt beide als »Fiktion« betrachtet werden. Diese Auffassung des Historischen dient in erster Linie dem Nachweis der Literarizität historischer Romane. So aber werden »realistische« Leseweisen der Gattung nicht weiter hinterfragt bzw. ausdrücklich zurückgewiesen. Nünning betont ebenfalls, daß ein rein inhaltlicher Gattungsbegriff kaum ausreichend sei. Vielmehr müßten »Vermittlungsformen narrativ-fiktionaler Geschichtsdarstellung« zum Ausgangspunkt der Gattungsbestimmung gemacht werden (S. 357). Auch Nünning leitet diese narrativen Formen aber von einer vorausgesetzten literarischen Fiktionalität ab, die »kategorial« von der historiographischen Diskursivität abgegrenzt wird (S. 358).
[15] Vgl. Geppert: Der »andere« historische Roman, S. 44ff.
[16] Wenn Ewald Mengel Geppert vorwirft, die Poetik historischer Romane allein an die Erzählstruktur zu binden (vgl. Geschichtsbild und Romankonzeption. Drei Typen des Geschichtsverstehens im Reflex der Form des englischen historischen Romans, Heidelberg 1986, S. 28), so berücksichtigt Mengel nicht die literaturtheoretischen Prämissen dieser Vorgehensweise Gepperts, die es zunächst einmal zu kritisieren gilt.

in Einklang zu bringen sind. Geppert scheint allerdings selbst gesehen zu haben, daß die rein romantheoretische Betrachtungsweise des Historischen bei der Erarbeitung konkreter Textpoetiken nicht ausreicht. Von daher unterscheidet er noch einmal die genannte »poetische« Relevanznahme von einer »kommunikationstheoretischen« und einer »hermeneutischen« Relevanznahme. Diese anderen Zugangsweisen werden aber nur nebeneinander gestellt, ohne daß damit die fiktionstheoretische Herleitung des Hiatus und die dadurch bedingte Lesart des Historischen korrigiert worden wäre.[17]

3 Der historische Roman als selbstreflexive Form der Geschichtserzählung

Im Rahmen der »kommunikationstheoretischen« Betrachtungsweise des historischen Romans faßt Geppert die Kategorie der Geschichte nicht mehr als eine Form der Realität, sondern als eine Form der Kommunikation: Geschichte wird zu Historiographie.[18] Geppert bemerkt, daß auch in der Historie die Gegenstände der Vergangenheit nur mittels kommunikativer Vergegenwärtigung konstituiert werden könnten, womit sie als »quasi entworfen« anzusehen wären.[19] Eine weitere Möglichkeit der Hiatus-Akzentuierung des »anderen« historischen Romans bestünde entsprechend darin, daß er die »kategoriale Dichotomie von Zeichen und Gegenständen« ästhetisch reflektiere, was im Rahmen des Diskurses der Historiographie wie auch im »üblichen« historischen Roman nicht eigens thematisiert werde.[20]

Geppert knüpft in dieser Betrachtungsweise des historischen Romans vor allem an Wolfgang Isers Interpretation des »Waverley« an. So sieht Iser die Originalität dieses Erstlingswerkes von Walter Scott darin begründet, daß hier in Abkehr von einem normativen Wirklichkeitsverständnis die historische

---

[17] Geppert spricht lediglich davon, daß beispielsweise im Rahmen einer hermeneutischen Lektüre die »historische Relevanz« einen Primat gegenüber der »Fiktion« erhalte (ebd.: S.250), ohne zu erläutern, was dies für die Praxis der Lektüre eigentlich bedeuten sollte. So bleibt unklar, ob etwa in einer hermeneutischen Lektüre der historische Roman gar nicht mehr als ein Roman, sondern nun doch als eine Form der Historiographie gelesen wird.
[18] Geppert: Der »andere« historische Roman, S. 29ff. Geppert orientiert sich bei dieser Betrachtung des Historischen im wesentlichen an Roland Barthes und dessen Ausführungen zur Semantik des historischen Diskurses. Vgl.: R. Barthes: Historie und ihr Diskurs. In: alternative 62/63 (1968) 171–180.
[19] Dieser Begriff stammt von Roman Ingarden. Vgl.: Das literarische Kunstwerk, Tübingen 1965³, S. 260.
[20] Geppert: Der »andere« historische Roman, S. 30ff. In der angloamerikanischen Forschung hat Linda Hutcheon dafür den Terminus »historiographic metafiction« geprägt. Vgl.u.a.: The Politics of Postmodernism, London/New York 1989, S. 14f., S. 47ff. Siehe dazu auch die Ausführungen bei Nünning: Von historischer Fiktion zu historiographischer Metafiktion, S. 289ff.

Der historische Roman als selbstreflexive Form der Geschichtserzählung 19

Wirklichkeit allein unter dem Aspekt ihrer Erfahrbarkeit verarbeitet werde.[21] Das Historische erscheine damit nicht mehr als vorgegebene Realität, sondern werde einem Prozeß der »unabschließbaren Individualisierung« unterworfen.[22] Hiermit wäre die ästhetische Perspektive des historischen Romans von Scott exemplarisch gestaltet worden: Geschichte werde nicht nur stofflich, sondern als ein sprachlich – ästhetischer Konstituierungsprozeß thematisiert.

Nun muß man sich angesichts einer solchen Argumentation allerdings fragen, ob hier nicht implizit zwei sehr verschiedene »Hiatus«-Begriffe veranschlagt werden. Wenn der historische Roman auf die kommunikative Ordnung der Historiographie reflektiert, dann besteht hier eigentlich kein Gegensatz von Wirklichkeit und Fiktion mehr, sondern einer zwischen zwei verschiedenen Formen der sprachlich-kommunikativen Ordnung von vergangener Wirklichkeit. Und zum anderen stellt sich die Frage, wie denn eine solche reflexive Tragweite des historischen Romans überhaupt zustande kommen kann. Denn sowohl Geppert wie Iser betrachten diese Form der geschichtsreflexiven Darstellung eher als ein abstraktes Moment der Geschichtsreflexion, das jeweils vom *Autor* eingebracht und narrativ umgesetzt wird. Die Bedingungen des selbstreflexiven Geschichtserzählens sind somit nicht an die *Form* einer bestimmten Schreibweise des historischen Romans gebunden.

Mit dem Konzept des Autors wird vor allem die Frage umgangen, welchen Lektürebedingungen eine solche Betrachtung des historischen Romans unterliegt. Wenn der historische Roman als Text selbst diese Form der Reflexion auf die Geschichtsschreibung leisten kann, müßte er dann nicht prinzipiell zunächst auch einmal als Historie gelesen werden können – und eben nicht allein als Fiktion?[23] Auch hinter dieser Betrachtungsweise des historischen Romans steht bei Geppert wie Iser ein ganz bestimmtes romantheoretisches Paradigma: nämlich das der möglichen Autoreferentialität des Romans.[24]

---

[21] Iser: Möglichkeiten der Illusion, S. 153.
[22] ebd.: S. 147.
[23] Es ist somit nicht damit getan, Gepperts hermeneutische Orientierung am Autor als solche zu kritisieren (vgl. so Müller: Geschichte zwischen Kairos und Katastrophe, S. 17 und Kebbel: Geschichtengeneratoren, S. 6ff.). Es gilt vielmehr nachzuweisen, wie diese Autor-Konzeption funktional zu der behaupteten geschichtsreflexiven Tragweite des historischen Romans steht, d. h. welchen blinden Fleck der Argumentation sie einnimmt.
[24] Bei Blumenberg wird diese Tragweite des Romans auch mit dem Begriff der »Fiktion der Realität von Realitäten« benannt. Vgl. Wirklichkeitsbegriff und Möglichkeit des Romans, S. 14f. und 27. In der Untersuchung von Axel Hecker wird allein dieses romantheoretische Paradigma im Sinne einer substantiellen Qualität des Literarischen zum Leitmodell der Lektüre des »Wallenstein« (siehe Geschichte als Fiktion: S. 29ff./404ff.). Ungeklärt bleibt auch hier, wie eine solche Lektüre überhaupt zustandekommt und wie sie sich z. B. von der anderer »realistischer« Romane unterscheidet, in denen ja die Realität ebenso nur als ein Bild des Wirklichen präsent ist, welches entsprechend als Bild reflektiert werden kann.

Aber dieses Paradigma setzt zunächst einmal voraus, daß im Roman überhaupt die Form einer referentialisierbaren Wirklichkeit entworfen wird, die dann als eine solche entsprechend reflektiert werden kann. Aufgrund der fiktionstheoretischen Herleitung des Hiatus ist diese Wirklichkeitsform aber zumindest beim »anderen« historischen Roman als eine autonome fiktionale Gegenstandsebene kategorisiert: unter der Voraussetzung, daß das Historische sich über referentialisierbare Fakten organisiert, kann die Wirklichkeit des Textes sich als eine historiographisch entworfene Form der Wirklichkeit gar nicht konstituieren.

Die »Dichotomie von Zeichen und Gegenständen« ist für Geppert offensichtlich ein allgemein gefaßtes zeichentheoretisches Problem der Historiographie, d.h. kein Merkmal jeder möglichen Konstitution einer historischen Wirklichkeit – auch jener, die als sogenannte »Referenz« historischen Lektüren historischer Romane zugrundeliegt. Es scheint so, als gebe es bei Geppert letztlich drei Begriffe des Historischen: den der Fakten, den der Historiographie in einem eher geschichtstheoretischen Sinn und den der sogenannten Geschichtsbilder, mit denen bestimmte Formen der Historiographie angesprochen werden. Der Zusammenhang dieser drei Faktoren bleibt bei Geppert allerdings ungeklärt – was seine »hermeneutischen« Lektüren einzelner Romane stark in die Nähe der »üblichen« Leseweisen rücken läßt.

4 Der historische Roman als »eigentliche« Geschichtsdarstellung

Im Kontext der Untersuchung der Hermeneutik des historischen Romans wird in einem ausdrücklichen Rekurs auf die geschichtstheoretischen Überlegungen Diltheys, Hegels und Droysens der historische Roman als alternative Form der Geschichtsdarstellung und des Geschichtsverstehens betrachtet. So wird für den »anderen« historischen Roman ein Umgang mit Geschichte postuliert, der angesichts des historischen Sinnverstehens als eigentlich angemessen erscheint. Das Andere des »anderen« historischen Romans wird damit zu einer Form der Ideologiekritik.

So soll nach Geppert die wirkungsästhetische Perspektive dieser Gattung in einer »Heilung der kontingenten Verstehenssituation«, in dem Entwurf »legitimer Handlungsorientierungen« und im Verweis auf die »Verbindlichkeit einer noch zu suchenden historischen Faktizität« liegen.[25] Wenn der »andere« historische Roman darüberhinaus zur Basis »tendenziell emanzipatorischer und [...] adäquater Geschichts-Rekonstruktionen« erklärt wird, dann stellt sich die Frage, inwiefern sich eine solche Lesart des historischen Romans über-

---

[25] Der »andere« historische Roman: S. 259, S. 265 f. u. passim.

haupt noch von der »üblichen« Rezeptionsweise unterscheidet. Wird der »andere« historische Roman damit nicht genauso als ein ideologisches Konzept von vergangener Wirklichkeit gelesen, nur daß die Konzepte nach Geppert »fortschrittlicher« sind als die des »üblichen« historischen Romans?

Interessanterweise ist es bei dieser Form der historiographischen Lektüre auch gar nicht mehr wichtig, daß in historischen Romanen »fiktive« im Sinne von erfundenen, dem Realen entgegengesetzte Elemente zu finden sind. Die noch zu »suchende Faktizität« eines möglichen Geschichtsverstehens, die der »andere« historische Roman entwerfen soll, rekurriert nicht mehr auf eine Gleichsetzung des Historischen mit referentialisierbaren Gegenständen. Angesprochen ist hier vielmehr eine bestimmte konzeptionelle *Form* dieser Gegenstände, welche der historische Roman mitentwerfen muß, um hermeneutische Prozesse in dem von Geppert anvisierten (ideologiekritischen) Sinne initiieren zu können. Eine solche Lesart widerspricht aber geradezu dem von Geppert fiktionstheoretisch hergeleiteten »Hiatus« als des poetischen Signums des historischen Romans. Das Nebeneinander der verschiedenen »Relevanznahmen« erscheint damit eher als ein Widerspruch verschiedener Lektüren.

Die Prämissen, unter denen Geppert den historischen Roman als eine autonome literarische Fiktion betrachtet, sind mit den kommunikationstheoretischen und hermeneutischen Prämissen nicht vereinbar, insofern sie zwei sehr verschiedene Formen des Verständnisses des Historischen ansetzen.

Der Grund liegt wohl darin, daß Geppert eine »übliche« Lektüre des historischen Romans gerade vermeiden will, aber unter kommunikationstheoretischem und hermeneutischem Gesichtspunkt eine eben solche Lektüre erst einmal veranschlagen muß. Auch Geppert liest beispielsweise den »Henri-Quatre«-Roman von Heinrich Mann als eine Form der Geschichtsdarstellung, die sich dann in einem weiteren Schritt als eine Form der reflexiven Geschichtserzählung rezipieren läßt.

In solchen Lektüren, die sich auch bei Harro Müller finden lassen, werden die einzelnen Fakten wie die Techniken des Erzählens zum *Teil* der historisch relevanten Repräsentation. Der historische Roman entwirft gar nicht mehr eine eigene Welt, sondern eine Welt der historischen Wirklichkeit, die sich als solche *lesen* läßt.[26] Augenscheinlich enthalten die Gattungstheorien damit

---

[26] Obwohl auch Müller die Gattung als einen autonomen literarischen Diskurs versteht, für den gleichermaßen der Hiatus von Fiktion und Realität relevant ist, geht er in der Ausarbeitung seiner sogenannten »Fallstudien« dazu über, die Texte als narrative Konzepte von geschichtlicher Erfahrungswelt zu lesen – und d.h. letztlich als Formen des historiographischen Diskurses, insofern hier gleichermaßen Geschichte als ein erzählerisch – formelles Konzept relevant wird. Auch bei Müller gehen die Analysen somit am Ende in eine ideologische Lektüre über: die jeweiligen Autoren historischer Romane entwerfen bestimmte, der Moderne angemessene Geschichtsbilder, die sich politisch bewerten lassen. Insofern unterscheiden sich diese Lektüren Gepperts wie Müllers auch gar nicht so sehr von den »traditionalisti-

selbst eine Kluft von Theorie und Praxis, die sich nach der hier vertretenen Auffassung als Kluft verschiedener Leseweisen ausweisen läßt, deren Zusammenhang genauer thematisiert werden müßte.[27]

Wenn in dieser Weise nach den Bedingungen der Lektüre historischer Romane gefragt wird, reicht es nicht aus, allein die literaturtheoretischen Voraussetzungen der Geppertschen Argumentation zu hinterfragen. Genau dies ist in der jüngsten Arbeit Gerhard Kebbels geschehen. Auch Kebbel tritt mit dem Anspruch an, die Praxis der Lektüre zu hinterfragen, die sich hinter den Gattungstheorien verbirgt.[28] Allerdings betrachtet er dabei nicht die verschiedenen Praktiken des Lesens, wie sie sich bereits bei Geppert hinter den verschiedenen »Relevanznahmen« verbergen, sondern ihm geht es vor allem – aus der Sichtweise der Dekonstruktion und der Diskurstheorie – um eine Kritik am hermeneutischen Autorkonzept und der damit einhergehenden Praxis, eine eindeutige Sinnkonstitution qua Interpretation erreichen zu wollen.

So versucht er in Anlehnung an das dekonstruktivistische Theorem der aporetischen Lektüre ebenfalls zu zeigen, daß jeder historische Roman in seiner Struktur auf eine widersprüchliche Weise gelesen werden kann. Allerdings überträgt Kebbel einfach die dekonstruktivistische Aporie von »wörtlicher« und »figurativer« Bedeutung auf die Geppertsche Dichotomie von Geschichte und Fiktion. Somit erscheint das dekonstruktivistische Paradigma als literaturtheoretische Umformulierung der spezifischen Literarizität des historischen Romans.[29]

---

schen« Leseweisen, wie sie beispielsweise in der bereits erwähnten Arbeit von E. Mengel (siehe Kap. IV/Anm. 16) wie auch in der erst jüngst erschienenen Untersuchung von R. Kohpeiss: Der historische Roman der Gegenwart in der Bundesrepublik Deutschland: ästhetische Konzeption und Wirkungsintention, Stuttgart 1993 vorgeführt werden. Der Unterschied liegt höchstens darin, daß Mengel wie Kohpeiss sich von vornherein für eine historiographische Lesart entscheiden – ohne andere mögliche Lesarten zu bedenken, die bei Geppert und Müller zumindest theoretisch reflektiert worden sind.

[27] In diesem Sinne ist es wenig hilfreich, die unterschiedlichen Leseweisen einfach nebeneinander zu stellen und pauschal als »Möglichkeiten« des historischen Romans zu bestimmen bzw. daraus eine umfassende Typologie zu entwickeln. Denn für die Erarbeitung eines Lektüreprogramms und für die Vermittlung von Theorie und Praxis ist damit wenig gewonnen. Zum Versuch einer typologischen Ausdifferenzierung vgl. Nünning: Von historischer Fiktion zu historiographischer Metafiktion, S. 217ff. Eine Zusammenfassung möglicher Schreibweisen der Gattung siehe in den Forschungsberichten von I. Schabert: Der historische Roman in England und Amerika, Darmstadt 1981; R. Borgmeier/B. Reitz (Hgg.): Der historische Roman I/II, Heidelberg 1984; D. Roberts/P. Thomson (Hgg.): The Modern German Historical Novel. Paradigms, Problems, Perspectives, New York/Oxford 1991 sowie H. Aust: Der historische Roman, Stuttgart/Weimar 1994.

[28] Kebbel: Geschichtengeneratoren, S. 4. Auch Kebbel ordnet seine Arbeit damit in die einleitend thematisierten virulenten Probleme der Theorien und Methoden der Literaturwissenschaft ein.

[29] Kebbel: Geschichtengeneratoren, S. 16.

Die »wörtliche« Lesart des historischen Romans besteht auch bei Kebbel in der nicht weiter reflektierten Annahme, daß historische Romane als »unmittelbare Wiedergabe von Wirklichem« verstanden werden könnten,[30] ohne daß problematisiert wird, wie denn eine solche referentielle Lesart des historischen Romans überhaupt zustandekommt. Die allgemeine diskurstheoretische Ableitung der historiographischen Lektürebedingungen im Rekurs auf Kittlers Kategorie der »Aufschreibesysteme«[31] bleibt in diesem Zusammenhang zu vage, denn sie reduziert die historische Lesart lediglich auf basale zeichentheoretische Operationen.

Es bleibt somit auch bei Kebbel unklar, inwiefern eine solche historische Lesart eine durchaus eigenständige Berechtigung im Sinne der aporetischen Lektüre hat.

Was historiographische Lesarten offenbar gerade nicht voraussetzen – und die konkreten Lektüren Gepperts und Müllers sind dafür das beste Beispiel – ist eine Klassifikation des Historischen als prinzipiell vollständig referentialisierbare Wirklichkeit. Einen historischen Roman »historisch« zu lesen bedeutet nicht, ihn auf die Belegbarkeit der Quellen und die Referenz auf einzelne Fakten und Ereignisse hin »abzuklopfen«.

Im Rahmen einer solchen Lektüre scheint vielmehr der Geschichtsentwurf insgesamt von Bedeutung zu sein – und zwar unabhängig davon, welche zusätzlich erfundenen Elemente im historischen Roman auffindbar sind und mit welchen eher ungewöhnlichen – aus der Sicht der institutionalisierten und damit konventionalisierten historiographischen Praxis – sprachlichen bzw. erzählerischen Techniken gearbeitet wird.

In historiographischen Lesarten des historischen Romans wird damit anscheinend das Historische als eine *besondere Qualität* des Wirklichen verstanden, die sich in bestimmte Lektürevorgaben umsetzt. Während Geppert oder andere Literaturwissenschaftler diese besondere Qualität des Historischen primär in dem geschichtsphilosophischen oder ideologischen Geschichtsentwurf des jeweiligen Autors verortet haben, wird hier die These vertreten, daß diese besondere Qualität des Historischen auf eine zunächst grundlegendere Art bestimmt werden kann. Dies soll im Rahmen der folgenden kurzen geschichtstheoretischen Reflexion geschehen.

---

[30] ebd.
[31] Vgl. Friedrich A. Kittler: Aufschreibesysteme 1800/1900, München 1985.

V Geschichtstheorie – der historische Roman als Historiographie

1 Allgemeine Problemstellung

Die besondere Qualität historischer Wirklichkeit kann zunächst ad negativum formuliert werden: ihr Status ist nämlich in mehrfacher Hinsicht problematisch. So ist vergangene Realität als nicht mehr gegenwärtige nur indirekt über Formen der Repräsentation zugänglich. Die sprachliche Quelle, dokumentarische Überreste wie auch das archäologische Relikt *verweisen* lediglich auf eine historische Realität, ohne diese schon selbst zu sein. Der Modus der Repräsentation verdoppelt sich im Medium der Geschichtsschreibung: Historische Erkenntnis als Rekonstruktion vergangener Realität ist immer schon an die Form der Darstellung gebunden, auch was deren Tatsächlichkeit betrifft.[1] Diese Frage des Verhältnisses von Erkenntnis- und Darstellungsform wurde Ende des 18. Jahrhunderts geradezu als unabdingbare Voraussetzung jeder Historie gesehen. Das Allgemeine der nun konstituierten einen menschheitlichen »Geschichte« war auf den Entwurf einer Form verwiesen, die die innere Ordnung des Realen abzubilden vermochte. Es ist dieser Zusammenhang, welcher die historische Wissenschaft bis heute dem Vorwurf preisgibt, sie sei weder reine Wissenschaft noch reine Kunst. Und es ist dieser Vorwurf, der seit Droysens »Historik« zu zahlreichen Bemühungen in der Geschichtswissenschaft geführt hat, die sprachliche Gebundenheit der Historie vor allem von literarischer Sprache abzugrenzen.[2]

---

[1] Diese kritische Erkenntnissituation des Historikers ist bereits in der Antike thematisiert worden, so bei Lukian: Wie man Geschichte schreiben soll (de historia conscribenda), grch.u.dt.hg.v. H. Homeyer, München 1965, Kap.51. Siehe hierzu auch H.C. Seeba: Literatur und Geschichte. In: Akten des VI. Internationalen Germanistenkongresses. Hg.v. H.Rupp/H.G.Roloff, Bd.8/3, Basel 1980, S.201–209, hier S.202.
[2] J.G.Droysen: Historik. Hg.v. R.Hübner, 6.Aufl., Darmstadt 1971. Droysens Versuch, historisches Erzählen nicht mit ästhetischen, sondern logisch-funktionalen Kategorien zu erfassen, um die wissenschaftliche Historie von der Literatur abzugrenzen, setzt sich in diesem Jahrhundert bei solchen Autoren wie Danto und Lübbe fort. Vgl. A.C.Danto: Analytical Philosophy of History, Cambridge 1965 und H.Lübbe: Was heißt: »Das kann man nur historisch erklären«? In: Geschichte – Ereignis und Erzählung. Hg.v. R.Koselleck u.W.D.Stempel, München 1973, S.542–554 (P&H V).

Auch die Forschungsansätze der anglo-amerikanischen Forschungen seit den 60er Jahren wie die sogenannten »Konstruktivismus«-Debatten in der Bundesrepublik der 70er und 80er Jahre haben sich vor allem mit der Frage nach dem Verhältnis von Narrativität und historischen Anschauungs- wie Erklärungsformen beschäftigt.[3] Allerdings haben sich die amerikanischen literary critics, wie beispielsweise der New Historicism, im Wettlauf mit den französischen Strukturalisten bemüht, auch in der Praxis die Grenzen der Historiographie als eines institutionalisierten Diskurses bewußt zu überschreiten.

Die viel stärker nationalhistorisch institutionalisierte deutsche Geschichtswissenschaft hat dagegen mit diesen Diskussionen eher nur ihren Wissenschaftsanspruch untermauert, ohne ihre eigenen Grenzziehungen in Frage zu stellen. Die Diskussionen um Objektivität und Parteilichkeit, Theorie und Erzählung oder um Formen der Geschichtsschreibung hatten mehr den Charakter einer Methodendiskussion im Sinne einer Selbstaufklärung des praktischen Denkens.[4]

Es ist nicht Ziel dieser Arbeit, die Geschichtswissenschaft in ihrem Selbstverständnis zu kritisieren oder gar die Praxis der Historiker in Frage zu stellen. Als ein Diskurs, der stark an einer lebensweltlichen Wirklichkeitsauffassung orientiert ist, muß sich die praktische Arbeit der Geschichtswissenschaft immer schon auf die wirklichkeitskonstituierende Kraft der Sprache beziehen, ohne daß die Sprachlichkeit dieser Wirklichkeit ständig reflektiert werden kann.

Es ist vielmehr eine Aufgabe der *Geschichtstheorie*, die Leistung der Historie durch Analyse ihrer sprachlichen Form zu erklären.[5] Es war ein amerikanischer Literaturwissenschaftler, der die Frage nach der sprachlichen Ordnung der Geschichte bisher am systematischsten im Rahmen einer Untersuchung der Geschichtsschreibung des 19. Jahrhunderts gestellt hat: gemeint ist Hayden White und seine mittlerweile schon selbst zur »Geschichte« gewordene

---

[3] Zur anglo-amerikanischen Forschung siehe den sehr ausführlichen Forschungsbericht von G. Scholz-Williams: Geschichte und die literarische Dimension. Narrativik und Historiographie in der anglo-amerikanischen Forschung der letzten Jahrzehnte. In: DVjS 2 (1989) 315–392. Zur bundesrepublikanischen Forschung vgl. die Sammelbände: Geschichte – Ereignis und Erzählung (siehe Kap. V./Anm. 2); Theorie und Erzählung in der Geschichte, Hg.v. J. Kocka/Th. Nipperdey, München 1979; Formen der Geschichtsschreibung. Hg.v. R. Koselleck/ H. Lutz/J. Rüsen, München 1982.
[4] Vgl. dazu auch Hecker, Geschichte als Fiktion, S. 411.
[5] Ein weiterer Grund, warum die deutschen Diskussionen um die sprachlich-epistemischen Bedingungen möglicher Geschichte weniger »radikal« erscheinen, mag darin liegen, daß sie meist unmittelbar von Historikern selbst (Koselleck, Meier, Kocka u.a.) geführt worden sind, die bei aller theoretischen Reflexionsleistung eben doch an einer Konsolidierung ihrer eigenen Praxis interessiert sind, oder von Wissenschaftlern bestritten werden, die unter eher hermeneutisch funktionalen Aspekten an der Legitimation praktikabler historiographischer Verfahrensweisen interessiert sind (Rüsen, Lübbe u.a.). Vgl. so auch Hecker (siehe Kap. V./Anm. 4).

Studie »Metahistory«, die mit fast zwanzigjähriger Verspätung nun auch auf deutsch erschienen ist.[6]

Whites Analysen der »Tiefenstrukturen historischer Imagination« setzen einen Begriff von Geschichte voraus, der immer bereits Text ist.[7] Auch die in der deutschen Konstruktivismus-Debatte erörterten Gegensätze von Parteilichkeit und Objektivität, Theorie und Erzählung sind nach White Topoi des historiographischen Diskurses bzw. Modi der Repräsentation vergangener Realität.

Es wird im folgenden nicht darum gehen, den Aufbau der Untersuchung von White noch einmal kritisch zu reproduzieren.[8] In dieser Arbeit werden vielmehr grundlegende Überlegungen Whites wie einige seiner theoretischen Kategorien für die hier interessierende Frage nutzbar gemacht, was es bedeutet, Texte unter dem Aspekt der Darstellung einer historischen Wirklichkeit zu lesen.

Denn die Grundlagen der Produktion historischen Wissens, wie sie von White beschrieben werden, scheinen sehr genau den Bedingungen der Rezeption zu entsprechen, wie sie in den historiographisch ausgerichteten Leseweisen historischer Romane vorliegen. Besonders wichtig ist dabei Whites Versuch, die Historiographie systematisch als eine erzählerische Ordnung aufzufassen, die zum einen mit literarischen Kategorien erfaßt werden kann und in der zum anderen der epistemische Gegensatz von Fiktion und Faktizität keine entscheidende Rolle spielt.[9]

Im Rückgriff auf eine solche Betrachtungsweise des Historischen soll somit zum einen analysiert werden, inwiefern historische Romane zu Recht als eine Form der Historiographie gelesen werden können – ohne daß hier die Frage

---

[6] H. White: Metahistory. Die historische Einbildungskraft im 19. Jahrhundert in Europa, Frankfurt a.M. 1991.
[7] White klassifiziert die Geschichtsschreibung anhand von vier zentralen typologischen Momenten: den Verfahren der »narrativen Modellierung« (die in der vorliegenden Arbeit in erster Linie wichtig werden), der »formalen Schlußfolgerungen«, nach »ideologischen Implikationen« und nach den vier Tropen der Metapher, Metonymie, Synekdoche und Ironie. Die Tropen gelten bei White als Grundentscheidung des Historikers, wie er das historische Feld »präfiguriert« und entsprechende narrative Formen oder Erklärungen einsetzt. Vgl. genauer Metahistory, S.19ff.
[8] Wenn White in Deutschland überhaupt rezipiert worden ist, dann häufig nur unter diesem Gesichtspunkt. Vgl. zuletzt noch P. Bahners: Die Ordnung der Geschichte. Über Hayden White. In: Merkur 46 (1992/6) H.519, 506–521.
[9] Der Begriff der Fiktion bezieht sich auch bei White damit auf Erkenntnisstrukturen und nicht auf spezifische literarische »Seinsweisen«. Dies scheinen einige Kritiker übersehen zu haben, wenn sie White vorwerfen, er habe literarische und historische Fiktionen per se auch als funktionale Aussagesysteme gleichsetzen wollen. Siehe so die Kritik bei P.M. Lützeler: Fiktion in der Geschichte – Geschichte in der Fiktion. In: Poetik und Geschichte. Festschrift für V. Zmegac, Tübingen 1989, S.11–21 und zuletzt noch bei Nünning: Von historischer Fiktion zu historiographischer Metafiktion, S.152.

der referentialisierbaren Fakten oder die Frage bestimmter stilistischer Elemente eine Rolle spielt. Zum anderen kann in verschärfter Form die Frage gestellt werden, inwiefern historische Romane dennoch auch als literarische Fiktion gelesen werden können – trotz aller »fiktionalen« (im epistemischen Sinne) und literarischen Elemente des historiographischen Diskurses selbst.[10]

2 Die Lesbarkeit der historischen Wirklichkeit

Folgt man der Theorie Hayden Whites, so ist es im Diskurs der Geschichtswissenschaft die epistemisch basale Operation des Erzählens, durch die einzelne Fakten und Ereignisse der Vergangenheit als eine historische Wirklichkeit erfaßt werden können.[11] Einzelne Fakten sind somit zwar *wirklich* – in diesem Sinne referentialisierbar – aber noch nicht *historisch*. Historisch werden sie erst im Rahmen einer ganz bestimmten Geschehnisfolge oder »Geschichte«, welche dem einzelnen Faktum einen spezifischen strukturell-semantischen Ort zuweist.

Auch die Anordnung der Ereignisse in einer zeitlichen Reihenfolge ihres Auftretens, also die Organisation als Chronik, muß an die Struktur der »Geschichte« oder auch »Fabel« (White) gebunden sein. Auf diese Weise werden einzelne Ereignisse in das temporale Schema des Vorher und Nachher gerückt,

---

[10] Dieser Gesichtspunkt der methodischen Vorgehensweise orientiert sich zum Teil an derjenigen von Axel Hecker, der versucht, unter rein epistemischem Aspekt historische Fiktionen und literarische Fiktionen möglichst einander anzunähern, um sie dann doch unterscheiden zu können. Allerdings geht es Hecker dabei im Rekurs auf das Autonomiepostulat um das Verhältnis von Literatur und Realität in einem generellen Sinne, d.h. nicht um die Frage der speziellen Lektüremöglichkeiten von historischen Romanen.
[11] Auch die Vertreter der Sozial- oder Mentalitätsgeschichte würden wohl nicht leugnen, daß die Erzählung die eigentliche »Logik« oder Struktur des Historischen konstituiert – unabhängig davon, welche Theorien der Sozialwissenschaften dann zusätzlich an eine so konstituierte Wirklichkeit herangetragen werden. Vgl. dazu H.M.Baumgartner: Erzählung und Theorie in der Geschichte. In: J.Kocka/ Th.Nipperdey: Geschichte – Ereignis und Erzählung, München 1973, S.259–287, bes. S.277ff.; P.Höyung: »Erzähl doch keine Geschichte«. Zum Verhältnis von Geschichtsschreibung und erzählender Literatur. In: DU 43 (1991) H.4, 80–89, hier 84. Der hier verwendete Diskursbegriff unterscheidet sich von dem Foucaults insofern, als die Geschichtswissenschaft nicht als Institution thematisiert wird, in der neben der epistemischen Basis der Erzählung eben auch die Theorie u.a. eine wesentliche Rolle spielen. Gleichwohl ist die Erzählung als regelgeleiteter Produktionsmechanismus des historischen Wissens ein entscheidender Teil des geschichtswissenschaftlichen Diskurses, weshalb im folgenden auch von einer diskursiven Ordnung oder Formation gesprochen wird. Die historiographische Narration kann zudem als eine diskursive Praxis im Sinne Foucaults bezeichnet werden, insofern in ihr die Selbstreferentialität der Sprache zwecks Produktion von Wissen aufgehoben ist – was für historische Romane eben nur zum Teil gilt (vgl. M.Foucault: Schriften zur Literatur, München 1974 (Frankfurt/M. 1988), S.56). Vgl. dazu auch Kap.VIII/Anm.14.

und sie werden zudem motivisch verschlüsselt betreff ihrer Position in dem konstruierten Gesamtzusammenhang. Es ist vor allem diese zeitlich diskontinuierliche und motivische Positionierung, welche die Historizität der Ereignisse bestimmt.
Die Fakten der Vergangenheit erscheinen dadurch als etwas, »was sie noch nicht waren, als sie waren« – d.h. in einem Bedeutungszusammenhang, der von Zeitgenossen gar nicht hätte geleistet werden können.[12] Die leidige Frage der literaturwissenschaftlichen Forschung zum historischen Roman, inwiefern die in einzelnen Romanen jeweils thematisierten Ereignisse als »vergangen« betrachtet werden könnten, damit historische Romane beispielsweise von Zeitromanen noch unterschieden werden könnten, ist also *nicht* an die Frage eines *meßbaren* Zeitraumes gebunden (etwa an das bekannte Diktum Walter Scotts, die thematisierten Ereignisse eines historischen Romans müßten mindestens von der Situation des Autors her 60 Jahre zurückliegen). Denn der Entwurf einer historischen Wirklichkeit ist per se an die Distanz gebunden – wobei diese Distanz auch geringer sein kann als die von sechzig Jahren.[13]
Die Diskontinuierung der Ereignisse ist auch nicht in einem diachronen Sinne, sondern hinsichtlich der *synchronischen* Struktur der Ereignisse untereinander wichtig. Dieser Aspekt ist insofern bedeutsam, als damit die realen Ereignisse zunächst auf eine Ebene mit fiktiven Ereignissen gerückt werden. Denn der Entwurf derartiger »Geschichten« kann grundsätzlich auch mit fiktiven Ereignissen durchgeführt werden. Dies mag erklären, warum in historiographischen Lesarten von historischen Romanen die Unterscheidung von Fakten und erfundenen Ereignissen keine zentrale Rolle spielt. Auch die »fiktiven« Elemente interessieren in solchen Lesarten – zu Recht – als Elemente des spezifisch historiographischen Entwurfes.
Der Entwurf der »Geschichte« ist jedoch auch eine Bedingung der *zu entwerfenden Faktizität* der historischen Wirklichkeit. Es war Georg Simmel, der ausführlich dargelegt hat, wie das *Bild* einer irreversiblen historischen Faktizi-

---

[12] Insofern unterscheidet sich die Suche nach der historischen »Faktizität« von derjenigen einer juristischen: im Strafprozeß geht es in der Tat vornehmlich darum, zu rekonstruieren, »wie etwas gewesen ist«, und zwar zum Zeitpunkt des Ablaufes des Geschehens. Vgl. dazu Hecker: Geschichte als Fiktion, S. 33/34. Zur Diskontinuierung der Ereignisse vgl. Danto: Analytical philosophy of history, Kap. VIII und XI sowie G. Simmel: Das Problem der historischen Zeit. In: Das Individuum und die Freiheit. Essays, Berlin 1984, S. 48–60.

[13] In diesem Sinne ist auch die Klassifikation von »November 1918« als eines zeitgeschichtlichen Romans kein Argument gegen die historiographisch orientierte Lesart. Denn auch das »Zeitgeschichtliche« ist in seiner Rekonstruktion auf die historiographische Erzählung verwiesen. Vgl. anders J. Hans: Historische Skizze zum Exilroman. In: M. Brauneck (Hg): Der deutsche Roman im 20. Jahrhundert, Bd. I, Bamberg 1976, S. 240–259, genauer S. 252/253, wo »November 1918« als zeitgeschichtlicher »Deutschlandroman« von anderen historischen Romanen des Exils abgegrenzt wird.

tät konstituiert wird.¹⁴ Es ist vor allem das zweifelsohne unverrückbare zeitliche Verlaufsbild der Ereignisse, das den »Geschichten« der Historiker einen Vorzug an Faktizität gegenüber rein erfundenen Geschichten gibt.

Allerdings – und das ist sozusagen die Pointe der Argumentation Simmels – entsteht dieses unverrückbare Verlaufsbild nur dann, wenn es bereits an das Konzept einer entworfenen »Geschichte« gebunden ist. Denn ein zeitliches Verlaufssystem setzt im Gegensatz zur Chronik die Diskontinuierung der Ereignisse im Rahmen einer »Geschichte« schon voraus. Es ist diese konzeptuelle Bild der Historizität, welches auch den historiographischen Lesarten von historischen Romanen unhinterfragt vorausliegt.¹⁵ Denn zum Ansatzpunkt der Interpretationen wird meist diese Vorstellung zeitlich fixierter Kausalverläufe – also die bereits konstruierte »Faktizität« der einzelnen datierbaren Ereignisse.

Eine historiographische Lektüre orientiert sich weniger an den miterzählten vergangenen Fakten als solchen, die in vielen nichthistorischen Romanen auch zu finden sind. Sie bezieht sich auf die Einbindung dieser Fakten in ein bestimmtes Konzept des zeitlichen Verlaufs, d.h. auf die spezifische »Ästhetik« einer historischen Wirklichkeit.¹⁶ Mimetisch sind historische Romane also immer: nur daß der Ansatzpunkt der Mimesis bestimmte Texte bzw. Vertextungsformen sind, die den Effekt einer referentiellen Darstellung bedingen.

Es ist nicht von ungefähr von einem *bestimmten* Konzept die Rede. Denn in der Historiographie werden sehr unterschiedliche »Fabeln« entworfen, was Folgen für deren Erklärungsleistung hat. Die explikative Funktion hängt entscheidend davon ab, wie die konstruierte Geschehnisfolge semantisch spezifiziert wird: d.h. die *Art der »Geschichte«* muß genauer bestimmt werden. White hat diesen Schritt im Aufbau der Bedeutungskonstitution der historischen

---

¹⁴ Simmel: Das Problem der historischen Zeit, S. 56ff.
¹⁵ Auch das konjekturalhistorische Moment vieler moderner historischer Romane ist implizit auf dieses Vorstellungsbild der Historizität bezogen: das »Umschreiben« der Geschichte hinsichtlich retrospektiv konstruierter Möglichkeiten des historischen Verlaufs setzt ja ad negativum den als real konstruierten Verlauf immer schon voraus. Nur so können auch die konjekturalhistorischen Entwürfe, die es im übrigen gleichermaßen in der Geschichtswissenschaft gibt, zugleich einen referentiellen Anspruch im Sinne einer »anderen« oder »eigentlichen« Geschichtsdeutung entwickeln. Vgl. dazu A. Demandt: Ungeschehene Geschichte. Ein Traktat über die Frage: Was wäre geschehen, wenn...?, Göttingen 1984 sowie Chr. Rodieck: Potentielle Historie (Uchronie) – Literarische Darstellungsformen alternativer Geschichtsverläufe. In: Arcadia 22 (1987) 39–54.
¹⁶ Vgl. Hecker: Geschichte als Fiktion, S. 128. Hecker hält die Teilhabe des historischen Romans an diesem spezifischen Bild einer historischen Wirklichkeit auch für das eigentliche Definiens der Gattung, aber zugleich für ein Signum der »Trivialität« des historischen Romans – woraus man nur schließen kann, daß für ihn alle historischen Romane trivial sind.

Die Lesbarkeit der historischen Wirklichkeit

Wirklichkeit »Erklärung durch narrative Modellierung« genannt.[17] Die Bedingung dieser Form der Bedeutungskonstitution liegt in der Frage, worauf denn die gesamte »Geschichte« eigentlich hinauslaufe. White hat die verschiedenen Typen narrativer Modellierung im Rückgriff auf die von Northrop Frye erarbeiteten »archetypischen Erzählformen« systematisch zu erfassen gesucht.[18] Es sind dies literarische Formen, die analog zu grundlegenden Klassifikationen der historischen Wirklichkeit als einer *Handlungswelt* verstanden werden können.[19]

Folgt man den Ausführungen Whites, so erfolgt die Entscheidung für einen bestimmten »Geschichten«-Typus wahllos insofern, als das historische Material an sich sinnlos sei. Dagegen ist einzuwenden, daß möglicherweise die Art und Weise der Ereignisse, ihr zeitlicher Verlauf, aber vor allem *bereits entworfene* »Geschichten« die Wahl eines bestimmten Typus besonders nahelegen können.[20] Dieser von White unberücksichtigte Aspekt ist auch für die Produktion und Rezeption von historischen Romanen entscheidend. Es ist bekannt – und gerade im Falle des Novemberromans läßt sich dies sehr gut zeigen – daß

---

[17] White: Metahistory, S. 21ff.
[18] Metahistory: S. 22. Die vier Grundformen sind die der Romanze, Komödie, Tragödie und der Satire. Vgl. dazu auch die Anmerkung Whites (Anm. 6/S. 569), in denen er ausführt, daß Fryes Taxonomie zweifelsohne unter literaturtheoretischen Gesichtspunkten fragwürdig ist, aber gleichwohl für die Betrachtung des historiographischen Diskurses sehr hilfreich ist, insofern hier die Erzählformen eine andere Funktion haben als in dem literarischen Diskurs. Diese Überlegung wird auch für Leseweisen des historischen Romans wichtig werden.
[19] Auch die logisch-epistemisch orientierte Geschichtstheorie kennt die Zuordnung von Erzählstruktur und Handlungswelt. Der Vorteil solcher »Erzähltheorien« ist zweifelsohne der, daß sie derart allgemein gefaßt sind, daß sie nicht nur die Handlungswelt einer politischen Ereignisgeschichte zu erklären vermögen. Über Erzählung rekonstruierte Handlungswelten sind meist unter dem sehr weiten Gesichtspunkt der »Systemveränderung« gefaßt, also für die sogenannte Strukturgeschichte gleichermaßen relevant. Vgl. so z.B. das Modell Hermann Lübbes, der das Erzählen einer »Geschichte« als Erklärung einer historischen Handlungswirklichkeit dann für angebracht hält, wenn die Handlungen im Rahmen eines rationalen Systems (also etwa eines normativen Gesellschaftssystems) nicht mehr zu erklären wären. Der Historiker erzähle dann eine »Geschichte«, in der der Übergang von einer rationalen Handlungsstruktur (einer Gesellschaft) zu einer anderen beschrieben wird, wobei der Übergang in einem seinerseits irrationalen »Ereignis« kulminiert (Geschichtsbegriff und Geschichtsinteresse. Analytik und Pragmatik der Historie, Basel/Stuttgart 1977, S. 153ff.). Ein solches Erzählmodell vermag gleichermaßen Kriege wie Revolution oder auch Epochenbrüche zu erklären – und genau auf diese Weise erklärt es zu wenig. Whites Klassifikation eröffnet größere Möglichkeiten der Differenzierung, wenngleich auch diese Typen der narrativen Modellierungen je nach Problemstellung noch ergänzt werden müssen.
[20] In diesem Sinne muß man die Annahme, daß Historiker in Auseinandersetzung mit ihrem Material ihre Form der Darstellung finden, nicht per se an hermeneutische Auffassungen binden. Geht man davon aus, daß bereits entworfene »Geschichten« die Produktion und Rezeption neu oder anders konzipierter »Geschichten« immer schon entscheidend prägen, so ist es damit zunächst der Diskurs der Historiographie selbst, der einzelne Historiker in ihrem Schreiben steuert.

historische Romane (wie auch Dramen) nicht selten als »hellsichtige« Geschichtskonstruktionen avant la lettre gelesen worden sind. Dies muß nicht auf die Genialität einzelner Autoren bzw. auf die einzelner Interpreten zurückgeführt werden. Denn die Bedingungen der Produktion wie Rezeption einzelner historischer Romane sind schon geprägt von den Diskursbedingungen der Historiographie und den damit überlieferten typologischen Zusammenhängen bestimmter Ereignisse und »Geschichten«-Typen.

Döblin hat in »November 1918« keine völlig neue oder andere »Geschichte« der Ereignisse geschrieben. Liest man den Roman als Historiographie, so läßt sich zeigen, daß hier der Typus von Revolutionsgeschichten in bestimmter Weise variiert wird, d.h. der Roman läßt sich unter spezifischen Diskursbedingungen der Historiographie lesen. Es soll im folgenden gezeigt werden, daß und wie die Interpreten von »November 1918« diese Diskursbedingungen immer schon in ein Lektüreprogramm transformiert haben, in dem aber der Autor bzw. der Leser zur Begründung der Interpretation gemacht werden.[21]

---

[21] Vgl. dazu auch F. A. Kittler: Autorschaft und Liebe. In: Ders. (Hg.): Austreibung des Geistes aus den Geisteswissenschaften, Paderborn 1980, S. 142–173; M. Foucault: Was ist ein Autor? In: Schriften zur Literatur, S. 7–31.

VI »November 1918« als historischer Roman – Lesarten der Forschung

Die zentrale Referenz des Döblinschen Romans ist zweifelsohne die Novemberrevolution von 1918/19. Es gibt soviel wie keine Interpretation, die diesen Gesichtspunkt nicht zumindest erwähnen würde:

> »Die geschichtliche Gegenständlichkeit der deutschen Novemberrevolution bleibt stets trotz ihrer narrativen Einkleidung und subjektiven Projektion die primär vorhandene Urteilsgrundlage für den Textzugang.«[1]

Nun ist es aber offensichtlich, daß einzelne Interpreten diese »geschichtliche Gegenständlichkeit« sehr verschieden in ihren Analysen berücksichtigt haben. In jedem Falle ist »November 1918« implizit oder explizit meist »auch« als ein historischer Roman gelesen worden. Betrachtet man auch hier genauer die Prämissen der Lesarten, so läßt sich zeigen, daß diese sich mit den im Kontext der Gattungsforschung erläuterten unterschiedlichen Leseweisen des historischen Romans vergleichen lassen. Und ebenso wie in der Gattungstheorie stehen diese verschiedenen Leseweisen eher unvermittelt nebeneinander, ohne daß ihr Bedingungsverhältnis reflektiert worden wäre.

Es soll somit im folgenden kein Forschungsbericht im üblichen Sinne geliefert werden. Es geht hier nicht um den Ausweis, daß bestimmte thematische oder poetologische Aspekte des Novemberromans bereits erforscht worden sind und andere möglicherweise noch nicht. In Fortsetzung des methodischen Programms stehen vielmehr die verschiedenen Lektüremodelle und deren Voraussetzungen zur Diskussion.

1 »November 1918« als Fiktion – Revolution und Christentum

Bereits in den ersten journalistischen Rezensionen des Novemberromans wurden zwei wesentliche literaturkritische Kategorien entwickelt, die als Maßstäbe der Bewertung des Textes fungierten. So sah man zum einen das Werk als

---

[1] So E. Kleinschmidt: Parteiliche Fiktionalität. Zur Anlage historischen Erzählens in Alfred Döblins »November 1918«. In: Internationales Alfred-Döblin-Kolloquium New York 1981. Hg.v. W. Stauffacher, Bern u.a.1986, S. 116–132, hier S. 122.

eine Form der »politischen Belehrung«, zum anderen als eine Form der allgemein menschlichen, genauer christlichen Bekehrung.[2] Roland Links hat in seiner Interpretation von »November 1918« diese beiden Aspekte der Betrachtung gewissermaßen miteinander verbunden, indem er die Dichotomie von Christentum und Revolution thematisch als den Dreh- und Angelpunkt des Werkes nachzuweisen suchte.[3] Mit Blick auf die persönliche Entwicklung Döblins und dessen Anmerkungen zum Novemberroman in dem gleichlautenden Essay »Christentum und Revolution«[4] betrachteten viele nachfolgende Interpreten diesen Wertedualismus ebenso als maßgeblich für die Erfassung dieses komplexen Erzählwerks.[5]

Auch wenn »November 1918« im Kontext des Döblinschen Gesamtwerkes betrachtet wurde, diente diese dichotomische Konzeption als Bezugspunkt zu allgemeineren Fragestellungen, vornehmlich zu der nach Bedeutung und Stellung des Individuums in der episch dargestellten Welt. So hat z.b. Hansjörg Elshorst in seiner bereits 1966 erschienenen Arbeit über »Mensch und Umwelt im Werk Alfred Döblins« die Bedeutung von »November 1918« im Vergleich zum Gesamtwerk unter dem Aspekt eines gewandelten Individualitätsverständnisses gesehen.

Nach Elshorst dient der »vordergründig« dargestellte historisch-politische Revolutionskonflikt der Veranschaulichung der »innermenschlichen Revolution«, wie sie in der Gestaltung der Figur des Friedrich Becker und dessen christlicher Bekehrungsgeschichte zum Ausdruck komme.[6] Die damit verbundene Auffassung, daß sich besonders im letzten Band der Tetralogie eine Entfernung von dem Politischen zugunsten eines »Einbruchs des Metaphysischen« feststellen lasse, ist noch bis in die neuere Forschung hinein ein Topos der Argumentation geblieben.[7]

---

[2] Vgl. dazu I. Bode/I. Schuster: Alfred Döblin im Spiegel der zeitgenössischen Kritik, Bern/München 1973, S. 369–375 und 399–417.
[3] R. Links: Alfred Döblin. Leben und Werk, Berlin/Ost 1965, S. 186ff.
[4] Aufsätze zur Literatur. Hg.v. W. Muschg, Olten/Freiburg i.Br. 1963, S. 379–383.
[5] Konsequenz einer solchen Betrachtungsweise war, daß zumeist die Interpretation der fiktiven Figur des Friedrich Becker in den Vordergrund gerückt wurde, da man glaubte, von dieser »Schlüsselfigur« her genau diesen Wertedualismus herausarbeiten zu können. Siehe so u.a. A. W. Riley: The Aftermath of the First World War: Christianity and Revolution in Alfred Döblins »November 1918«. In: The First World War in German Narrative Prose. Ed.by Ch.N. Genno/H. Wetzel, Toronto 1980, S. 93–118; H. Graber: Politisches Postulat und autobiographischer Bericht. Zu einigen im Exil entstandenen Werken Alfred Döblins. In: M. Durzak (Hg.): Die deutsche Exilliteratur 1933–45, Stuttgart 1973, S. 418–429; K.-H. Osterle: Alfred Döblins Revolutionstrilogie »November 1918«. In: Monatshefte 62 (1970) 1–23.
[6] H. Elshorst: Mensch und Umwelt im Werk Alfred Döblins, München 1966 (Diss.), S. 110ff.u.S. 128.
[7] Vgl. so u.a. M. Goldberg: The individual and society in the novels of Alfred Döblin, New York University 1966 (Diss.), S. 129–186; W. Kort: Alfred Döblin. Das Bild des Menschen in seinen Romanen, Bonn 1970, S. 118–125; M. Weyembergh-Boussart: Alfred Döblin. Seine Religiösität in Persönlichkeit und Werk, Bonn 1970,

Welche Prämissen liegen diesen Lesarten des Novemberromans zugrunde? Es scheint zunächst, als würde hier der Text in erster Linie als ein Roman und nicht als ein historischer Roman gelesen. Aber für die These des »Wertedualismus« spielt natürlich die »geschichtliche Gegenständlichkeit« eine zentrale Rolle, insofern sich ja das Religiös-Metaphysische im Verlauf des Erzählens von dem gleichzeitig erzählten Historischen absetzen soll.

Bei genauerer Betrachtung arbeiten die genannten Interpreten mit zwei verschiedenen Begriffen des Historischen. Zum einen wird das erzählte Historische in die generelle Wirklichkeitsproblematik des Romans transformiert: Geschichte ist in diesem Sinne referentialisierbare Faktizität, die erst im Roman als eigenständige erzählte Wirklichkeit erscheint. Nur unter diesen Voraussetzungen lassen sich die genannten Interpretationen überhaupt begründen: die Dichotomie von Christentum und Revolution ist eine im Roman (von dem Autor Döblin) geschaffene Dichotomie, welche die Welt des Romans von der Welt der historischen Revolution deutlich absetzt, insofern diese Welt der historischen Revolution eine nicht gleichermaßen erzählerisch entworfene Welt ist.

Es wird deutlich, daß sich in diesen Lesarten das fiktionstheoretisch hergeleitete Paradigma des Hiatus von Geschichte und Fiktion wiederfinden läßt: Geschichte (im Sinne des res gestae) interessiert hinsichtlich der Bezugsetzung zur internen Ordnung der Fiktion. Mit der Dichotomie von Revolution und Christentum ist diese Bezugsetzung von Realität und Fiktion als eine spezifische Sinntotalität erfaßbar. Im Sinne Gepperts wird somit der historische Roman als ein Roman gelesen. Und wie bei Geppert wird die Kategorie des Historischen zu einer rein thematischen Kategorie: hier der des Politischen, von dem die Entwicklung der Individuen bzw. das »Metaphysische« abgesetzt wird.

Es fragt sich allerdings, ob eine »politische Revolutionsdarstellung« nicht schon auf spezifische historiographische Diskursbedingungen verwiesen ist, die nicht einfach auf das Konto des Autors oder der Interpreten verbucht werden können. Auch eine politische Revolutionsgeschichte ist zunächst einmal eine »Geschichte«: d.h. eine spezifische Form der Erzählung, in der die referentialisierbaren Fakten bereits motivisch verschlüsselt sind. Damit stellt sich zugleich die Frage, inwiefern die Dichotomie von Politik und Metaphysik

---

S. 263ff.u.367ff.; M.Auer: Das Exil vor der Vertreibung. Motivkontinuität und Quellenproblematik im späten Werk Döblins, Bonn 1977; W. Koepke: Spontane Ansätze zur Überwindung der Individuation. Zur Struktur von Döblins »Bürger und Soldaten 1918«. In: Internationales Döblin-Kolloquium Basel 1980 (1986) S. 20–33; A. Busch: Faust und Faschismus. Thomas Manns »Doktor Faustus« und Alfred Döblins »November 1918« als exilliterarische Auseinandersetzung mit Deutschland, Bern u.a. 1984; T. Isermann: Der Text und das Unsagbare. Studien zur Religionssuche und Werkpoetik bei Alfred Döblin, Idstein 1989.

noch als eine eigenständige Welt der Fiktion gelesen werden kann, wenn ihr doch offensichtlich ein bestimmtes historiographisches Konzept der Fakten schon vorausliegt.

Unter diesem Gesichtspunkt kann wohl nicht mehr davon gesprochen werden, daß hier »November 1918« nur als ein Roman gelesen wird. Die behauptete thematische Dichotomie von Politischem und Metaphysischem setzt die basale Ordnung einer »Geschichte« immer schon voraus, ohne daß diese als Lektürebedingung eigens problematisiert wird.

2 »November 1918« als Historiographie – Geschichte als Politik

Andere Interpreten haben den Novemberroman primär als Darstellung der Revolution gelesen. So hat Helmut Mader in seiner Arbeit zur Sozialismus- und Revolutionsthematik im Gesamtwerk Döblins dem Novemberroman eine ausführliche Analyse gewidmet.[8]

Die zentrale Fragestellung der Interpretation Maders ist die, in welcher Form Döblin seine politische Anschauung zu Sozialismus und Revolution (was bei Mader offensichtlich ein und dasselbe ist) episch verarbeitet habe.

Auch für Mader ist damit das »miterzählte« Historische stoffliche, d.h. referentialisierbare Grundlage, die von bestimmten weltanschaulichen Konzepten überlagert wird. Somit gibt es bei Mader keinen Ansatzpunkt einer eigenständigen Lektüre des Historischen des Romans. Maders Kritik an der »historischen Unglaubwürdigkeit«[9] der erzählten Revolutionsgeschichte, die auf die weltanschauliche Widersprüchlichkeit Döblins zurückgeführt wird, macht hingegen sehr gut deutlich, wo die eigentlichen Prämissen der Lektüre des Historischen zu verorten ist. Es sind diejenigen der *Historiographie*, deren »Wahrheit« offensichtlich vorausgesetzt ist. Genauer formuliert liegen die Prämissen seiner Interpretation in einer ganz bestimmten Lesart der Historiographie, die wesentlich an ideologiekritischen Aspekten orientiert ist. Was Mader also eigentlich miteinander vergleicht, sind unterschiedliche Konzeptionen der Ereignisse um 1918/19: d.h. der »Hiatus« liegt zwischen zwei Formen der Geschichtsschreibung.

Eine ähnliche Verbindung von ideologiekritischer Fragestellung und »realhistorischer« Lesart findet sich in fast allen Untersuchungen, die »November 1918« als einen historischen Roman des Exils behandeln. In Anlehnung an die

---

[8] H. Mader: Sozialismus und Revolutionsthematik im Werk Alfred Döblins. Mit einer Interpretation seines Romans »November 1918«, Mainz 1977 (Diss.).
[9] ebd.: S. 297/98.

Gattungsdiskussionen, die von den Exilanten selbst geführt worden sind – wobei hier die Ausführungen von Georg Lukács, aber auch die von Döblin selbst meist hinzugezogen werden[10] – wird häufig davon ausgegangen, daß der Autor Döblin in diesem Roman mit der Wahl des historischen Stoffes eine zeitkritisch didaktische Intention verbunden habe. Geradezu exemplarisch wird die historiographische Lesart von »November 1918« in der jüngsten Dissertation von Christina Althen vorgeführt.[11]

---

[10] Vgl. vor allem G. Lukács: Der Kampf zwischen Liberalismus und Demokratie im Spiegel des historischen Romans der deutschen Antifaschisten. In: Internationale Literatur 8 (1938) H.5, 63–66. In diesem Aufsatz sind alle wesentlichen Aspekte von Lukács‹ bereits 1937 in russischer Sprache erschienener großer Untersuchung über den historischen Roman pointiert zusammengefaßt. Schon in der Terminologie des Aufsatztitels sind die zentralen Grundlagen des Lukácschen Konzeption erkennbar, die auch in der späteren literaturwissenschaftlichen Exilforschung zum historischen Roman übernommen worden sind: die politische Erkenntnisfunktion wird zugleich als maßgeblich für die Schreibweise der Gattung gesehen, deren Wirkungsästhetik damit im Sinne der Widerspiegelungstheorie auf ein bereits vorausgesetztes Konzept von Geschichte – bei Lukács natürlich auf ein marxistisches Konzept – verwiesen ist. Auf diese Weise hat Lukács implizit bereits vorgeführt, was es heißen kann, einen historischen Roman als Historiographie zu lesen: es heißt nämlich, ihn als ein bestimmtes Bild der vergangenen Fakten und Ereignisse zu lesen. Bei Lukács bleibt dies gleichwohl die einzige, nicht weiter problematisierte Lesart des historischen Romans.
Was die Ausführungen Döblins zum historischen Roman betrifft (vgl. den Essay »Der historische Roman und wir«, zuerst erschienen in »Das Wort« 4 (1936) 56–71, wieder abgedruckt in: Schriften zur Ästhetik, Poetik und Literatur, S. 291–316), so scheint mir hier eher eine »andere« Theorie des historischen Romans im Sinne Gepperts vorzuliegen, und keine »übliche« im Sinne von Lukács. So rekurriert Döblin im Anschluß an seine früheren romantheoretischen Überlegungen eindeutig auf die Literarizität des historischen Romans als eines Romans: seine berühmte These, daß der historische Roman »erstens Roman und zweitens keine Historie« sei (S.299), setzt eine Ineinssetzung des Historischen mit dem Realen voraus. So erfahre das Historische im Rahmen der epischen Fiktion nur einen »Anschein von Realität«, womit es in eine Distanz zur Fiktion gesetzt werde. Was den Vergleich von Historiographie und historischem Roman betrifft, so betont Döblin im Hinblick auf die generelle Fiktionsproblematik der Historie die Notwendigkeit einer Offenlegung der interessengesteuerten Konstruktion im historischen Roman (S.302). Im Vergleich zu den zahlreichen anderen programmatischen Ausführungen der Exilautoren muß Döblins Ansatz einer »Poetik« des historischen Romans somit eher als »avantgardistisch« betrachtet werden: nimmt er doch wesentliche Thesen der Poetik Gepperts bereits vorweg, insofern er ausdrücklich von der Poetik dieser Gattung und nicht von einem ideologischen Geschichtskonzept aus argumentiert. Auch Döblin übergeht damit allerdings die Frage nach der Berechtigung und Bedingung einer historischen Lesart von historischen Romanen.

[11] Vgl. Kap. I/Anm. 1. »Historiographische« Lesarten finden sich auch u.a. bei Kl. Weissenberger: Alfred Döblin. In: Deutsche Exilliteratur seit 1933. Bd.I/1. Hg.v. J. H. Spalek/J. Strelka, Bern/ München 1976, S. 299–323; H. Thomann Tewarson: Alfred Döblins Geschichtskonzeption in »November 1918. Eine deutsche Revolution«. In: Internationales Döblin-Kolloquium New York 1981 (1986) S. 64–75; M. Beyer: Nachwort als Herausgeber der Ausgabe von »November 1918«. Berlin/ Ost 1981, Bd.IV, S. 780–829; D. S. Shelton: History and Fiction in Alfred Döblin »November 1918«, Cambridge 1981 (B. A./Masch.).

Althen vergleicht detailliert die Ergebnisse der neueren historischen Forschung zur Novemberrevolution mit der Revolutionsdarstellung im Döblinschen Roman. Es ist dieser *inhaltliche* Vergleich von Historiographie und Roman, der für die Lektüre von »November 1918« als eines historischen Romans entscheidend wird. Auch Althen thematisiert nicht, wie in »November 1918« der *Form* nach eine solche historiographische Lesart überhaupt konstituiert wird.

Die Annahme, »November 1918« könne als eine alternative Form der Historiographie im Verhältnis zu wissenschaftlichen Versionen der Historiographie rezipiert werden, setzt vielmehr voraus, daß nicht die Historiographie selbst, sondern die Fakten Grundlage des Romans sind. Die kritische Andersheit von »November 1918« ist damit eine, die auf einen realistischen Begriff von Geschichte verwiesen bleibt: die »Leistung« des Romans wird an einer vorausgesetzten, nichtsprachlichen Realität der Geschichte gemessen.

In der Praxis ihrer Lektüre setzt aber auch Althen nicht bei den referentialisierbaren Fakten, sondern bei historiographisch konstruierten Zusammenhängen an, deren konzeptuelle Voraussetzungen nicht hinterfragt werden. Wie Althen oder Mader, so erzählen auch die anderen hier erwähnten Literaturwissenschaftler in ihren Interpretationen den Diskurs der Historiographie zur Novemberrevolution immer schon mit – ohne ihn als Diskurs zu thematisieren.[12]

Die Frage nach der Literarizität des Novemberromans wird dabei meist allein von dessen ideologischer Andersheit her abgeleitet: zur Verdeutlichung der anderen Interpretation und Darstellung des Historischen benütze Döblin ganz bestimmte Techniken der Komposition und Erzählung.[13] Eine solche Interpretation reduziert die literarische Qualität eines historischen Romans aber nur wieder auf ein rein rhetorisches oder stilistisches Moment, das kein ausrei-

---

[12] Althen erzählt in ihrer Interpretation die erst in den 50er Jahren von Historikern *konstruierte* »Geschichte« des sogenannten »dritten Weges« mit: d.h. die »Geschichte« einer Revolution, die nicht allein durch die Alternative von bürgerlicher Republik und bolschewistischer Rätediktatur geprägt ist (siehe dazu Kapitel VIII.2.2.2.). Und auch Helmuth Kiesel setzt diese »Geschichte« nicht nur in ähnlicher Weise als »faktisch« voraus, sondern er argumentiert ganz explizit mit spezifischen *semantischen Konzepten* der Revolutionshistoriographie. So behauptet er z.B., Döblin habe in diesem Roman das Scheitern der Revolution dargestellt, *insofern* er zeige, daß es keinen wirklichen zeitlichen Bruch gegeben habe, von dem aus »eine neue Epoche mit neuen Herrschaftsverhältnissen datiert hätte« (H. Kiesel: Literarische Trauerarbeit. Das Exil- und Spätwerk Alfred Döblins, Tübingen 1986, S. 350). Ein »Zeitenbruch« und eine »neue Epoche mit neuen Herrschaftsverhältnissen« sind aber keine Realität im Sinne der Fakten, auf die man einfach referieren könnte, sondern spezifische *Vorstellungsbilder* eines revolutionären Veränderungsprozesses, die in der Historiographie bzw. in der historiographischen Lesart Kiesels einfach als faktisch gesetzt werden. Vgl. dazu noch genauer die Ausführungen in Kap. VIII.2.1.ff.

[13] ebd., S. 284ff.; Althen, Machtkonstellationen einer deutschen Revolution, S. 86ff.

chendes Kriterium ist, um die Literarizität eines historischen Romans auch in einem strukturellem Sinne behaupten zu können.[14]

Auch die Unterscheidung von Faktizität und Fiktion im Sinne des Geppertschen Hiatus spielt in diesen Lesarten von »November 1918« eigentlich keine Rolle mehr, auch wenn die Interpreten auf diese Unterscheidung theoretisch immer noch rekurrieren. Denn fiktive Figuren, fiktive Attribute bestimmter historischer Figuren oder auch fiktive Anekdoten werden im Rahmen der genannten historiographischen Lesarten vielmehr als Teil einer entworfenen Faktizität des Historischen gelesen.[15]

Die hier knapp referierten Lektüren von »November 1918« wären im Sinne Gepperts als »übliche« Lektüren zu bezeichnen: der historische Roman wird als rhetorisch oder didaktisch stilisierte Historiographie gelesen. In ebenso »üblicher« Manier sind bei solchen im Prinzip durchaus möglichen Lesarten des historischen Romans aber vor allem die Bedingungen der Lektüre nicht geklärt.

3 »November 1918« als selbstreflexive Geschichtsdarstellung

In einigen Interpretationen des Novemberromans ist das Historische dagegen konsequenter nicht als vorausgesetzte Realität, sondern als eigene Form der Fiktion betrachtet worden. So hat Erwin Kobel das Historische des Novemberromans unter dem Aspekt der Anschauungsformen von Zeit und Zeitlichkeit untersucht.[16] Die Elemente des Erzählens in »November 1918« erscheinen demnach bei Kobel nicht als Erzähltechniken, die sich als Form von dem Inhalt der erzählten Revolution trennen ließen, sondern als Formen des Erzählens, die Anschauungsformen der Revolutionshistoriographie zum Thema machen.[17] Damit spricht Kobel mehr implizit als explizit den schon von Iser und Geppert genannten Aspekt der kommunikationstheoretisch herleitbaren geschichtsreflexiven Tragweite des historischen Romans an: in »November 1918« wird die historische Gegenständlichkeit unter dem Aspekt ihrer epistemischen und narrativen Voraussetzungen eigens zum Thema.

---

[14] Daß die Historiker beispielsweise eher – aber auch nicht immer – auf szenisches Erzählen verzichten, ist eine Frage der Konvention, nicht der Struktur ihres Diskurses. Diese Struktur ist an die Narration als einer Konzeptionalisierung der Ereignisse gebunden, nicht an die Narration als eines Stilelementes.
[15] Vgl. so beipielsweise die Lektüren von C. Althen: Machtkonstellationen einer deutschen Revolution, S. 85ff. und S. 205ff. wie die von Kiesel: Literarische Trauerarbeit, S. 345ff.
[16] E. Kobel: Alfred Döblin. Erzählkunst im Umbruch, Berlin 1985, S. 336ff.
[17] ebd., 343.

Speziell mit historiographischen Anschauungs- und Erzählformen in Döblins Gesamtwerk hat sich bereits 1978 Adalbert Wichert auseinandergesetzt.[18] Ausdrücklicher als Kobel will Wichert damit die »Poetik des modernen Geschichtsromans« bei Döblin erarbeiten. Und ebenso ausdrücklich orientiert er sich dabei an Gepperts Theorie des »anderen« historischen Romans. So setzt auch Wichert zunächst einen Typus des »üblichen« historischen Romans voraus, gegen den sich ein »moderner« Typus – der für den Autor Döblin durchgehend beansprucht wird – qualitativ absetzt. Methodisch weist Wichert die Qualität des modernen historischen Romans über einen Vergleich mit der Geschichtsschreibung aus, wobei die erkenntniskritische Problematik im Mittelpunkt steht.

Auf diese Weise soll gezeigt werden, daß Döblin in seinen Romanen »Fiktionen von Historikern« ästhetisch reflektiert hat, und nicht nur das Historische als vorausgesetzte Erzählgrundlage für politische oder philosophische Thesen benutzt hat.[19]

Unter diesen Prämissen erfährt auch der Novemberroman Döblins eine »andere« Interpretation. Insofern es Wichert aber um eine Gesamtpoetik der Döblinschen historischen Romane geht, analysiert er die einzelnen Romane lediglich anhand kleinster Textphänomene ohne kontextuellen Zusammenhang, wobei er zudem durchgehend unterschiedslos die essayistischen Äußerungen Döblins für seine Romananalysen hinzieht. Damit entwickelt sich Wicherts Argumentation in eine ähnlich widersprüchliche Richtung wie schon die Gepperts: anscheinend geht es Wichert nur um die »moderne« Geschichtsauffassung des Autors Döblin, welche sich in den Romanen mittels bestimmter Erzähltechniken niederschlägt.[20] Es entsteht der Eindruck, daß Döblin nur »andere« – qualitativ »bessere«, weil der modernen Geschichte angemessenere – Fiktionen in seinen Romanen verarbeitet habe. Die Poetik der Romane bleibt auf diese Weise aber wiederum an eine im Kern historiographische Lesart des historischen Romans gebunden, insofern die Verbindung von Geschichtskonzeption, Fakten und Narration entscheidend ist.

Ungeklärt bleibt wiederum, auf welche Weise eine solche reflexive Form des historiographischen Erzählens überhaupt zustandekommt. Wichert differenziert das Historische lediglich in eine Menge einzelner Anschauungsformen, die alleinige Grundlage des historischen Romans sein sollen. Auch hier stellt sich die Frage, ob damit die Spezifik des historischen Romans erfaßt werden kann, insofern solche Anschauungsformen wie Raum, Zeit, Handlung auch in

---

[18] A. Wichert: Alfred Döblins historisches Denken. Zur Poetik des modernen Geschichtsromans, Stuttgart 1978.
[19] ebd.: S. 13ff.u.27ff. In dieser Orientierung ähnelt die Vorgehensweise Wicherts derjenigen von Axel Hecker (siehe Kap. IV/Anm. 14).
[20] Vgl. ähnlich auch die Kritik bei Hecker: Geschichte als Fiktion, S. 21.

anderen, nicht historischen Romanen zum Thema der Lektüre gemacht werden können. Entsprechend wird nicht problematisiert, ob diese Konzepte historischer Gegenständlichkeit nicht dann erst literarisch reflektiert werden können, wenn sie zunächst einmal zum Aufbau einer ganz spezifischen historischen Wirklichkeit verwendet wurden.[21]

---

[21] Was den Rekurs auf historiographische Anschauungsformen in »November 1918« betrifft, so muß hier noch die Arbeit von R. Humphrey genannt werden: The Historical Novel als Philosophy of History. Three German Contributions: Alexis, Fontane, Döblin, University of London 1986. Von der Anlage der Untersuchung her gleicht die Vorgehensweise Humphreys derjenigen von Harro Müller: der historische Roman wird mehr oder weniger als ein spezifischer literarischer Diskurs verstanden, der bestimmte – vor allem auch geschichtsreflexive – Schreibmöglichkeiten für einzelne Autoren bereitstellt. Ähnlich wie bei Müller wird damit aber die Beschreibung der Gattung auf einen Katalog von eher technischen Möglichkeiten reduziert.

VII Der historische Roman – Programm einer aporetischen Lektüre

Es gehört zu der grundlegenden methodischen Vorgehensweise dieser Arbeit, die im Kontext der Gattungstheorie wie der Forschung zu »November 1918« erarbeiteten Leseweisen des historischen Romans nicht einfach zu negieren, sondern die Prämissen dieser Leseweisen kritisch aufzuarbeiten, um damit ein eigenes Lektüreprogramm erstellen zu können.

Im Rekurs auf geschichtstheoretische Aspekte der »Lesbarkeit« einer historischen Wirklichkeit wurde versucht zu zeigen, daß die *Praxis* der literaturwissenschaftlichen Lektüren an einer solchen spezifischen Lesbarkeit immer schon ausgerichtet ist. Gleichwohl wird *theoretisch* die Dichotomie von Historiographie und Fiktion als eine *thematische*, nicht *diskursive* Dichotomie behauptet. Entsprechend wird das Historische als eigenständiger literarischer Entwurf (des Autors) gesehen, d.h. als eigene »Welt« des Romans, mit eigenständigen narrativen Gestaltungsmöglichkeiten und thematischen Konstellationen. Weder die literaturtheoretisch ausgewiesenen noch die praktisch durchgeführten Lektüremodelle lassen somit erkennen, inwiefern ein historischer Roman eine eigenständige Form der Lektüre zu beanspruchen vermag. Denn nach den bisher vorgeschlagenen Leseweisen des historischen Romans könnte man entweder eine rein historiographische Lektüre vorschlagen oder eine, die sich unter das Lektüreprogramm eines »normalen« Romans subsumieren ließe.

In dieser Arbeit wird die These vertreten, daß historische Romane durchaus eine eigenständige Form der Lektüre beanspruchen können. Allerdings muß sich eine solche Lektüre gerade an dem »üblichen« Vorwurf orientieren, der historische Roman sei ein »Gattungszwitter«: nämlich einerseits Historiographie und andererseits Roman. Nur insofern historische Romane historiographische Diskursformationen immer schon mitentwerfen, sind sie historisch lesbar – und nicht einfach als »realistische« Romane klassifizierbar. Damit aber sind historische Romane zunächst einmal konsequent *als historiographische Erzählungen* zu rezipieren.

In einer solchen Lektüre spielen zu Recht die Kategorien von Realität und Fiktion in einem epistemischen Sinne wie auch das stilistische Moment bestimmter erzählerischer Formen keine Rolle. Auch die Historiographie ist in einem epistemischen Sinne immer schon Fiktion, und deren narrative Konstitutionsbedingungen können durchaus analog zu literarischen Formen beschrieben werden.

Was die Interpretation von »November 1918« als eines historischen Romans betrifft, so bedeutet dies, die Implikationen der vorliegenden historiographisch orientierten Leseweisen in den Status einer konsequenten Lektürestrategie zu überführen: also z.B. fiktive Elemente im Sinne erfundener Zusätze und Figuren wie auch bestimmte erzählerische und kompositorische Elemente als Teile eines historiographischen Entwurfes zu lesen, ohne sich dabei auf die Kategorie des Autors oder die einer »fiktiven« Welt des Romans zurückzuziehen.

Zum anderen muß die im folgenden vorgeschlagene »andere« historiographische Lektüre auch theoretisch reflektiert werden. Die vorliegenden Interpretationen haben gezeigt, daß »November 1918« nicht als irgendeine Form der Geschichtsschreibung, sondern bereits als eine bestimmte Art der »Geschichte« rezipiert worden ist: nämlich als eine Form der *Revolutionshistoriographie*. Es gilt also im Rahmen der Interpretation zu erarbeiten, welche spezifischen Anschauungs- und Erzählformen der Revolutionshistoriographie in »November 1918« produktiv geworden sind, und auf welche Weise sie mit dem zeitlichen Verlaufsbild der Ereignisse in eine Verbindung gebracht worden sind.

Theoretisch muß somit die viel zitierte »geschichtliche Gegenständlichkeit« des Novemberromans als ein *Effekt* einer bestimmten Schreibweise verstanden werden, deren Bedingungen in historiographischen Diskursformationen zu finden sind. Anders formuliert: eine mögliche historische Lektüre von »November 1918« beruht immer schon auf einer *intertextuellen* bzw. interdiskursiven Lesart, insofern der Text als »Mimesis« von anderen Texten bzw. Textkonstellationen betrachtet wird.

Methodisch bedeutet dies, daß die Berücksichtigung der Geschichtsschreibung über die Novemberrevolution von 1918/19 nicht den Status eines (ideologiekritischen) Vergleiches hat, der von außen an den Text herangetragen wird, um die »historische« Leistung des Autors Döblin daran messen zu können. Auch die wissenschaftliche Geschichtsschreibung interessiert hinsichtlich allgemeiner Bedingungen des Schreibens. Auch sie wird damit hinsichtlich ihrer Bedingungen der Bedeutungskonstitution »dekonstruiert«.[1]

---

[1] Die im folgenden vorgelegte Interpretation kann in Anlehnung an Roland Barthes damit auch als »semiologisch« verstanden werden: Das Historische interessiert als Form, mittels derer eine historisch lesbare Realität erst konstituiert wird. Vgl.: Mythen des Alltags, Frankfurt a.M. 1964, S. 122f. Auch Hecker orientiert sich in seinem Verständnis des Historischen an dieser Unterscheidung Roland Barthes. Aber in der Lesart Heckers werden die Formen der Realitätskonstituierung in der Literatur direkt zum Thema, d.h. sie werden zunächst nicht produktiv in dem Sinne, daß über diese Formen eine Wirklichkeit entworfen wird.

Es wird deutlich, daß das Paradigma von Geschichte und Fiktion, wie es von Geppert unter fiktionstheoretischen Annnahmen hergeleitet worden ist, für eine solche Lektüre des historischen Romans keine Geltung beanspruchen kann. Geschichte ist hier selbst schon Text oder Fiktion und in einem *epistemischen* Sinne nicht kategorial unterscheidbar von einer literarischen Fiktion.

Anders liegt der Fall, wenn man den Begriff der literarischen Fiktion von spezifischen *Diskursbedingungen* her betrachtet. Nicht allein die Funktion, sondern auch die Selbstlegitimation historiographischer Fiktionen besteht darin, eine spezifisch historische Faktizität zu entwerfen. Es gehört somit zu den wesentlichen Bedingungen des historiographischen Erzählens, daß es die sprachlich-epistemischen Konstruktionsmechanismen als solche nicht eigens zum Thema macht, weil sich sonst der angestrebte Effekt der Faktizität verlieren würde. Historische Romane müssen zwar auch eine referentielle Lektüre konstituieren, unterliegen als literarische Diskurse jedoch nicht einem vergleichbaren Legitimationsdruck. Sie können somit zugleich die Bedingungen einer solchen referentiellen Lesart zum Thema machen.

Mit diesem älteren romantheoretischen Paradigma der Autoreferentialität[2] scheint in der Tat die entscheidende Bedingung einer spezifisch an der literarischen Fiktionalität des historischen Romans interessierten Lektüre formulierbar zu sein. Die ästhetische Autonomie der Gattung kann damit allerdings nicht behauptet werden: denn auch das selbstreferentielle Erzählen bleibt an den Entwurf der historischen Referenz gebunden.

Was sich auf diese Weise vielmehr konstituiert, ist die aporetische Lektüre. Indem der historische Roman als »Fiktion der Fiktion« der Historiographie gelesen wird, verliert sich die »geschichtliche Gegenständlichkeit«, die im Mittelpunkt einer historiographischen Lektüre steht. Gleichwohl ist es diese historiographische Lektüre, die das Spezifikum der Gattung wie auch die Grundlage der »anderen« Lektüre bildet. Denn erst die referentielle Rezeption läßt die »Systemstellen« (Kebbel) des historischen Romans auffinden, die zur Grundlage des selbstreferentiellen Geschichtserzählens werden können.

Es wird deutlich, daß ein solches Lektüreprogramm sich an dem Verfahren eines *close reading* ausrichten muß. Wenn die historiographische Lesart auch

---

[2] Das Paradigma der Selbstreferentialität wäre hier zu unterscheiden von dem der literarischen Selbstreflexivität, wie es seit der Frühromantik vor allem als Signum der poetischen Moderne in der Literaturwissenschaft gilt. Während die reine Selbstreflexivität mit einem generellen Zweifel an der Bezeichnungsfunktion der Sprache einhergeht, konstituiert sich das selbstreflexive Erzählen im historischen Roman ja gerade erst über eine referentielle Schreibweise. Vgl. ähnlich auch H. T. Hamm: Alfred Döblin: »November 1918«. Bemerkungen zur Begründung des Geschichtsromans. In: Beiträge zur deutschen Literatur 20 (1983) 1–18, hier 2. Zum Zusammenhang von der Poetik der Moderne und sprachlicher Selbstreflexivität vgl. E. Kleinschmidt: Gleitende Sprache. Sprachbewußtsein und Poetik in der literarischen Moderne, München 1992.

auf im üblichen Sinne »fiktive« Elemente des Textes rekurriert, dann ist es vornehmlich eine *intratextuelle* Entscheidung der Lektüre, auf welche Weise der Effekt der Autoreferentialität zustandekommt. So sind z.B. Elemente der Leitmotivik in »November 1918« sowohl in dem Prozeß der Bedeutungskonstitution einer historischen Wirklichkeit wie auch in der Reflexion dieses Prozesses eingesetzt.[3] Generalisierbar ist die im folgenden vorgelegte Lektüre damit allein als Lektüreprogramm bzw. hinsichtlich der ausgewiesenen Bedingungen eines solchen Programms. Bei dieser Art der aporetischen Lektüre, als deren Grundlage das Phänomen des »Gattungszwitters« dient, ist auch Gepperts Unterscheidung von »üblichem« und »anderem« historischem Roman nicht mehr aufrechtzuerhalten. Es gibt höchstens »übliche« Lektüren von historischen Romanen, die weder per se als trivial zu bewerten sind noch einer literaturwissenschaftlichen Reflexion und Theoriebildung nicht zugänglich wären.

Bleibt noch die Frage, welchen Status der Autor Döblin in einer solchen Lektüre des Novemberromans hat. Aufgrund der systematischen Fragestellung der Gesamtuntersuchung kann es nicht darum gehen, die im folgenden zu erarbeitende Interpretation des Romans in den Kontext der Döblinforschung einzuordnen. Es ist vielmehr ein Mangel der literaturwissenschaftlichen Forschung, daß soviel wie sämtliche Texte dieses Autors zumeist nur als Texte des Autors gelesen werden: schon der Primat des Konzeptes einer Döblinforschung reproduziert ständig das Autorkonzept als zentrale Bedingung der Lektüre der Texte.

Mit der hier veranschlagten Betrachtungsweise von »November 1918« ist damit zunächst der Döblin-Forschung nur insofern ein anderer Weg gewiesen, als ein Döblinscher Text nicht als wie auch immer gearteter »Ausdruck« des Autors gelesen wird.[4]

---

[3] Der hier angesprochene Perspektivenwechsel der Lektüre grenzt an die Frage der *Markiertheit*, die ja bekanntlich innerhalb der Intertextualitätstheorie eine besonders schwierige und häufig diskutierte Frage ist. Meiner Auffassung nach kann es keinen »empirischen« Beweis für die Markierung geben: die Behauptung, bestimmte Textformen seien als markierte Formen des intertextuellen Schreibens zu betrachten, setzt immer schon bestimmte *Bedingungen der Rezeption* voraus. In der vorliegenden Arbeit werden diese Rezeptionsbedingungen im Rahmen der geschichtstheoretischen Überlegungen ausgewiesen, insofern hier die selbst schon intertextuelle Dimension der Revolutionshistoriographie thematisiert wird (siehe Kapitel VIII.2.1.ff.), die als Basis einer historiographischen Lesart von »November 1918« gesehen wird. Damit sind zugleich die »Systemstellen« einer möglichen selbstreferentiellen Markierung dieses historischen Erzählens benannt. »Nachweisbar« im Sinne von intersubjektiv nachvollziehbar ist die Markierung gleichwohl allein in einem intratextuellem Sinne: nur wenn gezeigt werden kann, daß und wie unterschiedlich im Novemberroman diese historiographischen Erzählformen verarbeitet sind, können Kriterien für die Frage der Markiertheit erarbeitet werden. Vgl. dazu ähnlich H. W. Füger: Intertextualia Orwelliana. Untersuchungen zur Theorie und Praxis der Markierung von Intertextualität. In: Poetica 21 (1989) 179–200.
[4] Nebenbei bemerkt sind die Reflexionen des Autors Döblin über sein eigenes Schreiben nicht der schlechteste Ansatzpunkt für eine Überwindung des Autorkonzeptes.

Dies bedeutet, daß sämtliche hier analysierten Elemente von »November 1918« ausdrücklich nicht in einen Bezug zu anderen Werken, speziell anderen historischen Romanen Döblins gesetzt werden. Dieser »übliche« Weg der Interpretation kann zweifelsohne andere Perspektiven auf das historische Erzählen im Novemberroman eröffnen.[5] Die Prämissen einer solchen Vorgehensweise sind aber grundverschieden: »November 1918« wird nämlich auf diese Weise immer schon in eine »Geschichte« des Autors und seiner Texte integriert. Der Roman würde also historisch gelesen, bevor die Frage nach den Bedingungen eines solchen Lesens überhaupt gestellt ist.[6]

Der Autor ist im Rahmen der hier vorgeschlagenen Lektüre des Novemberromans im Sinne der Diskurstheorie als ein »nachgelagertes Subjekt« von vorgelagerten Diskursbedingungen zu sehen, in diesem Falle also spezieller Diskursbedingungen der Historiographie und der Literatur. Damit wird das Konzept des Autors nicht verabschiedet, aber es wird um andere Konzepte bereichert.[7]

So hat Döblin häufiger betont, daß sein Schreiben von der Sprachlichkeit der Wirklichkeit, die jeweils im Roman zum Thema wird, extrem beeinflußt sei. Auch den Prozeß seines Schreibens sah Döblin von der Eigenmächtigkeit der Sprache durchsetzt, die mit der Intention eines Autors nicht mehr gleichzusetzen sei. Döblin selbst scheint sich damit eher als seine Interpreten als ein »Schnittpunkt« von verschiedenen, nicht allein literarischen Diskursen gesehen zu haben. Vgl. dazu u.a. A. Döblin: Die Dichtung, ihre Natur und ihre Rolle. In: Schriften zur Ästhetik, Poetik und Literatur. Hg.v. E. Kleinschmidt, Olten/Freiburg i.Br. 1989, S. 487–547, besonders S. 513ff. Siehe auch E. Kleinschmidt: Döblin – Studien I. In: Jahrbuch der deutschen Schillergesellschaft 26 (1972) 383–400.

[5] So kann die Relevanz verschiedener historischer Fiktionen in verschiedenen historischen Romanen Döblins untersucht werden (Wichert), oder der generelle Wandel des Geschichtsbildes vom »Wang-Lun« bis zu »November 1918« (Elshorst).

[6] Aus diesem Grunde wird hier auch bewußt auf eine Betrachtung von »November 1918« als eines historischen Romans des Exils verzichtet. Würde man den Novemberroman beispielsweise mit dem Döblinschen »Amazonas«-Roman oder anderen historischen Romanen des Exils vergleichen, so müßte auch hier zunächst einmal eine »Geschichte« des Exils bzw. des Exilbruches immer schon miterzählt werden.

[7] Zum Problem von Autor und Diskurs und spezifischer zur Problematik der Foucaultschen Position vgl. U. Japp: Der Ort des Autors in der Ordnung des Diskurses. In: J. Fohrmann/H. Müller (Hgg.): Diskurstheorien und Literaturwissenschaft, Frankfurt a.M. 1988, S. 223–235.

VIII Revolution als »Geschichte« – »November 1918«

1 Methodische Vorbemerkungen

Die meisten Interpreten des Novemberromans sind sich darin einig, daß in diesem Text das Scheitern einer Revolution dargestellt werde. Dieser Auffassung ist grundsätzlich zuzustimmen: die gescheiterte Revolution ist die zentrale »Geschichte« des Novemberromans und als eine solche »Geschichte« wird sie auch im Zentrum der folgenden Interpretation stehen. Aber im Unterschied zu den vorliegenden Lesarten des Romans wird dieses Scheitern der Revolution nicht als ein »Faktum« gesehen, welches vorgegeben ist und im Roman nur noch mit literarischen Mitteln dargestellt werden müßte. Zielpunkt der Analyse ist vielmehr zu zeigen, inwiefern »November 1918« seine historische Lesart über bestimmte Formen der Darstellung konstituiert.

Diese wirklichkeitskonstitutiven Repräsentationsformen können intertextuell, d.h. im Rekurs auf narrative Formationen der Historie beschrieben werden, und damit unabhängig von bestimmten Inhalten, politisch-ideologischen Implikationen und ohne Rekurs auf die Kategorie des Autors erfaßt werden. In Anlehnung an Hayden Whites Klassifizierung der unterschiedlichen Typen von »Geschichten« wird die Revolutionsgeschichte als ein bestimmter Typus der »Geschichte« verstanden, der als Subdiskurs der Historiographie bestimmte Regeln der Erzählung bereitstellt, die den Entwurf einer historischen Wirklichkeit einer Revolution bedingen. Der revolutionsspezifische »Geschichtentypus« wie seine Variationen können systematisch auch in den historiographischen Texten über die Novemberrevolution von 1918/19 ausgewiesen werden – also in den Texten, die ansonsten von der literaturwissenschaftlichen Forschung als Ausweis der »Realitätsbasis« des Novemberromans hinzugezogen werden.

Es gilt nochmals zu betonen, daß diese geschichtstheoretische Reflexion – anders als die in Kapitel V ausgewiesene allgemeine Problematik historischer Wirklichkeitskonstitution – *Teil der Romanlektüre* ist. Denn nach dem hier anvisierten Forschungsprogramm muß jede Interpretation zunächst die Art der »Geschichte« bestimmen, nach der sich die historiographische Lesart des jeweiligen Romans organisiert.

Das strukturprägende Moment dieser narrativen Subdiskurse soll aus methodischen Gründen dort ausgewiesen werden, wo es zum »blinden Fleck« der Lektüre wird – nämlich in der Historiographie selbst.[1] Auch der Aufbau der Interpretation wird sich an diesen historiographischen Diskurselementen orientieren. Typische Interpretamente der Romananalyse wie Metaphorik, Erzählführung und -technik, Figurengestaltung etc. werden nur *in Relation* zu diesen Diskurselementen untersucht. Das Lektüreprogramm trägt somit dem Umstand Rechnung, daß »November 1918« als ein historischer Roman zunächst unter den Bedingungen des historiographischen Diskurses gelesen werden muß. Auch wenn sich die Romananalyse zum Ende hin auf einzelne Figuren bzw. Figurengruppen konzentriert, muß dies als ein Effekt der historiographischen Schreibweise des Romans verstanden werden. Der Novemberroman rekurriert nämlich mit dem Individualisierungsprinzip auf ganz bestimmte Vorgaben des Revolutionsdiskurses. So formiert sich eine Revolutionsgeschichte am Ende immer zu der Figuration deutlich voneinander abgegrenzter Kräfte, ob dies nun Individuen, bestimmte Gruppen, das Subjekt der Masse oder auch abstrakte gesellschaftliche, wirtschaftliche oder ideologische Kräftekonstellationen sind. »November 1918« folgt diesem Schema des historiographischen Diskurses sehr genau, und die Lektüre muß sich daran orientieren.

Wenn die Elemente des historiographischen Schreibens der apostrophierten aporetischen Lektüre unterzogen werden, so lassen sich die Schreibweisen von historiographischem und literarischem Diskurs nicht streng getrennt untersuchen.

Im Sinne der aporetischen Lektüre geht es vielmehr um den widersprüchlichen Zusammenhang dieser beiden möglichen Lesarten. Von daher wird in der Interpretation an einem bestimmten Phänomen, wie z.B. bestimmten Handlungs- und Figurenkonzeptionen, diese doppelte Bewegung immer parallel ausgewiesen. Auf diese Weise erscheinen auch die Formen des historiographischen Erzählens nicht einfach als Bestände, die anhand von bestimmten Textmerkmalen nachgewiesen werden könnten. Diese Formen eröffnen lediglich

---

[1] Nach diesem Forschungsprogramm müßte für die Analyse anderer historischer Romane, in denen andere Typen von Geschichtserzählungen prägend sind, auch die geschichtstheoretische Reflexion an diesen differenten Typen orientiert sein. Es ist denkbar, verschieden abstrakte thematische Konstellationen der Historie wie des historischen Romans in Relation zu bestimmten narrativen Formen zu setzen, die in Anlehnung an literarische Gattungen bzw. Formen zu beschreiben wären. Dies könnte langfristig zu einer systematischen Ausdifferenzierung verschiedener Typen von historischen Romanen führen (vgl. dazu auch die Schlußbemerkungen in Kapitel X). Im Rahmen eines solchen Programms kann die Whitesche Differenzierung narrativer Modelle natürlich nur die Richtung anzeigen, d.h. hier sind wie schon in der vorliegenden Arbeit praktiziert vielfältige Ergänzungen und Neuentwicklungen nötig (zumal die Whitesche Differenzierung weniger an thematischen als an geschichtsphilosophischen Konstellationen ausgerichtet ist).

Gesichtspunkte auf die Schreibmöglichkeiten des Novemberromans als einer Form der Historiographie und deren literarischer Reflexion.

2 Revolutionen im historiographischen Diskurs

2.1 Semantik und narrative Ordnung

Revolutionsgeschichten lassen sich besonders gut systematisch beschreiben, insofern sie extrem typisierte »Geschichten« sind. Der Begriff der Revolution ist stärker als andere Begriffe der Geschichtswissenschaft auf eine lebensweltlich orientierte Semantik verwiesen. So gibt es trotz aller politik- und sozialwissenschaftlichen Debatten in den historischen Wissenschaften nach wie vor einen Grundkonsens darüber, welche Qualitäten von Veränderung an den Ereignissen ausgemacht werden mussen, damit überhaupt von Revolutionen die Rede sein kann.[2]

In der hier anvisierten Betrachtungsweise des Historischen läßt sich dieser Sachverhalt auch anders beschreiben: es gibt im Sinne Hayden Whites einen bestimmten Typus des »Geschichten«-Erzählens, der für die Darstellung von Revolutionen spezifisch ist. Prägend geworden ist dieser Typus allein durch die ständige Wiederholung und Variation der einmal erzählten »Geschichte«.

Die Revolutionshistoriographie ist damit ein Paradigma für die *intertextuelle* Dimension der historiographischen Wirklichkeitskonstitution: Historiker referieren in ihren Konstruktionen immer schon auf bereits entworfene »Geschichten«.[3]

Durch diese intertextuelle Gebundenheit erscheinen die überlieferten Schemata der Narration auch in einer begrenzten Variation. Intertextualität ist im

---

[2] Vgl. so die sehr instruktive Einleitung des Sammelbandes: Revolution in history. Ed.by R. Porter/M. Teich, London 1986, S. 3, wo angemerkt ist, daß es im Grunde nur ein »Denken in revolutionären Termini« gebe, das auf unterschiedlichste Gebiete applizierbar sei.

[3] Diese Auffassung ist natürlich unter wirkungsästhetischem Aspekt von der Hermeneutik vertreten worden, die damit im Sinne Gadamers die Geschichtlichkeit alles Denkens zum Paradigma erklären wollte (vgl. Wahrheit und Methode, 2.Aufl., Tübingen 1965; in diesem lebensphilosophischen Sinne waren auch die Untersuchungen von W. Schapp wichtig: In Geschichten verstrickt. Zum Sein von Mensch und Ding, 2.Aufl., Wiesbaden 1976). Es geht in der hier anvisierten Betrachtung des Historischen aber weniger um die geschichtliche Erfahrungsdimension, sondern um die Historiographie als eines Textes, in dem Sinnbildungen über bestimmte etablierte Erzählstrukturen konstituiert werden. Vgl. in diesem Sinne K. H. Stierle: Erfahrung und narrative Form. Bemerkungen zu ihrem Zusammenhang in Fiktion und Historiographie. In: Theorie und Erzählung in der Geschichte, S. 85-118, besonders S. 99ff.

Diskurs der Historiographie primär kein Mittel der Bedeutungsambiguierung oder der Sinnkomplexion, sondern eher eines der *Etablierung* bestimmter Erzählformen, mit denen spezifische Bedeutungszuschreibungen erfolgen können.[4]

Die typische Form der »Geschichte« von Revolutionen ist zweifelsohne geprägt durch die »Geschichten«, die über die Französische Revolution erzählt worden sind. Die »Geschichten« dieses spezifisch modernen Ursprungsereignisses sind aber bereits verwoben in andere »Geschichten«, die nicht erst mit der Französischen Revolution erfunden wurden.[5] Es ist vielmehr die Kategorie der *Ursprungsgeschichte* selbst, die entscheidend geworden ist für die Darstellung von Revolutionen.

Der Historiker Francois Furet hat die Relevanz der Ursprungsgeschichte für die Französische Revolutionshistoriographie ausgewiesen.[6] Die Kategorie des Ursprungs läßt sich aber für jede Form der Revolutionsdarstellung nachweisen.[7] Und zwar schon allein aus dem Grunde, weil die »Großen Revolutionen« von Amerika, Frankreich und Rußland – bzw. deren etablierte Deutun-

---

[4] Dieser Aspekt der historiographischen Intertextualität wird vor allem dann noch wesentlich für die Romananalyse werden, wenn es um die Relation dieser allgemeinen intertextuellen Dimension zu konkreten Prätexten geht. Vgl. dazu die folgenden Ausführungen in Kapitel VIII.2.2. Die hier thematisierte Unterscheidung von allgemeiner bzw. diskursabhängiger Intertextualität und konkreter intertextueller Einarbeitung bestimmter Prätexte erinnert zunächst an die Interdiskursivitätstheorie Jürgen Links (vgl. Literaturanalyse als Interdiskursanalyse. Am Beispiel des Ursprungs literarischer Symbolik in der Kollektivsymbolik. In: Diskurstheorien und Literaturwissenschaft, S. 284–307). Links These, daß die moderne Ausdifferenzierung der Spezialdiskurse zugleich zur Ausbildung einer Interdiskursivität geführt hätte, in der vor allem über Formen einer Kollektivsymbolik die Kommunikation zwischen den Spezialdiskursen ermöglicht würde, und daß in der Literatur diese Kollektivsymbolik gleichsam elaboriert wäre, ist in unserem Zusammenhang nur insofern von Bedeutung, als Link deutlich die Frage der Intertextualität an die der Diskursivität koppelt. Insofern sich Link allerdings wesentlich an dem Diskursbegriff Foucaults orientiert, geht es ihm um die Relationen einer ganzen Serie von Diskursen bzw. um deren symbolische Ordnungen und der damit verbundenen einzelnen Symbole. Hier dagegen geht es sehr viel konkreter um einen ganz bestimmten Aspekt des historiographischen Diskurses, wie er für eine spezifische Lesart des historischen Romans wichtig ist. Infolgedessen interessieren hier konkrete Prätexte oder bestimmte symbolische Konnotationen in einer sehr spezifischen Funktion, die mit Foucaults Diskursbegriff und entsprechend mit Links Kollektivsymbolik nur noch bedingt etwas zu tun haben.

[5] Vgl. dazu D. Harth/J. Assmann (Hgg.): Revolution und Mythos, Frankfurt a.M. 1992; J. M. Domenach: Revolution und Moderne. In: Merkur 43 (1989/1) H.479, 1–12; R. Koselleck: Revolution als Begriff. In: Merkur 39 (1985/3) H.433, 203–211.

[6] F. Furet: 1789 – Vom Ereignis zum Gegenstand der Geschichtswissenschaft, Frankfurt a.M.u.a. 1980, S. 8ff.

[7] Vgl. so auch Domenach: Revolution und Moderne, S. 1 wie Harth/Assmann: Revolution und Mythos, S. 7. Diese Autoren arbeiten allerdings primär begriffsgeschichtlich: d.h. sie untersuchen die Kategorie des Ursprungs nicht als eine Form des historiographischen Erzählens, wie es in der vorliegenden Arbeit in Anlehnung an White geschieht. Vgl. dazu auch Kap. VIII/Anm. 14.

gen als Ursprungsgeschichten – der historischen, aber auch der politik- und sozialwissenschaftlichen Begriffsbildung nach wie vor als »Prototypen« dienen.[8] Mit dem Konzept des Ursprunges ist die Vorstellung des *Bruches in der Zeit* auf das Engste verbunden. Die Qualität der grundlegenden, plötzlichen Veränderung, durch die etwas qualitativ völlig Neues geschaffen wird, setzt den absoluten Bruch mit der vorangegangenen Ordnung und deren Geschichtlichkeit immer schon voraus. Mit den Kategorien des (Zeiten -) Bruches und des Ursprungs scheint das semantische Grundschema des Erzählens von Revolutionsgeschichten beschreibbar zu sein.[9]

Nun sind diese semantischen Komponenten der Revolutionshistoriographie häufig mit mythologischen Strukturen verglichen worden, im besonderen natürlich mit den überlieferten Ursprungsmythen unserer abendländischen Kultur.[10] Furet selbst weist die »Geschichten« seiner Zunft als ideologiekritisch zu vermeidende Mythen aus, als Teil einer nationalen »Vermächtnishistoriographie«, die sich mit der ständigen Wiederholung der Ursprungsgeschichten der nationalen Identität der Franzosen versichere.[11]

Furet mag seine guten Gründe haben, die französische Historiographie als nationale Vermächtnishistoriographie zu kritisieren. »Mythisch« ist die narrative Form der Ursprungsgeschichte aber nur insofern, als sie nicht mehr als eine solche »Geschichte« im Sinne der Konstruktion reflektiert wird.[12] Dies genau ist in der Französischen Historiographie geschehen: Identität als nationale Sinnstiftung setzt die Gewißheit voraus, sich der Revolution als eines faktischen Ursprungsaktes versichern zu können – obwohl es die *Deutungen* dieses Ereignisses waren, welche erst die Qualität des Ursprunges als real erscheinen ließen.[13]

---

[8] Vgl. so auch E.J.Hobsbawm: Revolution. In: Revolution in history, S.5–46, hier S.5.
[9] Vgl. Furet: 1789, S.9 u. 22.
[10] Vgl. so u.a. Harth/Assmann: Revolution und Mythos, S.7; M.Walzer: Exodus und Revolution, dt.v. B.Rullkötter, Berlin 1988, besonders S.21ff. und S.141ff.
[11] Furet: 1789, S.18ff.
[12] Dieser Mythos-Begriff stammt von Barthes: Mythen des Alltags, S.85ff. Mythos meint hier primär eine Form (der Sprache, der Zeichen), mit der etwas als natürlich oder wirklich dargestellt wird, indem der sprachliche Konstitutionsprozeß verleugnet wird.
[13] Furet selbst erzählt im übrigen auch eine »Geschichte« des Bruches und des Ursprunges – und zwar auf der mentalitätsgeschichtlichen Ebene. Die Akteure des Ursprungs sind in seiner Lesart vor allem Robbespierre und die Jakobiner bzw. ihre Mythen der politischen Selbstdarstellung (vgl. S.34ff.). Furet schreibt damit eine »andere« Revolutionsgeschichte, aber gleichwohl eine Revolutionsgeschichte, die an die typischen Diskursformationen gebunden bleibt. Im Falle Michel Vovelles, der ebenfalls eine sehr interessante mentalitätsgeschichtliche Untersuchung über die Französische Revolution vorgelegt hat, ist die Anlehnung an die typische »Geschichte« noch deutlicher zu bemerken. Vovelle erzählt nämlich vorab eine klassische »Geschichte« von Krise, Bruch und Gründung, und zwar ausdrücklich mit dem Ziel, die »Ereignishaftigkeit« der Französischen Revolution als eine historische

Furets Kritik ist dabei exemplarisch für die Vorgehensweise der Geschichtswissenschaft. Denn fast jeder Historiker nimmt für sich in Anspruch, die Realität einer Revolution zu analysieren, anstatt die »Mythen« der Zeitgenossen zu wiederholen. Wenn Historiker jedoch über Ereignisse der Vergangenheit als revolutionäre Ereignisse reden möchten, müssen sie die Vorstellungsbilder des Bruches und des Ursprunges in die Struktur der historiographischen Narration transformieren.[14]

2.2 Archetypische Erzählformen – die Romanze

Im Rahmen von Revolutionsgeschichten wird über das Erzählen eine bestimmte *Qualität* von historischer Veränderung entworfen. In diesem Sinne werden die semantischen Konzepte von Bruch und Ursprung an funktionale Positionen innerhalb der historiographischen Narration verwiesen. Auf diese Weise wird die qua historiographischer Erzählung rekonstruierte »Systemveränderung« als eine Art »Erlösungsdrama« gestaltet: die Wirklichkeit einer revolutionären Systemveränderung wird als eine literarische Romanze lesbar.[15]

Wirklichkeit behaupten zu wollen. Vgl.: M. Vovelle: Die Französische Revolution – Soziale Bewegung und Umbruch der Mentalitäten, München/Wien 1982, S. 10–57.

[14] In dieser Hinsicht grenzt sich die hier vorgeschlagene Betrachtungsweise des Phänomens der Revolution nicht nur von einer rein *diskurstheoretischen*, sondern auch von einer primär *kultursemiotischen* Analyse ab. In beiden Fällen würde unter Revolution eine bestimmte Art der symbolischen Ordnung verstanden, die in einem wesentlich umfassenderen Sinne als ein historisch – relatives Denkschema oder als ein semiotischer Code untersucht werden müßte. Die historiographische Narration wäre hier nur ein solcher Teilcode oder ein spezifisch diskursabhängiges Epistem. Vgl. dazu den Diskursbegriff Foucaults in Lets mots et les choses, Paris 1966, S. 7ff. sowie den Band XV der Reihe Poetik und Hermeneutik: Memoria. Vergessen und Erinnern. Hg.v. A. Haverkamp/R. Lachmann, München 1993. Zu dieser Abgrenzung wie einer möglichen Relationierung vgl. auch die Schlußbemerkungen in Kapitel X.

[15] Der Begriff der Romanze bzw. das dahinterstehende narrative Modell ist hier in Anlehnung an Hayden White benutzt (vgl. Metahistory, S. 22). Auch White weist dieses narrative Modell in konkreto an einer Revolutionsgeschichte aus, nämlich der von Michelet (ebd., S. 197ff.).Gleichwohl könnte man einwenden, daß die Applikation dieses Modells nicht ohne weiteres zu legitimieren sei, insofern es auf historiographische Texte des 19. Jahrhunderts zugeschnitten sei. Dazu gilt es zu sagen, daß die Zuordnung bestimmter historischer Anschauungsformen zu bestimmten historischen Zeiten gleichermaßen eine Konstruktion ist, die einen Begriff von historischer Realität schon voraussetzt, der im Rahmen einer Geschichtstheorie erst eigentlich problematisiert wird. Betrachtet man also das historiographische Erzählen wie dessen mögliche literarische Beschreibung als eine epistemische Grundlage, und nicht etwa als eine stilistische und somit historisch variante Kategorie, steht einer Applikation der Whiteschen Kategorien nichts im Wege. Es wird allerdings nötig sein, das Modell der Romanze noch semantisch zu spezifizieren, damit es als Analyseinstrument der Lektürebedingungen funktioniert. Denn Whites Kategorisierung ist natürlich auf seine eigenen Analysen historiographischer Texte zugeschnitten.

Folglich wird auch die Wirklichkeit der Ereignisse, Handlungen und deren kausaler Zusammenhänge von der narrativen Struktur der Romanze her bestimmt. So erscheinen bestimmte Handlungsträger wie das Volk oder die Nation in einer bestimmten *Rolle* innerhalb der konstruierten »dramatischen« Handlungswirklichkeit. Als Helden dieses Dramas *überschreiten* sie zunächst in einer *unabwendbaren Krise* des alten »Systems« zugleich die Struktur dieses Systems.

In der Amerikanischen Revolution sind in der Regel die Kolonisten die Träger dieser »Helden«-Rolle, insofern sie sich aus ihrer Unterdrückung befreien und mit dem Unabhängigkeitskrieg zugleich den definitiven Bruch mit dem Mutterland gewaltsam herbeiführen. In der Französischen Revolution werden zumeist die Volksmassen in dieser Rolle gesehen, denn mit dem Bastillesturm und den Bauernaufständen besiegeln diese unabwendbar den im Ballhausschwur angekündigten Bruch mit der alten Ordnung. Und in der Revolutionshistoriographie des 20. Jahrhunderts werden die Matrosen zum paradigmatischen Rollenträger. Seit den Meutereien auf dem russischen Panzerkreuzer Potemkin 1905 werden deren Aktionen nicht nur in Rußland regelmäßig *als Zeichen* revolutionärer Überschreitung gedeutet. Das setzt voraus, daß deren Handlungen in Relation zu diskursiven Formationen der Romanze gesetzt werden und von daher spezifische intentionale Deutungen erfahren.[16]

Auf diese Weise wird über die historische Erzählung nicht nur irgendeine ereignishafte Veränderung konstruiert, sondern das für Revolutionen spezifische *Ereignis des Bruches*. Entsprechend ist die Systemveränderung eine absolut gedachte: zumindest tragende Elemente des alten Systems müssen am Ende der »Geschichte« entweder zerstört sein oder als derart radikal verändert erscheinen, daß sie nicht mehr wiederzuerkennen sind.

Nur so kann die Wirklichkeit des neuen Systems in der spezifischen Qualität einer Gründung, Schöpfung oder eben in Furets Terminologie in der Qualität eines *Ursprungs* erfaßt werden. Die neue Ordnung symbolisiert damit die endgültige, *unumkehrbare* Überwindung des alten Systems.

Die beiden Handlungswelten dieser »Geschichte« sind somit nicht nur durch eine allgemeine narrative Opposition strukturiert, sondern durch einen radikalen semantischen oppositiven Schematismus bestimmt.[17] Indem zwei

---

[16] Zu diesem Aspekt der Rollenhaftigkeit von Handlungen vgl. Hobsbawm: Revolution, S. 13. Hobsbawm spricht von »identifiable behaviour – patterns«, also von Rollenzuschreibungen, die auch als Handlungserklärungen fungieren.

[17] Diese semantische Opposition hat nicht notwendig etwas mit einem Fortschrittskonzept von Geschichte zu tun, wie es im 19. Jahrhundert im Anschluß an die Ideen der Französischen Revolution entwickelt wurde. Das Fortschrittskonzept ist vielmehr eine »ideologische Implikation« (White), welche die »Geschichte« überlagern kann. Bekanntlich ist im 20. Jahrhundert auch der Machtwechsel im Iran als eine Revolution bezeichnet worden: und dies wohl kaum, weil die Akteure selbst oder die westlichen Beobachter dieses Ereignis im Sinne einer Fortschrittskonzeption ge-

Systemzustände in einer derart radikal oppositiven Weise aufeinander bezogen werden, kann die revolutionäre Veränderung als eine notwendige erscheinen bzw. die Krise des »Ancien Regime« zur Begründung der Schöpfung einer neuen Ordnung werden. Auch die kausalen Rekonstruktionen sind somit immer schon auf den Gesamtentwurf der »Geschichte« verwiesen.[18]
Die semantische Spezifizierung dieser romanzenhaften Geschichtenstruktur verweist auf ein Arsenal traditioneller Mythenerzählungen wie religiöser und literarischer Topoi, die in vielen historiographischen Texten wie auch in »November 1918« als Formen der Bedeutungskonstitution zum Einsatz kommen: die Exodus-Geschichte, die Odyssee, die Aeneis, die Auferstehungsgeschichte Jesu Christi, die Gralslegende und anderes mehr.[19]

Ebenso ist das Metaphernpotential von Revolutionsgeschichten hier verortet: die naturale Metaphorik von Licht und Finsternis, von Sturm, Erdbeben,

---

deutet hätten. Die Struktur der radikalen oppositiven Systemzustände war es vielmehr, die als Kriterium der »revolutionären« Bedeutungszuschreibung diente. Die hier beschriebene narrative Struktur hat auch einiges mit den Zeitutopien gemeinsam, wie sie seit Mitte des 18. Jahrhunderts das philosophische Denken prägten. Allerdings gilt es zu bedenken, daß utopische Fiktionen ein bestimmtes Geschichtsbild beinhalten, dessen philosophische, anthropologische oder formelle Implikationen wie vor allem Funktionen weit über das hinausgehen, was hier als narrative Struktur einer historiographischen Wirklichkeitskonstituierung analysiert ist. Vgl. zu dem Zusammenhang von Utopie und Revolution M.J. Lasky: Utopie und Revolution. Über die Ursprünge einer Metapher oder Eine Geschichte des philosophischen Temperaments. Dt.v. S.B. Polter, Reinbek 1989 sowie Utopieforschung. Interdisziplinäre Studien zur neuzeitlichen Utopie. 3 Bände. Hg.v. W. Voßkamp, Stuttgart 1982. Darin besonders im 3.Band die Beiträge von R. Koselleck: Die Verzeitlichung der Utopie (S.1-15) und von H. Günther: Utopie nach der Revolution (S.378-394).

[18] Vgl. dazu auch Furet: 1789, S.10 u.29ff. White spricht in diesem Zusammenhang auch von »diskursiven Schlußfolgerungen« (Metahistory, S.29): die narrativen Positionen, die durch die Erzählung bereits vorstrukturiert sind, sind zugleich die Positionen, an denen die kausalen Erklärungen ansetzen. Damit erklären sich die verschiedenen Konzeptionen eigentlich untereinander, indem sie sich als konsistent erweisen. Im Grunde ist es diese Konsistenz, welche die Bedeutungszuschreibungen der Historie als »logisch« überzeugend erscheinen läßt: die rekonstruierten Ursache-Wirkungsverhältnisse – deren analytischer Wert damit nicht geschmälert wird – sind immer schon an dem entworfenen Verlauf orientiert und müssen sich mit diesem vereinbaren lassen. So reicht es z.b. nicht aus, den militärischen Zusammenbruch Deutschlands im Herbst 1918 zur Ursache der Revolution zu erklären, weil der Zusammenbruch als solcher nicht notwendig die Schlußfolgerung zuläßt, daß damit auch eine Revolution ausbrechen muß. Erst wenn der Zusammenbruch bereits als Teil einer Handlungssituation entworfen worden ist, die als Element einer typischen Romanze gesehen werden kann – also meist als Teil einer unabwendbaren Krise – läßt sich der militärische Zusammenbruch auch als Ursache des definitiven revolutionären Bruchs kennzeichnen.

[19] Vgl. dazu White selbst: Metahistory, S.22. Desweiteren siehe D. Harth: Revolution und Mythos. Sieben Thesen zur Genesis und Geltung zweier Grundbegriffe historischen Denkens. In: Revolution und Mythos, S.9-35; M.J. Lasky: Utopie und Revolution, S.261ff. sowie die genannte Untersuchung von M. Walzer (siehe Kap. VIII/Anm. 10).

Flut oder die Zeitmetaphorik der »Plötzlichkeit« und des »Augenblicks« u.a. gehören zum gängigen Repertoire der Darstellung. Dies gilt nicht nur für Geschichtsdarstellungen wie die Michelets oder anderer »Klassiker« des 19. Jahrhunderts. In neueren historischen Untersuchungen mag die Quantität dieser figuralen Sprache etwas gemindert sein – völlig wegfallen kann sie nicht. Sie transformiert sich dagegen häufiger in eine »Rhetorik des Faktischen«, in der die Bildlichkeit in eine vermeintlich »neutrale« Sprache zurückgenommen ist, ohne daß damit die spezifisch semantischen Prädikationen verloren gehen. Zu diesen Prädikationen, die häufig auch in Definitionen des Revolutionsbegriffs zu finden sind, gehören z.b. die qualitativen Attribuierungen des »Plötzlichen«, »Gewaltsamen«, »Tiefgreifenden«, »Grundlegenden« u.a. mehr.

Solche Anleihen bei einer figuralen Sprache dienen nicht etwa der bildlichen Verdeutlichung einer vorgegebenen Realität einer Revolution, auch wenn Historiker ihre Texte gerne derart verstanden haben möchten.

Sie sind vielmehr Teil der »Geschichte«, die sie erst entwerfen müssen, wenn sie das Revolutionäre einer vergangenen Handlungswirklichkeit behaupten wollen.[20] Im Rahmen des historiographischen Diskurses bzw. dessen spezifischer Intertextualität fungieren somit auch die genannten mythopoetischen Prätexte als ein Medium der vereindeutigenden Repräsentation. Sie machen das fast Unvorstellbare und Unbeschreibbare der revolutionären Veränderung erst erzählerisch konstituierbar, und damit sind sie durchaus referentiell lesbar.[21]

Von daher sind diejenigen Interpretationen des Novemberromans, in denen

---

[20] Siehe dazu auch Lasky: Utopie und Revolution, S. 291: »Heute sehen wir, wie die Revolution aus der Metapher entstand, und sie hat den literarischen Charakter ihrer Geburt nie verleugnen können.«

[21] Dies gilt für die Einarbeitung dieser Prätexte in »November 1918« nicht gleichermaßen: auch hier sind sie zwar einerseits Bestandteil der historischen Darstellung, andererseits aber fungieren sie als markierte Elemente des autoreferentiellen Schreibens. Es ist deutlich, daß alle in »November 1918« eingearbeiteten Prätexte – also auch die historischen Dokumente und Quellen – nur hinsichtlich ihrer Relation zu den Textkonstellationen der Revolutionshistoriographie interessieren, d.h. nicht als eine intertextuelle Dimension des Novemberromans generell (ein solcher eher vager Intertextualitätsbegriff findet sich bei J. Blume: Die Lektüren des Alfred Döblin. Zur Funktion des Zitats im Novemberroman, Berlin u.a. 1991). Insofern unterscheidet sich der hier veranschlagte Intertextualitätsbegriff sowohl von einem sehr weiten bzw. auf die Poetik der literarischen Moderne zugeschnittenen Begriff der Textualität, wie er bei Renate Lachmann oder Julia Kristeva vorliegt, wie auch von einem Begriff, der stark an literarischen Verfahrenstechniken interessiert ist, wie es in den Untersuchungen von I. Hoesterey oder M. Pfister der Fall ist. Vgl. dazu R. Lachmann: Intertextualität als Sinnkonstitution. Andrej Belyis »Petersburg« und die »fremden Texten«. In: Poetica 15 (1983) 66–107; J. Kristeva: Die Revolution der poetischen Sprache, Frankfurt a.M. 1978; I. Hoesterey: Verschlungene Schriftzeichen. Intertextualität von Literatur und Kunst in der Moderne/Postmoderne, Frankfurt a.M. 1988 und den Sammelband von M. Pfister/U. Broich (Hgg.): Intertextualität: Formen, Funktionen, anglistische Fallstudien, Tübingen 1985.

die Dichotomie von politischer Revolution und innermenschlichem »Revolutionären« im Sinne des Hiatus von Geschichte und Fiktion gedeutet wurde, als im Kern historiographische Lesarten bezeichnet worden. Denn die Unterscheidung von der Revolution als eines (politischen) Ereignisses und des »Revolutionären« als einer abstrakten Handlungs- oder Erfahrungsqualität beruht auf einer Differenzierung von wörtlicher und figurativer Bedeutung, welche angesichts der historiographischen Wirklichkeitskonstitution gar nicht aufrechterhalten werden kann.

In der Unterscheidung von Revolution und »revolutionär« ist vielmehr der »Mythos« (Barthes) des Faktischen schon wirksam geworden.[22]

Nun war ja bereits davon die Rede, daß in »November 1918« keine »klassische«, sondern eine gescheiterte Revolution erzählt wird. Auch mißlungene Revolutionen bedürfen selbstverständlich einer narrativen Modellierung und diese ist immer schon an dem Modell der Romanze ad negativum orientiert.[23]

2.2.1 Die komische Romanze

In den komischen Varianten der revolutionären Romanze fehlt in erster Linie die Konstruktion der Notwendigkeit des radikalen Bruches.[24] Historische Verläufe werden zwar als dramatische Veränderungen dargestellt, aber die Se-

---

[22] Diese Unterscheidung von »Revolution« und »revolutionär« ist in der Literaturwissenschaft sehr gängig. Vgl. so bei W. Hinderer: Das deutsche Revolutionsdrama als Gattungsmodell. In: Die Fürstliche Bibliothek von Corvey. Hg.v. R. Schöwerling/ H. Steinecke, München 1992, S. 287 wie W. Rothe: Deutsche Revolutionsdramatik seit Goethe, Darmstadt 1989, S. 1–10. Die Tatsache, daß in der Literaturwissenschaft der Begriff des Revolutionsdramas etabliert ist, was für den Begriff des Revolutionsromans nicht gleichermaßen gilt, macht deutlich, wie stark diese literaturtheoretische Klassifikation von dem historiographischen »Mythos« beeinflußt ist: das Drama scheint von seiner Struktur her am besten die »Wirklichkeit« einer Revolution abzubilden. Was das Drama aber vermeintlich »realitätsgetreu« abbildet, ist bereits eine erzählerische Ordnung oder Fiktion. Dasselbe gilt für die Kategorie der »revolutionären Ästhetik«, wie sie z.B. von K.H. Bohrer thematisiert worden ist (vgl. Zeit der Revolution – Revolution der Zeit. In: Merkur 43 (1989/1) H.479, 13–28). Bohrers »Ästhetik der Plötzlichkeit« rekurriert letztlich auf die mit der Semantik des Zeitenbruches verbundene Kategorie der Plötzlichkeit. Das »Revolutionäre« der literarischen Ästhetik ist somit auf die Ästhetik des Revolutionsdiskurses immer schon verwiesen.
[23] Wenn zumal im 20. Jahrhundert das narrative Schema der Romanze mit ganz unterschiedlichen politisch-historischen Ereigniskonstellationen und ideologischen Momenten besetzt worden ist, so hat dies zwar zu gewissen Variationen, nicht aber zu einer Verabschiedung dieses prototypischen Modells geführt. Vgl. so auch Furet: 1789, S. 15.
[24] Vgl. dazu auch White: Metahistory, S. 24. White betrachtet das Komische und das Tragische grundsätzlich als »Qualifizierungen« der romanzenhaften Struktur, wobei White den Begriff der Romanze weiter faßt als es in dieser Arbeit aufgrund der semantischen Spezifizierungen der Fall ist.

mantik von Anfang und Ende ist nicht derart oppositionell strukturiert wie in der klassischen Form der revolutionären Romanze.

Entsprechend erscheint die neue Ordnung als qualitativ anders und besser, aber nicht als der radikale Neubeginn, wie er nur unter der vorausgehenden Konstruktion einer bruchhaften Veränderung darstellbar bzw. kausal herleitbar ist. Auch die Konflikte der widerstreitenden Kräfte werden ausführlich geschildert. Doch die Auseinandersetzungen sind von vorneherein unter der Perspektive des Kompromisses erzählt, da die Divergenzen letztlich nicht so gravierend erscheinen.

Derartige komische Romanzen des Revolutionären sind in den 20er Jahren in Deutschland häufig geschrieben worden, wenn es um Darstellungen der Ereignisse von 1918/19 ging. Grundsätzlich bestand kaum Zweifel, daß es eine Revolution gegeben habe, als deren Ergebnis die Weimarer Republik gelten konnte, die von diesen Autoren als eine qualitativ bessere Ordnung gegenüber dem Kaiserreich entworfen wurde.

Aber die bürgerkriegsähnlichen Zustände vor allem im Dezember 1918 und Januar 1919 wurden oft als vermeidbar dargestellt, als unglückliche Radikalisierung einer ansonsten so unblutigen Revolution.[25] Damit war indirekt schon die Konzeption des Bruches unterlaufen: nicht die »radikalen« Spartakisten oder Räte, die sich mit der bürgerlichen Republik nicht zufrieden geben wollten, sondern die Träger der Republik, MSPD und bürgerliche Parteien, galten als Initiatoren der »eigentlichen« Revolution.

Insofern sich diese Parteien aber schon für die demokratische Entwicklung des Kaiserreiches eingesetzt hatten, konnte der Machtwechsel am 9. November 1918 zwar als ein plötzliches Ereignis dargestellt werden, das aber gleichwohl nicht als völliger Bruch mit der vergangenen Entwicklung gesehen wurde.

Symptomatisch für diese komische Modellierung sind die benutzten Begriffe von Zusammenbruch und Revolution: der Beginn der neuen Ordnung

---

[25] Vgl. so exemplarisch E. Bernstein: Die deutsche Revolution. Ihr Ursprung, ihr Verlauf und ihr Werk. 1.Bd.: Geschichte der Entstehung und der ersten Arbeitsperiode der deutschen Republik, Berlin 1921. Schon der Untertitel zeigt deutlich, wie hier das Konzept des »ereignishaften Bruches« durch das alternative Konzept einer bruchlosen Entstehungsgeschichte unterlaufen ist. Vom Aufbau her ist Bernsteins Text gleichwohl unter den hier als »klassisch« ausgewiesenen diskursiven Formationen der Revolutionshistorie zu sehen: es gibt eine deutliche krisenhafte Vorgeschichte des »alten« Systemzustandes, der von Bernstein im Rekurs auf Ereignisse unmittelbar vor Kriegsende beschrieben wird; der 9. November 1918 ist bei Bernstein das Faktum, das für das Ereignis des Bruches steht; bis zur Ermordung von Karl Liebknecht und Rosa Luxemburg stellt er alle einzelnen Fakten als Teile eines extrem kontingenten Geschehenszusammenhangs dar, bis sich die Kontingenz auflöst im definitiven Gründungsakt der Nationalversammlung. Eine ähnliche Struktur der Erzählung findet sich beispielsweise auch bei Hermann Müller – Franken: Die Novemberrevolution, Berlin 1928.

war eigentlich kein Bruch, sondern ein kriegsbedingter Zusammenbruch der alten Ordnung. Die Ereignisse wie der Kieler Matrosenaufstand sind in diesen historiographischen Erzählungen auch als Ereignisse einer ungeahnten aufbrechenden Kontingenz inszeniert. Doch wurden sie nicht wie der Sturm auf die Bastille als unabdingbarer Bestandteil der revolutionären Bewegung der Zerstörung der alten Ordnung betrachtet: schien diese Zerstörung doch gerade nicht notwendig für die Gründung einer neuen Ordnung.

Es wird deutlich, daß auch in diesen Texten auf die konstitutiven Elemente des Bruches und des Ursprunges immer schon rekurriert wird – auch und gerade, wenn deren Zusammenhang in einer anderen Weise entworfen wird und damit die romanzenhafte Struktur der Erzählung wie die davon abhängige motivische Verschlüsselung von Ereignissen, Handlungen und Erklärungen in einer entscheidenden Weise »gestört« erscheint. Noch deutlicher wird dies im Falle der Darstellungen von gescheiterten Revolutionen.

2.2.2 Die tragische Romanze

Diese Variante der narrativen Modellierung ist der gebräuchlichste Typus von »Geschichte«, wenn es um Darstellungen gescheiterter Revolutionen geht. Anders als bei der komischen Variante sind die radikalen semantischen Oppositionen hier wieder zentral für die Konzeption der Ereignisse. So wird auch hier die Krise eines Systemzustandes als derart unauflösbar entworfen, daß die Veränderung als notwendiger Bruch erscheint und zur Überschreitung dieses Systems führt.

Doch am Ende der »Geschichte« steht keine neue Ordnung, sondern eine offene, unheilverkündende Handlungswirklichkeit: das Vorstellungsbild des erlösenden Ursprungsaktes wird in das der fortschreitenden Passion oder auch in apokalyptische Dimensionen transformiert.

Auf diese Weise wird nicht nur irgendein Mißlingen einer Systemveränderung konstruiert, sondern dieses Mißlingen bleibt ad negativum an der Semantik der Ursprungs- und Erlösungsgeschichten orientiert. Die »Helden« der tragischen Romanze werden somit zu Märtyrern einer aufgeschobenen Erlösung. Die durch sie aufgezeigten Wege einer Überschreitung der bisherigen Ordnung haben zunächst nur den Aspekt der Zerstörung in die alte Ordnung hineingetragen. Im Mittelpunkt solcher »Geschichten« steht damit der immer wieder versuchte, aber gescheiterte endgültige Bruch mit der alten Ordnung.

Erst Mitte der 50er Jahre und dann vor allem in den 60er Jahren sind solche »Geschichten« der Ereignisse von 1918/19 in der historischen Forschung entworfen worden. Der Nationalsozialismus war hier der archimedische Punkt, von dem aus revolutionäre Möglichkeiten wie Niederlagen konstruiert wurden. Sebastian Haffner hat diese narrative Modellierung vielleicht am deutlichsten geprägt in seinem 1969 erschienenen Buch »Die verratene Revolution«[26]. Und Haffner ist bezeichnenderweise der in der Sekundärliteratur zu »November 1918« am häufigsten zitierte Historiker, der als »Referenz« einer möglichen historiographischen Lesart des Novemberromans hinzugezogen wird. Allerdings nicht wegen seiner Darstellung, sondern wegen der Inhalte oder »Fakten«, die ohne Rekurs auf die von Haffner entworfene narrative Ordnung rezipiert worden sind.

Die Geschichtsschreibung hat erst Mitte der 50er Jahre die Revolution wiederentdeckt.[27] In der unmittelbaren Nachkriegszeit war im Anschluß an die Historiographie der ausgehenden Weimarer Republik die Revolution überhaupt kein Gesichtspunkt, unter dem man die Ereignisse von 1918/19 darstellte. Mit dem »Paradigmawechsel« griff die Historiographie auch wieder bestimmte Diskursformationen wie die narrative Form der revolutionären Romanze auf, allerdings in der tragischen Variante. Die seitdem in der Historiographie laufenden Debatten um das Verhältnis von Revolution und Demokratie in Deutschland und einen möglichen »dritten Weg« einer innenpolitischen Entwicklung nach dem Ersten Weltkrieg lassen sich, wenn man die Argumentationskraft der Texte als Texte analysiert, auch als Debatten darüber auffassen, ob man diese Ereignisse von 1918/19 als tragische Romanzen schreiben könne oder nicht.

Autoren wie Haffner oder Rürup sehen die Demokratie als das mögliche, aber »verratene« Telos der Revolution an. Mit den Ereignissen des 9. November war die alte Ordnung endgültig zerstört und Wege der Überschreitung waren geebnet. Aber letztlich hinterließ die Revolution nur ein Vakuum, in welches dann Hitler und der Nationalsozialismus eingedrungen sind.[28] Diskursiv wird gefolgert, daß die Weimarer Republik den Status einer funktionierenden

---

[26] S. Haffner: Die verratene Revolution, Bern u.a. 1969. In der Neuauflage (München 1979), nach der im folgenden zitiert wird, trägt das Buch den Titel: Die deutsche Revolution 1918/19. Wie war es wirklich? Die Konzeption der tragischen Romanze findet sich auch bereits bei R. Müller: Geschichte der deutschen Revolution. 3 Bände, Berlin 1924/25 (Nachdruck Berlin 1979).
[27] So R. Rürup: Probleme der Revolution in Deutschland, Wiesbaden 1968, S. 8. Rürup erwähnt in diesem Zusammenhang auch, daß dieser »Wiederentdeckung« zunächst einmal eine Wiederentdeckung eines Textes – d.h. einer »Geschichte« – vorausging: nämlich der von A. Rosenberg (Die Entstehung der Deutschen Republik, Berlin 1928), die meist unter ideologischem Gesichtspunkt als »linkskritisch« beurteilt worden ist, die aber vor allem einen tragikomischen Entwurf dieser Revolutionsgeschichte enthält. Vgl. dazu auch U. Kluge: Die deutsche Revolution 1918/19. Staat, Politik und Gesellschaft zwischen Weltkrieg und Kapp-Putsch, Frankfurt a.M. 1985, S. 16 sowie die weiteren Referenztexte bei Rürup (ebd.).
[28] Haffner: Die deutsche Revolution 1918/19, S. 217/18; Rürup: Probleme der Revolution in Deutschland, S. 34. Vgl. ähnlich H. Grebing: Konservative Republik oder soziale Demokratie? In: E. Kolb (Hg.): Vom Kaiserreich zur Weimarer Republik, Köln 1972, S. 386–403 und P.v. Oertzen: Betriebsräte in der Novemberrevolution, Düsseldorf 1963.

Demokratie notwendig nicht erreichen konnte, insofern sie nicht auf einem Gründungsakt beruhte, der sich auf den Bruch mit der alten Ordnung in einzig legitimer Weise berief.

Fast durchgehend geht diese »Wiederentdeckung« der Revolution mit einer Wiederentdeckung der Rätebewegung bzw. ihrer spezifischen Rolle einher. Ihre Rolle ist die eines »Kollektivhelden« (Haffner) dieser tragischen Romanze, oft metonymisch identifiziert mit der Rolle der deutschen Arbeiterschaft schlechthin.[29] Die Arbeiter- und Soldatenräte erscheinen nun als Verkörperung einer revolutionären Bewegung »von unten«, die vergleichbar den Volksmassen der Französischen Revolution den definitiven Bruch mit der alten Ordnung zu forcieren suchte, um die Gründung der Republik zu ermöglichen.

Auch dieser Rekurs auf die Symbolik der Massen ist ein neues Phänomen in der deutschen Historiographie, das sich jedoch aus der narrativen Modellierung herleitet: sind doch die Massen in der typischen Form der Romanze ein ganz wesentliches Element der Bedeutungskonstitution.[30] In den tragischen Romanzen, wie sie von Haffner, Rürup, Grebing u.a. entworfen worden sind, ist es von der Struktur des Diskurses vorherbestimmt, daß die Spaltung der Arbeiterschaft zur entscheidenden Ursache des Scheiterns der Revolution erklärt wird. Insofern der Arbeiterschaft die Rolle des tragischen Helden der »Geschichte« zugewiesen ist, muß deren Scheitern zugleich das Scheitern der Revolution bedeuten.

Auch das narrative Modell der tragischen Romanze gibt damit als diskursive Formation bestimmte Erklärungsweisen und Darstellungsweisen immer schon vor. Und ähnlich wie bei der komischen Romanze wird hier der »klassi-

---

[29] Vgl. Haffner: Die deutsche Revolution 1918/19, S. 217: »Der Kollektivheld dieser Revolution, die deutsche Arbeiterbewegung, hat sich von dem Nackenschlag, der ihr damals versetzt wurde, nie erholt.« Eine ähnliche Rollenkonstitution der Rätebewegung findet sich auch bei R. Müller: Geschichte der deutschen Revolution. Bd. I, S. 45; Grebing: Konservative Republik oder soziale Demokratie?, S. 394; Kolb: Rätewirklichkeit und Räteideologie in der deutschen Revolution von 1918/19. In: Vom Kaiserreich zur Republik, S. 167; Rürup: Probleme der Revolution in Deutschland 1918/19, S. 20/24 und S. 48 sowie noch in der neueren Untersuchung von K. H. Pohl: Obrigkeitsstaat und Demokratie. Aspekte der »Revolution« von 1918/19. In: Revolution in Deutschland? 1789–1989. Hg.v. M. Hettling, Göttingen 1991, S. 46–69, hier S. 61ff.

[30] Vgl. so Rürup: Probleme der Revolution in Deutschland, S. 49/50 sowie Haffner: Die deutsche Revolution 1918/19, S. 211: »Als revolutionäre Massenleistung steht der deutsche November 1918 weder hinter dem französischen Juli 1789 noch hinter dem russischen März 1917 zurück.« – Deutlicher kann der Hinweis auf die intertextuelle Dimension der Revolutionshistoriographie wohl kaum ausfallen: das Faktum von Massenaktionen ist bereits imprägniert in seiner Deutung, wobei diese Deutung sich allein auf vorausgehende Deutungen der Historiographie bezieht. Vgl. hierzu auch die genaueren Ausführungen in Kapitel VIII. 5.1.4.

sche« Diskurs in bestimmter Weise variiert bzw. »gestört«, wobei auch diese Variation nur vor dem Hintergrund der bereits bestehenden Diskursformationen erfolgen kann.

Eine ganz andere Bedeutungskonstitution entsteht, wenn ein völlig unterschiedlicher Typus von »Geschichte« gewählt wird. So gibt es viele Historiker, die eine solche romanzenhafte Modellierung als Erklärung für völlig unangebracht halten.[31] Sie erzählen in Fortsetzung zur Historiographie Ende der 20er Jahre und der 50er Jahre überhaupt keine Romanzen: Demokratie ist bereits ein Entwicklungsvorgang während des Kaiserreiches, der folglich keines revolutionären Bruches und Gründungsaktes bedarf. Im Gegenteil: die Ereignisse um den 9. November und danach scheinen unnötigerweise eine Entwicklung zur Demokratie verhindert zu haben, insofern sie unnötige Bewegungen der Radikalisierung initiierten.

Diese Autoren schreiben damit auch keine komischen Romanzen, auch wenn sie immer noch den Begriff der Revolution benutzen: anders als in der komischen Modellierung wird hier gar kein Gründungsakt für die erklärende Darstellung veranschlagt. Die Weimarer Republik erscheint vielmehr als eine Nachkriegsordnung, die als errungene »ursprungsgleiche« Ordnung überhaupt nicht darzustellen ist.

In der Historiographie über die Ereignisse von 1918/19 wird somit der klassische Subtext der revolutionären Romanze immer schon miterzählt – sei es, um ihn komisch oder tragisch abzuwandeln, sei es, um ihn insgesamt zurückzuweisen. Die einzelnen historiographischen Entwürfe lassen sich damit als einzelne Ausformungen der diskursiven Formation der Romanze lesen und in ein intertextuelles Verhältnis setzen.

Die Entwürfe bis Mitte der 20er Jahre sind noch von dem Konzept der klassischen Romanze geprägt, das vor allem durch die Russische Revolution als zeitgenössisches Deutungsmuster noch einmal aktiviert worden war, wobei die komischen Varianten schon dominant sind. Gegen Ende der Weimarer Republik entstehen Antworttexte auf diese Konzeption, die zunehmend die Struktur der Romanze zurückweisen und Gegenmodelle in Form von »Geschichten« einfacher Systemveränderung entwickeln. In den 50er Jahren werden diese Konzeptionen übernommen, bis Ende der 50er Jahre tragische Versionen der Romanze entdeckt werden, mit denen im Gegensatz zu den vorangegangenen Entwürfen das Revolutionäre als narrative Erklärung wieder relevant wird.[32]

---

[31] So z.B. S. Miller: Die Bürde der Macht, Düsseldorf 1979 oder K. D. Bracher: Die Auflösung der Weimarer Republik, 5. Aufl., Villingen 1971. Vgl. ähnlich schon H. v. Liebig: Der Betrug am deutschen Volke, München 1919, S. 91ff.

[32] Zu dieser Entwicklung der Historiographie, die sich natürlich nur auf Deutschland bezieht und zudem reduktionistisch gemäß der konstruierten »Geschichte« ist, siehe ähnlich Rürup: Probleme der Revolution in Deutschland und Kluge: Die

Diese Bedingungen des Schreibens können ebenso als Bedingungen der Lektüre des Novemberromans betrachtet werden. Wenn »November 1918« als eine historische Darstellung einer gescheiterten Revolution gelesen worden ist und zweifelsohne auch so gelesen werden kann, dann ist die Lektüre immer schon an diesen Aspekten der Bedeutungskonstitution im Aufbau einer historischen Wirklichkeit ausgerichtet gewesen.

Bevor die Analyse von »November 1918« in Angriff genommen wird, sind einige Bemerkungen zur Terminologie erforderlich. Es ist deutlich, daß bei vorliegender Problemstellung die Anwendung einer stringenten Metasprache nicht leicht ist, insofern ja einhergehend mit der Affizierung des Realitätsbegriffes auch die eindeutige Unterscheidung von denotativer und konnotativer Sprache zur Debatte steht. Gleichwohl sollen einige terminologische Klärungen versucht werden.

Wenn im folgenden von historischer *Realität* gesprochen wird, so sind damit die überlieferten Fakten im Sinne des res gestae gemeint. Der Begriff des historisch *Realen* oder auch der *Wirklichkeit* einer Revolution meint dagegen das Moment der spezifisch historischen Faktizität, d.h. einen Wirklichkeitsbegriff, der immer schon eine konstruktive Komponente thematisiert.

Diese reflexive Tragweite des historischen Wirklichkeitsbegriffes ist auch dann angesprochen, wenn der Begriff der *»Geschichte«* benutzt wird. Geschichte ohne die Apostrophierung meint dagegen die plot-Struktur eines Geschehens, mit dem keine spezifische Historizität entworfen wird.[33]

Die konstruktiven Komponenten der Wirklichkeit einer Revolution werden mit verschiedenen Begriffen erfaßt. Von der Struktur der historiographischen Narration her gesehen wird in diesem Zusammenhang von *semantischen oder motivischen Konstellationen* bzw. *Figurationen* gesprochen, welche die Erzählstruktur im Sinne eines bestimmten Typus von »Geschichte« spezifizieren. Wenn die epistemische Relevanz dieser Komponenten betont werden soll,

---

deutsche Revolution 1918/19, 10–39. Die Gesichtspunkte, nach denen Rürup oder Kluge diese geschichtswissenschaftliche Entwicklung rekonstruieren, sind dabei vor allem ideologiekritischer Art, wobei diese wiederum in einen Zusammenhang mit politischen Konstellationen gesetzt werden. Im Rahmen dieser Arbeit wird dagegen gemäß der dezidiert geschichtstheoretischen Perspektive auf derartige Rekonstruktionen bewußt verzichtet, und zwar aus denselben Gründen, wie auf eine historische Vorgehensweise bei der Interpretation und Gattungsfrage verzichtet wurde: eine solche Rekonstruktion würde voraussetzen, was hier allererst thematisiert werden soll, nämlich die diskursiven Voraussetzungen solcher Rekonstruktionen.

[33] Wenn dagegen der Terminus »Geschichte« innerhalb eines zusammengesetzten Wortes benutzt wird, fällt die Apostrophierung der orthographischen Einfachheit wegen weg. Bei Determinativkomposita wie dem der Revolutionsgeschichte markiert ja zudem das Bestimmungswort bereits die semantische Determination, wie sie für das Konzept einer »Geschichte« wesentlich ist.

wird auch von *Vorstellungsbildern*, *gedanklichen Konzepten* oder historiographischen *Fiktionen* gesprochen.

Diese konstruktiven Komponenten unterliegen darüber hinaus aufgrund ihrer Abstraktheit bereits in der historiographischen Rede häufig einer figurativen Repräsentation, deren Funktion allerdings eine referentielle ist. Wenn die spezifischen figurativen Repräsentationsmodi der Revolutionsdarstellung einer historischen Lektüre unterzogen werden, so werden sie in der Funktion einer *Metapher* oder eines *Bildes* beschrieben, insofern die metaphorische Rede den möglichen Übergang zu einer »wörtlichen« Repräsentationsebene impliziert.

Wenn genau dieser Übergang zur »wörtlichen« Rede durch die Autoreferentialität des Romans und der damit einhergehenden geschichtstheoretischen Reflexion in Frage gestellt wird, so wird in Anlehnung an Walter Benjamin von einer *Allegorie* gesprochen: ist es doch die Funktion der allegorischen Rede, die Relation von Bild und Realem derart zu tangieren, daß auch das Reale letztlich als eine Form des Bildes bzw. bildlicher Zusammenhänge erscheinen kann.[34]

3 Titel

Der volle Titel des Erzählwerkes lautet: »November 1918. Eine deutsche Revolution.« Es hat in der Forschung bisher nicht allzu viele Ansätze einer Deutung dieses Titels gegeben. Zum Konsens aber dürfte es gehören, daß vor allem die Formulierung des Untertitels als Hinweis auf das Scheitern dieser Revolution interpretiert worden ist: das »Deutsche« dieser Revolution signalisiere sozusagen bereits den Charakter des Mißlungenen oder Unabgeschlossenen.[35] Elshorst hat implizit die Bedingungen einer solchen Lesart erläutert, wenn er darauf verweist, daß der Titel eigentlich zwei verschiedene Dinge anspreche: einmal die konkreten Ereignisse der deutschen Geschichte, die im Roman thematisiert würden, und zum anderen das »Exemplarische« dieser Ereignisse.[36] Das Exemplarische wird allerdings nur auf das »Deutsche« bezogen: d.h. es gibt einmal das Ereignis der Revolution, und zum anderen deren Deutung oder Wertung als »typisch deutsch« und damit als mißlungen oder gescheitert. Was solchen Lektüren im Grunde schon vorausgegangen ist, ist die Ersetzung von

---

[34] Siehe W. Benjamin: Der Ursprung des deutschen Trauerspiels«. Gesammelte Schriften I.1.Teil. Hg.v. R. Tiedemann/H. Schweppenhäuser, Frankfurt a.M. 1974. Benjamin faßt hier das Allegorische u.a. treffend als das »genaue Nichtsein dessen, was es vorstellt« (S.406).
[35] Vgl. so u.a. bei H. Mayer: Eine deutsche Revolution. Also keine. In: Der Spiegel 32 (14.08.1978) 124–128; Althen: Machtkonstellationen einer deutschen Revolution, S.84.
[36] Elshorst: Mensch und Umwelt, S.110.

»November 1918« durch den in der Historiographie gängigen Begriff der »Novemberrevolution«.[37] Diesem letzteren Begriff liegt aber bereits eine ganz bestimmte Zuordnung von Ereignissen und »Geschichte« zugrunde: nämlich die Einordnung der Ereignisse seit Ende Oktober 1918 in den Kontext einer typischen Revolutionsgeschichte als einer »Geschichte« des Bruches mit der alten Ordnung. Denn was immer über den eigenartigen Charakter und Verlauf dieser Revolution auch geschrieben worden ist: die mit den Matrosenrevolten Ende Oktober 1918 in Gang gesetzten Ereignisse gelten nach wie vor als das *Signum* des »Revolutionären«.[38]

Lassen sich diese Ereignisse bzw. ihr zeitlicher Verlauf doch mit dem Konzept der Romanze erklären: die Matrosen entfachen eine Massenbewegung, welche die vorhandene Krise des Kaiserreiches bis zu einem Punkt steigert, an dem das alte System selbst nur noch abdanken kann und der neuen Bewegung Raum schaffen muß. Das »Ereignis« der Novemberrevolution ist damit aber ein bereits konstruiertes Ereignis: nämlich ein über ein bestimmtes narratives Modell konzipiertes Ereignis. Die in den oben genannten Deutungen des Titels angesprochene Dichotomie von Fakten und Interpretation funktioniert somit nur unter der Voraussetzung, daß die Fakten schon als Ereignisse konstruiert worden sind und diese Konstruktion einer anderen gegenübergestellt wird – nämlich der des »Deutschen« dieser Revolution.

Wenn also dieser Titel als Verweis auf die Darstellung einer gescheiterten Revolution historiographisch gelesen werden kann, dann nur unter der Bedingung, daß hier zwei Konzepte von Revolutionsgeschichten gegenübergestellt werden: das Modell der klassischen und der tragischen Romanze.

Nun stellt sich aber die Frage, ob man diese Bedingungen nicht auch in der Formulierung dieses Titels schon thematisiert findet. Denn mit »November 1918« scheint zunächst eine rein zeitliche Lokalisation angesprochen zu sein, die als solche eben nur einen bestimmten Ort in der Zeit angibt, ohne daß der »Geschichtenwert« dieser Angabe deutlich wäre. Die Formulierung des Untertitels dagegen scheint stark auf Generalisierung ausgerichtet zu sein: der unbestimmte Artikel, das unbestimmte Attribut »deutsch« und die syntaktische Endpositionierung des Begriffes der Revolution erwecken den Anschein einer Rahmung der mit der zeitlichen Lokalisation angesprochenen Ereignisse –

---

[37] Vgl. so die Titel bei R. Müller: Geschichte der deutschen Revolution. Bd. 2: Die Novemberrevolution (siehe Kap. VIII/Anm. 26); H. Müller-Franken: Die Novemberrevolution (siehe Kap. VIII/Anm. 25) oder S. Miller/G. Ritter: Die Novemberrevolution 1918 im Erleben und Urteil der Zeitgenossen. In: Aus Politik und Zeitgeschichte. Beilage zu »Das Parlament« B 45/68 (09.11.1968) 3–39.
[38] Vgl. so ausdrücklich auch bei Müller – Franken: Die November – Revolution, S. 7/8; F. Runkel: Die deutsche Revolution, Leipzig 1819, S. 105ff.; A. Niemann: Revolution von oben – Umsturz von unten, Berlin 1927, S. 282ff. oder bei Kluge: Die deutsche Revolution 1918/19, S. 7.

oder vielmehr der Ereignisse, die man hinter der zeitlichen Lokalisation vermuten würde. Denn von irgendwelchen Ereignissen ist ja in diesem Titel gar nicht die Rede und genau dies ist entscheidend: es sind hier eher die Bedingungen thematisiert, die das »Ereignis« der Novemberrevolution allererst als ein historisches konstituieren.

Nur der Zusammenhang einer bestimmten zeitlichen Lokalisierbarkeit mit einer »Geschichte« als quasi rahmendem Konzept konstituiert die Historizität eines Ereigniskomplexes wie desjenigen der sogenannten »Novemberrevolution« – und die erwähnten historiographischen Lesarten dieses Titels funktionieren ja nur aufgrund eines solchen Konstitutionsprozesses.

Eine solche Deutung des Titels würde allerdings bedeuten, daß hier die mögliche historische Lesart des folgenden Textes *als* eine solche Lesart schon thematisiert wäre. Damit wäre der Titel aber nicht mehr referentiell lesbar, sondern vielmehr als Titel des nun folgenden Textes bzw. Vertextungsvorganges deutbar: die Bedingungen einer historischen Darstellung dieser deutschen Revolution – als einer gescheiterten Revolution – liegen in der Textualität der Darstellung selbst.

Die »Novemberrevolution« ist ein Werk der Erzählung – ein »Erzählwerk« – auch was ihre referentielle Darstellung betrifft. Der Titel würde damit gewissermaßen das Lektüreprogramm eines historischen Romans schon mitformulieren: als historischer Roman ist der Novemberroman historisch lesbar, wie er zugleich die Bedingungen einer solchen Leseweise zum Thema einer entsprechend »anderen« Lektüre machen kann.

4 Komposition – die Struktur der tragischen Romanze

Betrachtet man das zeitliche Gerüst und den Handlungsaufbau der Bände, so ist deutlich, daß hier die Struktur der tragischen Romanze in geradezu klassischer Weise prägend ist. Diese narrative Modellierung ist darüber hinaus sehr eng mit dem zeitlichen Verlaufssystem der Ereignisse verbunden, so daß nicht von ungefähr ein stark historisch referentieller Effekt der Darstellung entsteht.

Schwerpunktmäßig werden die Ereignisse vom 10. November 1918 bis zum 15. Januar 1919 geschildert, wobei die Ereignisse im Rahmen einer historiographischen Lektüre dabei bestimmten Verlaufsphasen eines Geschehniszusammenhangs zugeordnet werden können, die jeweils in den einzelnen Bänden in den Mittelpunkt der Darstellung gestellt sind.

Im ersten Band liegt der Schwerpunkt der Darstellung auf den Ereignissen beim Ausbruch der Revolution: die erzählten Ereignisse erscheinen als narrative Elemente der »Geschichte« des Zusammenbruches der alten Ordnung. In den Bänden II,1 und II,2 verlagert sich die Schilderung des Revolutionsgeschehens nach Berlin, wobei hier die Machtkämpfe der verschiedenen politischen

Kräfte nach Wegfall der alten Ordnung ausführlich erzählt werden. Im III. Band steigert sich das Geschehen zu einer Art Entscheidungskampf, in dessen Verlauf mit der Ermordung von Liebknecht und Luxemburg die revolutionäre Übergangszeit ein gewaltsames Ende findet und eine Ordnung wiederhergestellt wird. Diese Ordnung wird aber als nur wenig veränderte Ordnung dargestellt. Die alten Mächte regieren in anderer Form weiter, so daß am Ende der »Geschichte« die Semantik einer wirklichen Erneuerung fehlt. Die entworfene »Geschichte« des Bruches und des Aufbruches hat somit kein Telos: der Versuch der erlösenden Überschreitung der bisherigen Handlungswelt erscheint als gescheitert und wird auf bestimmten Ebenen der Erzählung in die Figuration der Passion transformiert.

Diese Grobstruktur, die einzelnen Ereignissen des zeitlichen Verlaufssystems einen ganz bestimmten Ort in der »Geschichte« zuweist, findet sich wie erwähnt auch in einigen historiographischen Texten zur Novemberrevolution. Es ist vor allem diese Struktur, die so häufig die literaturwissenschaftliche Forschung veranlaßt hat, »November 1918« mit Haffners »Verratener Revolution« zu vergleichen: die Bedeutungszuschreibungen ähneln sich, insofern ihnen die narrative Ordnung der tragischen Romanze in sehr expliziter Form zugrundeliegt.

Entsprechend sind in »November 1918« wie in anderen historiographischen Texten von Beginn der Erzählung an »Störfaktoren« eingebaut, die den Entwurf einer klassischen Revolutionsgeschichte als unmöglich erscheinen lassen. Diese »Störfaktoren« beziehen sich auf die typischen semantischen Konzepte einer Romanze, die damit als grundlegender Intertext immer miterzählt wird. Diese Vertextungsstrategie soll zunächst anhand der Grobstruktur deutlich gemacht werden. Im Anschluß werden dann einzelne Ebenen und Elemente der entworfenen Revolutionsgeschichte ausführlich untersucht.

I. Band

Die Handlung des I. Bandes »Bürger und Soldaten« spielt im Elsaß, genauer in einem kleinen Garnisonsstädtchen und in Straßburg. Es ist in der Forschung häufiger bemerkt worden, daß diese Form der Komposition ein »Kunstgriff« Döblins gewesen sei: die Verlagerung des Beginns der Revolutionsgeschichte an die Peripherie des Reiches zeige, daß die deutsche Revolution insgesamt nur ein peripheres Ereignis geblieben sei.[39]

Die Interpreten setzen hier bereits voraus, was im Schreibprozeß des Romans als Voraussetzung einer solchen Interpretation erst entworfen wird: das semantische Merkmal eines peripheren Raumes ist ein typischer »Störfaktor«

---

[39] Vgl. so Althen: Machtkonstellationen einer deutschen Revolution, S. 104; Kiesel: Literarische Trauerarbeit, S. 345ff.; Shelton: History and Fiction, S. 1.

in einer Revolutionsgeschichte, weil Revolutionen an das räumliche Konzept eines Zentrums gebunden sind, in dem sich bzw. von dem sich aus die Bewegung des Bruches mit der alten Ordnung verdichtet. Der »Kunstgriff« muß damit nicht allein mit dem Autor Döblin erklärt werden, sondern kann zunächst einmal vor dem Hintergrund der üblichen Bedingungen des Erzählens einer Revolutionsgeschichte gesehen werden. Die räumliche Semantik der revolutionären »Geschichte« scheint von Beginn an gestört, so daß ein variantes Modell des Erzählens bereits entworfen ist.[40]

In Abhängigkeit von dem Konzept der räumlichen Peripherie kommen in diesem I. Band auch ganz untypische *Handlungskonstellationen* zur Darstellung: der Zusammenbruch der alten Ordnung wird nämlich zunächst einmal als Zusammenbruch der deutschen Militärherrschaft im Elsaß geschildert, d.h. nicht als Zusammenbruch der inneren Ordnung des deutschen Kaiserreiches.

Auf diese Weise erscheint die Veränderung eher als ein kriegsbedingter Zusammenbruch denn als ein sich mit Notwendigkeit vollziehender Bruch mit einem krisenhaften System. Darüberhinaus bilden sich durch diese Konstellation sehr untypische Fronten verschiedener Kräfte: die eigentlichen Fronten sind hier nicht durch die semantische Opposition von »alt« und »neu« gestaltet, sondern durch die Opposition von Franzosen und Deutschen. Für die Franzosen wird der Zusammenbruch als eine Möglichkeit der Rückkehr zu einer alten Ordnung erzählt, wie die Deutschen damit zur Rückkehr in die Heimat gezwungen werden. In die »Geschichte« des Bruches mischt sich damit eine völlig untypische »Geschichte« der *Restitution* alter Verhältnisse ein.[41]

Es sind somit auch hier einander sich widersprechende semantische Konzepte, welche das Modell einer gescheiterten Revolution *qua Darstellung* als real erscheinen lassen. Zuletzt sei noch erwähnt, daß auch bereits im I. Band von der Komposition her Elemente der Selbstreferentialität des historischen Erzählens eingebaut sind. So beginnt die erzählte Handlung mit dem 10. November 1918. Wie schon im Rahmen der Titelanalyse erwähnt, ist der 9. No-

---

[40] Bei Haffner ist der grundlegende »Störfaktor« der revolutionären Vorgeschichte mit der Charakterisierung der Sozialdemokratie entworfen: deren Charakterisierung als »Erbe« des Kaiserreiches ruft auf eine andere Weise ebenso eine Semantik auf – hier bezogen auf Handlungsqualitäten von Gruppen oder Personen – die mit der typischen Semantik eines »revolutionären Subjektes« in Widerspruch steht. Auch diese Form der Darstellung einer mißratenen Revolution, die sich am Konzept der »fehlbesetzten Rollen« orientiert (vgl. so auch bei Rürup: Probleme der Revolution in Deutschland, S. 27 oder bei Pohl: Obrigkeitsstaat und Demokratie, S. 51/52f.) wird im Novemberroman noch eine Rolle spielen.
[41] Es ist häufig bemerkt worden, daß der Begriff der Revolution unter ethymologischem Gesichtspunkt das semantische Moment der Rückkehr bereits enthalte. Allerdings ist damit eine Rückkehr zu einem ursprünglichen Zustand angesprochen, d.h. die Rückkehr hat auf diese Weise zugleich die Qualität des Ursprungs. Dies ist ein anderer Begriff von Rückkehr als der der hier angesprochenen Restitution eines vormaligen Zustandes, dem nicht die Qualität des Ursprunges zukommt.

vember 1918 in der Historiographie das Datum, an dem die Ereignishaftigkeit des revolutionären Bruches wesentlich festgemacht wird. Im Elsaß muß aufgrund der politischen Verhältnisse das Ende des Kaiserreiches erst nachträglich zum Ereignis werden. Doch dieser Zusammenhang wird qua Darstellung nicht hergestellt: die Ereignisse des 9. November in Berlin spielen im I. Band überhaupt keine Rolle. Sie werden nur erzählt bzw. kurz zitiert, aber sie sind nicht Teil der Handlungswelt, die hier entworfen ist.[42]

Auch dieser kompositorische »Kunstgriff« ist in der Forschung dahingehend gedeutet worden, daß in »November 1918« eigentlich nur das Auslaufen einer deutschen Revolution geschildert sei, deren Höhepunkte noch nicht einmal mehr dargestellt wären.[43] Diese Interpretation setzt vergleichbar den erwähnten Titeldeutungen wieder voraus, was eigentlich in einer historischen Lesart des Romans als Lektürebedingung erst thematisiert werden müßte: nämlich die Verbindung von tragischer Romanze und zeitlichem Verlaufssystem der Ereignisse.

Die einzelnen Ereignisse des 9. November müssen bereits als zentrale Ereignisse des Bruchs gedeutet worden sein, um ihr Fehlen in der Plotstruktur des Romans wie oben erwähnt interpretieren zu können. Offensichtlich liegt aber in »November 1918« eine *Dissoziation* von »Geschichte« und Verlaufssystem der Ereignisse vor: die »Geschichte« des Bruches mit der alten Ordnung – wie auch deren »tragische Verfremdung« – wird im I. Band in Verbindung mit ganz anderen Ereignissen entworfen, als es in der Historiographie üblich ist. Diese Form der Dissoziation läßt sich somit auch anders lesen: indem Strukturelemente der tragischen Romanze die Erzählung prägen, ohne daß die Historizität der Ereignisse dabei eine zentrale Rolle spielt, kann die *Ahistorizität* dieser narrativen Formen in den Blickpunkt der Lektüre rücken.

Damit gelangt die Lektüre aber zu einem Widerspruch: unter der Perspektive einer historiographischen Lektüre, in der die Dissoziation von »Geschichte« und »Fakten« des zeitlichen Verlaufes in den Blickpunkt rückt, kommt man zu dem Ergebnis, daß hier bereits das Scheitern der deutschen Revolution in nuce entworfen worden ist. Rückt man im Sinne einer »anderen« Lektüre aber die Bedingungen einer solchen Interpretation in den Blickpunkt, dann kann man die »Geschichte« des I. Bandes als eine Form der Reflexion auf eben diese Bedingungen lesen.

---

[42] Vgl. »November 1918« I, S. 27ff.; I, S. 112/13. Zitiert wird im folgenden nach der kommentierten Ausgabe von W. Stauffacher, Olten/Freiburg i. Br. 1991 (Walter – Verlag).
[43] So Shelton: History and Fiction, S. 1.

II. Band

Im II. Band, der sich in zwei Teilbände aufteilt, wird der Entwurf von typischer und untypischer Revolutionsgeschichte fortgesetzt, aber nun in Verbindung mit Ereignissen, die in der Historiographie gängigerweise thematisiert werden. Im Zentrum steht das Ringen um die Macht: qua Komposition wird die Kräftekonstellation von OHL, Ebert und dem Rat der Volksbeauftragten wie Spartakus deutlich herausgearbeitet, wobei hier nicht irgendeine Machtgeschichte, sondern eine spezifisch revolutionäre entworfen ist. Karl Liebknecht erscheint als treibende Kraft der Überschreitung des alten Systems, während Ebert und die Mehrheitssozialdemokratie als »Verhinderer« dieser Überschreitung auftreten und damit den reaktionären Kräften der OHL sehr nahe kommen. Die Rollen der einzelnen Figuren und Gruppierungen sind durch die Struktur der narrativen Ordnung ähnlich wie in der Historiographie stark festgeschrieben und zwar fast durchgängig von Beginn der Darstellung an. Dadurch erhält die Darstellung zusätzlich etwas von der Eindeutigkeit der Bedeutungszuschreibung, die für den historiographischen Diskurs so zentral ist.

In den Bänden II/1 und II/2 steht damit die Schilderung der revolutionären Übergangszeit nach dem Zusammenbruch der alten Ordnung im Mittelpunkt. Die Erzählstruktur, die sich durch Multiperspektivik und Synchronie auszeichnet, erscheint als eine adäquate Repräsentation dieser Situation, in der die unterschiedlichsten Personen und Gruppen mit ihren gegensätzlichen Zielen geschildert werden.[44] Diese Form der Repräsentation, die in ihrer Gestaltung »literarischer« als die Historiographie erscheinen mag, sich strukturell jedoch an der Semantik der Revolutionshistoriographie orientiert und damit unter diesem Gesichtspunkt nicht vom historiographischen Diskurs unterschieden ist, kann insofern als eine spezifisch literarische Präsentation gelesen werden, als sie in vielen Aspekten *überstilisiert* erscheint.

So werden beispielsweise, was es im folgenden noch genauer auszuweisen gilt, die Rollenkonzeptionen der einzelnen Figuren und Gruppen wie auch die Zeitkonzeptionen des Erzählens stark stilisiert. Auf diese Weise wird der realistische Effekt des historischen Erzählens gleichsam wieder zurückgenommen in eine Bewegung der Selbstreferentialität: die Bedingungen einer möglichen historischen Lesart werden aufgerufen und wieder negiert, indem die Überstilisierung die Bedingungen einer »realistischen« Lektüre in Frage stellt.

---

[44] Vgl. so auch die historiographische Lesart bei Koepke: Spontane Ansätze zur Überwindung der Individuation, S. 31 oder bei Althen: Machtkonstellationen einer deutschen Revolution, S. 87.

III. Band

Auch im letzten Band läßt sich eine solche doppelte Bewegung von »realistischem« historiographischem Entwurf und gleichzeitiger Aufhebung feststellen. Im Zentrum steht wie erwähnt die Darstellung des tragischen Entscheidungskampfes, mit dem die Revolution als Bewegung der Überschreitung des alten Systems beendet wird. Konsequent wechselt die Erzählstruktur von dem Prinzip des parataktischen Erzählens zu dem Prinzip eines stark strukturierten Erzählens: die einzelnen Bücher gliedern sich nach den einzelnen Gruppen, die so in einer Art »Blockstruktur« gegeneinander geführt werden. Die einzelnen Phasen des Kampfes erscheinen als Phasen des Erzählens: die narrative Ordnung konstituiert die Wirklichkeit des revolutionären Entscheidungskampfes wesentlich mit.

In dieser Perspektive ist »November 1918« als klassische Form der Revolutionshistoriographie lesbar. Der extreme Wechsel der Erzählstruktur von Band II zu III kann aber zugleich wieder als Infragestellung einer solchen Lektüre gelten: die Komposition wirkt derart überkonstruiert, daß das zugrundeliegende Konzept des nach »Fronten« oder »Blöcken« aufgebauten Entscheidungskampfes als ein solches Konzept nur umso deutlicher erscheint. Es ist für den III. Band insgesamt charakteristisch, daß die jeder Revolutionshistoriographie und auch dem Novemberroman zugrundeliegende Figuralität der Präsentation derart stilisiert wird, daß das »Geschichtliche« am Ende vollends allegorisch erscheint.

Die Realität der gescheiterten Revolution transformiert sich in aufeinander verweisende figurale Konstellationen, die allein die Realität der historischen Deutung zu verbürgen vermögen. Die Komposition des III. Bandes entfernt sich damit aber nicht, wie in der Forschung oft behauptet, von der »Geschichte« oder der Revolutionsdarstellung. Was in diesem Band die historiographische Lesart zum Teil schwierig macht, ist dieser noch ausdrücklichere reflexive Rekurs auf die selbst schon fiktionalen Bedingungen einer solchen Lektüre.

So wird vor allem die für tragisch endende Revolutionen typische Semantik der Passion und des tragischen Erlösungskampfes in den »Geschichten« des Friedrich Becker, des Woodrow Wilson und der Rosa Luxemburg in exponierter Form noch einmal »durchgespielt«, wobei die intratextuelle Relationierung dieser Semantik den Prozeß der Vertextung deutlich werden läßt. Die im letzten Band durchaus auch mögliche »realistische« Lesart des definitiven Scheiterns der Revolution scheint somit ständig konterkariert von einer allegorischen Lesart, aber beide Lesarten sind eben insofern in widersprüchlicher Weise aufeinander verwiesen, als für *beide* die narrativen und semantischen Bedingungen des »Revolutionären« Geltung beanspruchen können. Das Ende der Revolutionsdarstellung in »November 1918« erweist sich somit vor allem als Ende jeder möglichen eindeutigen Entscheidung für eine bestimmte Lektüre.

5. Der Aufbau einer revolutionären Wirklichkeit – Konstituenten der »Geschichte«

5.1 Der Anfang der »Geschichte« – Krise und Aufbruch

5.1.1 Eröffnungsmotive

Wie im geschichtstheoretischen Teil dieser Arbeit eingehend dargestellt worden ist, haben einzelne Ereignisse und Handlungen – also die sogenannten »Fakten« – innerhalb einer »Geschichte« quasi motivische Funktion: sie müssen in einer spezifischen Zeichenhaftigkeit erscheinen, um in der Hierarchie der Bedeutsamkeit der »Geschichte« einen funktionalen Ort zu haben. Die narrative Ordnung der Revolutionshistorie hat ihre eigenen »präfigurierten Felder« (White), in denen bestimmte Ereignisse ihre Position finden müssen. Eines dieser Felder, das meist als Eröffnung der Gesamtgeschichte dient, ist das der umfassenden Krise der alten Ordnung, die sich zu dem Ereignis des Bruches verdichtet. In tragischen Romanzen wird allerdings von Beginn an die Endgültigkeit des Umsturzes in Frage gestellt. Entsprechend ist die krisenhafte Vorgeschichte der alten Ordnung nicht derart ausgestaltet, daß das Ereignis des Bruches als absolut notwendig und unumkehrbar erscheint.

Auch in »November 1918« fehlt die Darstellung einer tiefgreifenden Krise der alten Ordnung. Das Geschehen setzt vielmehr in dem Moment ein, wo ein entscheidender Bruch schon vollzogen ist. Entsprechend ist in »Bürger und Soldaten« wie auch teilweise in »Verratenes Volk« das Feld des Bruches und Aufbruches präfiguriert, ohne daß die kausale Herleitung dieses Ereignisses geschildert ist. Auf diese Weise gerät ganz im Sinne der tragischen Romanze die Situation des Zusammenbruches der alten Orientierungssysteme in den Mittelpunkt der »Geschichte«, ohne daß die Endgültigkeit dieses Ereignisses als real erscheint.

So beginnt die Erzählung in »Bürger und Soldaten« mit Beschreibungen von alten und kranken Menschen, deren Handlungsmöglichkeiten gelähmt erscheinen.[45] Es ist ausführlich vom Sterben und dem Tod die Rede.

In einem Kontrast zu dieser Semantik des verbrauchten und gebrochenen Lebens, die im Kontext einer historiographischen Lektüre metaphorisch als Teil der umfassenden Krise gedeutet werden kann, wird dann von dem Eintreffen junger Soldaten im Lazarett erzählt: sie erscheinen in ebenso metaphorischer Weise als Teil des unerwarteten Aufbruchs. Zuvor schon waren diese jungen Soldaten in den grauen und immergleichen Alltag der alten Frau Hegen eingedrungen, als sie »lärmend«, »schreiend und singend« plötzlich auf der

---

[45] Vgl. H. T. Hamm: Alfred Döblin: »November 1918«, S. 3.

Straße des kleinen Garnisonsstädtchens auftauchten.[46] Die alte Ordnung scheint völlig aus den Fugen geraten, wenn sich plötzlich Menschenmengen auf der Straße versammeln und das Zeitungslesen zu einer öffentlichen Angelegenheit wird oder in Straßburg Soldaten den Justizpalast besetzen.[47] Es sind ganz typische Ereignisse, die hier dargestellt werden – typisch für die Darstellung eines revolutionären Veränderungsprozesses. Typisch sind diese Ereignisse aber hinsichtlich der Konzeptualität der Gesamtgeschichte, d.h. nicht als Ereignisse selbst. Das Eintreffen der jungen Soldaten signalisiert den Einbruch des Neuartigen, die Ansammlung von Massen die Möglichkeit von unberechenbaren Aufbruchsaktionen, die Besetzung alter Gebäude durch neue Gruppen eine sich anbahnende Machttransformation.

Allerdings wird diese Signifikanz im Novemberroman nur zitiert, um aufgrund der Handlungskonstellation in ganz andere Bedeutungszuschreibungen zu münden. So werden die Soldaten vor allem den Rückzug des deutschen Lazaretts aus dem Elsaß zu organisieren haben,[48] die Menschenmengen bestehen aus Elsässern, die sich endlich öffentlich gegen die Deutschen aussprechen dürfen, und die Soldaten in Straßburg werden ebenfalls den Wünschen der Franzosen weichen müssen.

Die Semantik von Bruch und Aufbruch wird auf diese Weise ihrer Eindeutigkeit beraubt: sie läßt sich sozusagen als Teil von zwei verschiedenen »Geschichtentypen« lesen, nämlich einmal als Teil einer Revolutionsgeschichte und einmal als Teil einer Nachkriegsgeschichte.[49] Das Vorstellungsbild des revolutionären Zusammenbruches wird so in vereinzelte Zustandsbeschreibungen und weniger in eine synchrone Handlungsstruktur transformiert.

Was sich auf diese Weise zweifelsohne nicht konstituiert, ist die Handlungswelt einer klassischen Aufbruchsituation, deren Semantik eindeutig auf eine Revolutionsgeschichte verweist. Allerdings muß man beachten, daß auch in der Historiographie die Handlungswelten von Bruch und Aufbruch zunächst Zustandsbeschreibungen sind, denn mit diesen Kategorien sind ja eher abstrakte Geschehnisqualitäten und weniger reale Handlungsvorgänge ange-

---

[46] I, S. 8.
[47] I, S. 31ff.; S. 40ff.
[48] Wobei Hamm betont, daß der Vorgang der Auflösung des Lazaretts als solcher auch anders gelesen werden könnte: nämlich als Beginn der Revolution, die mit dem verbrauchten Leben »aufräumt« (Alfred Döblin: »November 1918«, S. 4). Interessant ebenso Hamms Hinweis, daß zuerst der Chefarzt stirbt, bevor sich das gesamte Lazarett auflöst (ebd.): auch dieses Moment der entworfenen Handlungswirklichkeit kann in einem historischen Sinne als Wirklichkeit des Bruchs gelesen werden, der zu einer Auflösung von »oben nach unten« führt. Vgl. dazu I, S. 174ff.
[49] Daß die gesamte Nachkriegsgeschichte, wie sie in »November 1918« vor allem bis II/2 entworfen ist, insgesamt auch noch anders gelesen werden kann, dazu siehe die noch folgende Interpretation in Kapitel VIII. 5.3.4.

sprochen. Gleichwohl gehört es zu der historiographischen Form einer Wirklichkeitskonstituierung, diese abstrakten Geschehnisqualitäten in die Erzählung einer spezifischen Handlungswelt zu integrieren, so daß sie eben als real erscheinen können.

Indem in »Bürger und Soldaten« diese Verbindung von Zustandsbeschreibung und fortlaufend erzählter Handlungswelt nicht durchgängig geschaffen ist, aber gleichwohl mit diesen Zustandsbeschreibungen narrative Elemente der Revolutionshistorie aufgerufen sind, entsteht nicht nur der Eindruck, hier würde keine »wirkliche« Revolution entworfen. Das den gesamten Roman prägende Strukturprinzip der losen Aneinanderreihung von Episoden läßt sich vielmehr auch als eine Markierung der Bausteine des historischen Erzählens lesen: auch eine »wirkliche« revolutionäre Handlungswelt ist über diese abstrakten Zustandsbeschreibungen organisiert, ohne daß dies allerdings im Erzählprozeß selbst thematisiert wird.

Von daher ist es wichtig zu beachten, daß mittels dieser episodischen Zustandsbeschreibungen bereits in »Bürger und Soldaten« eine *intratextuelle Motivik* entwickelt wird, die ihren Bezugspunkt gleichermaßen in der Intertextualität der Revolutionshistorie hat – und damit eine historiographische Lektüre ermöglicht – wie sie die Struktur des eigenen Erzählens auch der späteren Bänden schon selbstreflexiv vorentwirft. Es sollen im folgenden im Rahmen eines close reading einige dieser Episoden untersucht werden, um die angesprochene Motivik und die davon abhängigen verschiedenen Leseweisen erarbeiten zu können.

5.1.2 Tragikomische Aufbrüche – Erstürmungen und Befreiungen

Seit dem Sturm auf die Bastille ist es eine wesentliche Bedingung der Produktion und Rezeption von Revolutionsgeschichten, (Massen-) Aktionen zu schildern, bei denen Gebäude erstürmt werden, die im Zentrum der alten Herrschaft standen. Solche Aktionen symbolisieren sozusagen in »Reinform« den unaufhaltsamen Zusammenbruch der alten Ordnung, deren Gebäude und Herrschaftspraktiken »im Sturm« hinweggefegt werden.

In »Bürger und Soldaten« wird auch von solchen Erstürmungen erzählt. So wird die Kaserne der Deutschen, Symbol der preußisch-deutschen Militärherrschaft im Elsaß, von einer großen Menschenmenge geplündert. Das »Ursprungsereignis«, der Sturm auf die Bastille, wird sogar ausdrücklich, wenn auch ad negativum, als »Prototyp« zitiert.[50] Damit ist einleitend die symbolische Ereignishaftigkeit benannt, vor deren Hintergrund die nun folgende Epi-

---

[50] I, S. 77.

sode gelesen werden kann. Eine solche Lektüreerwartung wird auch an anderer Stelle forciert, wenn es heißt:

> »Alle Gassen und Gäßchen stopften sich voll mit Menschen und Fahrzeugen, und alle drängten dahin, wo es doch am kahlsten und unheimlichsten aussah, in die Kasernengegend, in die lange breite Kasernenstraße. Wozu? Wollten die Leute, die keine Waffen hatten, die Kaserne stürmen und die Truppen angreifen?« (I, S. 77)

Die Symbolik dieses Ereignisses wird dann allerdings verfremdet: Es folgt nämlich keine Plünderung, sondern eine organisierte Schenkung, die schon vorher angekündigt wird und eher einen Volksfestcharakter als einen Volkserhebungscharakter hat. Diese Verfremdung, mittels derer bereits gewisse »Merkwürdigkeiten« dieses revolutionären Aufbruchs dargestellt werden, funktioniert aber nur vor dem Hintergrund der Symbolik, die hier mit dem Sturm auf die Bastille aufgerufen und miterzählt ist.

Man kann die Verfremdung der aufgerufenen Semantik des Revolutionären als einen typischen »Störfaktor« im Sinne einer tragikomischen Romanze lesen. In einer historiographischen Lektüre könnte diese Form der Darstellung somit als Hinweis auf die im Ansatz bereits »gestörte« Revolution rezipiert werden. Die Tatsache, daß die symbolische Ereignishaftigkeit des Sturms auf die Bastille durch die Erzählführung zunächst als Lektüreerwartung forciert wird, um anschließend wieder negiert zu werden, ermöglicht aber ebenso eine Reflexion auf die zunächst evozierte Lektüreerwartung bzw. deren Bedingungen.

Ähnlich läßt sich die Episode um den Deserteur Ziweck rezipieren, der ohne Erfolg die Wohnung seines ehemaligen Arbeitgebers »erstürmt«, um dessen Hab und Gut in Besitz zu nehmen.[51] Nach Kiesel wird mit dieser Episode gezeigt, wie alle wirklichen Versuche revolutionären Aufbegehrens von den Soldaten im Keim erstickt worden wären.[52] Nun stellt sich allerdings die Frage, inwiefern die Handlungen Ziwecks überhaupt als »revolutionäres Aufbegehren« gedeutet werden können – also aufgrund welcher Bedingungen sich eine solche historiographische Lektüre der Episode zu konstituieren vermag.

So behauptet Ziweck zwar, daß sein persönlicher Racheakt an seinem früheren Arbeitgeber eine »revolutionäre Tat« sei. Diese Selbstdeutung der Figur scheint aber wohl kaum der Grund für Kiesels Interpretation zu sein, dem es offenbar nicht darum geht, die Erklärung Ziwecks einfach nachzuerzählen.

---

[51] I, S. 69ff.
[52] Kiesel: Literarische Trauerarbeit, S. 347/48.

Die Begründung für Kiesels Deutung liegt wohl auch hier in der Symbolik dieser Tat: Ziwecks »Besetzung« der Wohnung seines ehemaligen Arbeitgebers läßt sich im Kontext einer Revolutionsgeschichte – und eben auch nur in dieser – als eine Aktion des spontanen Aufbruchs und Aufbegehrens gegen die alte Ordnung lesen. Es ist genau diese Symbolik, die der Text über bestimmte Motive inszeniert. So wird die Semantik der »Barrikade« aufgerufen (I, S. 69), es wird die mit der Handlung der Enteignung verbundene Handlungskonstellation des Rollenwechsels von »unten und oben« betont (I, S. 70) wie die der Verbrüderung der Unterdrückten (ebd.).

Der Topos, daß in der revolutionären Umbruchphase auch die kleinen Leute bzw. gerade diese aufstehen und zu eigenständigen Aktionen der Rache und der Machttransformation fähig werden, scheint hier also über die Motivik aufgerufen und damit die von Kiesel angedeutete historiographische Lektüre nahezulegen. Allerdings sind diese Motive derart klischeehaft und überstilisiert eingesetzt, daß sie im Zusammenhang mit der distanzierten Erzählhaltung und der dargestellten Naivität der Selbstdeutungen von Ziweck und dem »befreiten« Dienstmädchen Barbara auch anders gelesen werden können: nämlich als eine Parodie auf die »übliche« Darstellungsform solcher revolutionärer Aktionen »kleiner Leute«.

Die Bedingungen der von Kiesel angestrebten historiographischen Lesart wären damit im Text gleichsam schon satirisch umspielt. Ironischerweise schlafen die »Revolutionäre« dann auch noch im Verlauf ihrer »revolutionären« Enteignungsaktion ein und die »große Abrechnung« wird erst einmal verschoben: die Tragik eines gescheiterten Revolutionsversuches erscheint damit noch deutlicher in einem satirischen Bild eingefangen. Der Fluchtpunkt der Satire ist aber auch nur ein Vorstellungsbild: eben das des »echten« revolutionären Aufbegehrens, für welches die Metapher des »Erwachens« und nicht die des »Verschlafens« typisch ist. Dieses Vorstellungsbild bzw. die mit ihm einhergehende Metaphorik und Motivik echten revolutionären Aufbegehrens setzt Kiesel offensichtlich in seiner – im Prinzip durchaus möglichen – Lesart als einfach gegebene Realität voraus.

Zu Beginn des Bandes »Verratenes Volk« gibt es zunächst »Fortsetzungen« solcher szenisch entworfenen Darstellungen von Erstürmungen und Befreiungen. Auf diese Weise wird die hinter solchen Aktionen stehende Handlungstypik und -symbolik in ein leitmotivisches Element des »Geschichten«-Erzählens transformiert, das in den Kontext sehr verschiedener Ereigniskonstellationen eingebracht ist. Die Entwürfe im Band II/1 rekurrieren dabei meist auf referentialisierbare Ereignisse, die auch in der Geschichtsschreibung häufig thematisiert sind. Anders als im I. Band, wo diese Szenen noch im Kontext einer »Geschichte« gelesen werden können, in der es primär um den Augenblick des Zusammenbruches selbst geht, stehen die vergleichbaren Szenen zu Beginn des Bandes II/1 bereits stärker in einem Zusammenhang mit der »Geschichte« der ausbrechenden »Schwellenzeit«, wie sie nach dem Umsturz der alten Ordnung den Entwurf einer revolutionären Wirklichkeit bestimmt.[53] Die Eröffnungsgeschichte des Bandes II,1 steht paradigmatisch für dieses »Geschichten«-Konzept. Bereits das Motto dieses Bandes kündigt diesen Rahmen der nun folgenden »Geschichte« an:

> »Eine Republik bauen aus den Materialien einer niedergerissenen Monarchie, ist schwer. Es geht nicht, bis erst jeder Stein anders gehauen ist, und dazu gehört Zeit.« (Chr. Lichtenberg) (II/1, S. 47)

Mit diesem Zitat wird eine klassische revolutionäre Situation aufgerufen: nämlich die des Ringens um eine neue Ordnung, die nach dem Zusammenbruch der alten Ordnung aufgebaut bzw. für die der endgültige Bruch mit dem alten System zunächst grundlegend vollzogen werden muß. Nun wird diese klassische Situation aber verfremdet, wenn es in der anschließenden Kapitelüberschrift heißt:

> »Ein junger Mann kehrt aus dem Krieg zurück, gewinnt dem Leben in Berlin keinen Reiz ab und trifft andere, denen es ebenso geht. Einige aufgeregte Leute stürmen das Polizeipräsidium und können danach besser schlafen. Es ist der 22. November 1918.« (II/1, S. 49)

Die Reduktion des Ereignisses der Erstürmung auf die Tatsache, daß »einige« Leute »aufgeregt« waren und anschließend besser schlafen konnten, läßt dieses Ereignis kaum in einem Zusammenhang mit der zuvor angesprochenen revolutionären Handlungstypik erscheinen. Ein erster »Störfaktor« ist wieder in die Erzählung eingebaut: die angedeutete Motivation der Akteure und die Symbolik des Ereignisses der Erstürmung eines Gefängnisses passen offensichtlich nicht zusammen.[54] Diese »Störung« ist wiederum zum einen historiographisch lesbar, insofern das Aufrufen und die Negation bestimmter »übli-

---

[53] Der Begriff der »Schwellenzeit« ist ein in der Literatur vor allem der 20er und 30er Jahre häufiger benutzter Terminus, um die revolutionäre Übergangszeit zwischen Bruch und neuer Ordnung zu bezeichnen. Im Exil ist damit meist wie später in der Historiographie im Sinne der tragischen Romanze die gesamte Zeit von 1918 bis 1933 erfaßt worden: die Revolution hatte nur ein Vakuum eröffnet, das erst durch den Nationalsozialismus auf furchtbare Weise beendet wurde. Vgl. dazu z.B. Döblin selbst: Die literatische Situation. In: Schriften zu Ästhetik, Poetik und Literatur, S. 409–487, hier S. 417; Auer: Das Exil vor der Vertreibung, S. 91.

[54] Einen solchen Störfaktor hat auch Rosenberg in seine Darstellung eingebaut, wenn er die Motive der meuternden Matrosen in Kiel darauf zurückführt, daß sie eigentlich für die mittlerweile am 28. Oktober neu gebildete Regierung hätten demonstrieren wollen, und nicht gegen das alte System. Die interessante Pointe dieser Deutung liegt darin, daß Rosenberg die gängige Semantik der Matrosenerhebung tragikomisch umdeutet. Siehe: Die Entstehung der Weimarer Republik, S. 224ff. Vgl. ähnlich auch Haffner: Die deutsche Revolution 1918/19, S. 54ff.

Der Aufbau einer revolutionären Wirklichkeit 79

cher« Lektüreerwartungen ein ganz wesentlicher Faktor in Darstellungen mißlungener Revolutionen ist.

Eine andere Lektüre wird möglich, wenn man den Aufbau dieser gegensätzlichen Lektüreerwartungen beachtet: die kontrapunktorische Setzung von Motto und Kapitelüberschrift läßt das Konstruktionsprinzip tragischer Romanzen als markiert erscheinen. Der Mechanismus der Stilisierung und Verfremdung ist zudem intratextuell betrachtet ein »üblicher« Mechanismus des Erzählens in »November 1918«. Die »Fortsetzungsgeschichten« von tragikomischen Situationen revolutionären Aufbegehrens können so auch als markierte selbstreflexive Fortschreibungen bestimmter Formprinzipien des Erzählens gelesen werden.

Gleichwohl hebt sich dadurch der Effekt einer historischen Darstellung nicht völlig auf. So ist der eigentlichen Erzählung des Ereignisses der Erstürmung des Polizeipräsidiums die Geschichte des Leutnant Maus vorangestellt, der nach Berlin als Soldat zurückkehrt, sich nicht zurechtfindet und auf die Anregung alter Freunde hin an der Erstürmung teilnimmt.

Diese Vorgeschichte ist, obgleich fiktiv, durchaus ein typisches Element der historischen Darstellung: sie fügt sich in das Bild der orientierungslos gewordenen Gesellschaft ein, die durch den Zusammenbruch der alten Ordnung entstanden ist.[55]

Auch die engere Vorgeschichte des Ereignisses am 22. November wie die Gestaltung seines Handlungsverlaufs ist in typisierender historiographischer Weise erzählt. So wird eine Versammlung geschildert, in deren Verlauf das Gerücht aufkommt, im Polizeipräsidium säßen immer noch politische Gefangene, die am 9. November nicht entlassen worden wären. Es entsteht unter den Versammelten eine »ungeheure Erregung« (II/1, S. 58), durch die die Menge spontan in Bewegung gesetzt wird:

»Im Augenblick waren die Türen des Saals geöffnet. Die Menge flutete hinaus. Man kletterte über Bänke, schrie und drohte.« (II/1, S. 58)

Die Menge zieht geschlossen zum Präsidium und befreit gewaltsam die Gefangenen. Die Motivik der »flutenden« Menschenmenge, die »im Augenblick«, d.h. plötzlich und damit im Modus beschleunigter Zeit, die »Zwingburg« (II/1, S. 59) des alten Systems gewaltsam einnimmt,[56] erinnert wiederum an den historischen Prätext der Erstürmung der Bastille. Die mit diesem Prätext aufgerufene revolutionäre Figuration erscheint an dieser Stelle unverfremdet und

---

[55] II/1, S. 50–57. Vgl. in diesem Sinne auch die dem Kapitel vorangestellte Exposition der Zustandsbeschreibung Berlins, in der ebenfalls ein Bild dieser Orientierungslosigkeit entworfen wird (II/1, S. 49/50).
[56] Zu der Figuration der beschleunigten Zeit vgl. die Ausführungen in Kapitel VIII. 5.3.1.

damit in einem geradezu paradigmatischen Sinne historisch lesbar. Einzig der distanzierte Ton des Erzählers weist darauf hin, daß hier ohne Interesse am Geschehen eher ein stereotyper Text entworfen wird, dessen Bedeutung sich durch die Darstellungs*form* gewissermaßen »von selbst« versteht.

Die »revolutionäre« (Be-)Deutung dieses Ereignisses wird durch die im Anschluß erzählte Geschichte noch deutlicher lesbar – und d.h. zugleich hinsichtlich ihrer Stilisierung erkennbar.

Inhaltlich geht es um die Einführung Eberts und des Rates der Volksbeauftragten. Wesentlicher ist, wie durch die Art und Weise dieser Einführung die zuvor symbolisch inszenierte Handlung der Erstürmung noch einmal ad negativum in den Blickpunkt der Lektüre rückt. So ist die Einführung Eberts mit einer Zustandsbeschreibung Berlins verbunden, in deren Rahmen eine genaue Gegenmotivik zu der bereits entworfenen Motivik des Revolutionären bestimmend ist. Es ist von Straßen und Plätzen in Berlin die Rede, die »bewegungslos« und »friedlich« »herumstehen« (II/1, S. 65) und deren Eindruck der der Lethargie ist (ebd.). – im Gegensatz zur »allgemeinen Raserei der Zeit« (ebd.). Betont werden also Attribute, die im Vergleich zu den zuvor beschriebenen plötzlichen und schnellen Handlungen wie deplaziert wirken.[57] Die stilisierte oppositive Semantik setzt sich im weiteren Verlauf der Erzählung fort. So wird der Eintritt Eberts in die Reichskanzlei deutlich in einem Gegensatz zur Motivik der Erstürmung entworfen: Ebert bewegt sich »geradewegs auf das Gittertor« zu (II/1, S. 66), »das prompt vor ihm aufsprang: Sesam öffne dich!« (ebd.).

Eberts »Eindringen« (ebd.) in das Gebäude hat nichts von einer gewaltsamen Erstürmung an sich: ganz im Gegenteil öffnen sich ihm alle Türen wie von selbst. Die folgende Schilderung der Kabinettssitzung ist zudem als eine Art Satire auf »Haupt- und Staatsaktionen« gestaltet, d.h. die Ebene der »Revolutionsregierung« wird deutlich von den zuvor dargestellten »Aktionen von unten« abgehoben.[58] Auf diese Weise wird das Ereignis der Gefangenenbefreiung in seiner »revolutionären« Qualität noch einmal nachträglich inszeniert, wie es zugleich schon in die »Geschichte« der »Schwellenzeit« integriert ist. Es ist wesentlich die narrative Gestaltung, die hier eine Handlungswelt gegensätzlicher Kräfte im historischen Augenblick des Zusammenbruchs konstituiert. Mit der oppositiven Semantik von »unten« und »oben« oder von »Bewegung« und »Statik« wird den erzählten Ereignissen eine revolutionäre Atmosphäre unterlegt, die jedoch zugleich bzw. in widersprüchlicher Weise als eine Konstruktion lesbar bleibt.

---

[57] Zum Zusammenhang der hier thematisierten Zeitqualitäten vgl. auch noch genauer die Ausführungen in Kapitel VIII. 5.2.4.2.
[58] Vgl. II/1, S. 72–76. Zur Stilisierung der Rolle Eberts im Rahmen der Revolutionsdarstellung vgl. genauer die Ausführungen in Kapitel VIII. 5.3.2.

5.1.3 Die Umkehr von Hierarchien oder die »Revolution der kleinen Leute«

In der erwähnten Episode um den Deserteur Ziweck (I, S. 69–74) ist nicht nur eine situationsspezifische *Handlungstypik* inszeniert, sondern ebenso ein damit verbundenes wie übergreifendes *Rollenkonzept*. Die Darstellung von Ziwecks Versuch der gewaltsamen Enteignung referiert wie erwähnt zugleich auf die typische Figuration der »Revolution der kleinen Leute«. In der Forschung wird in der Regel die Auffassung vertreten, daß solche Episoden des Aufbegehrens der kleinen Leute in »November 1918« eher die Ausnahme bildeten. Genau damit werde gezeigt, daß diese Revolution scheitern mußte: denn die kleinen Leute, die eigentlich die Hauptrolle in dieser Revolution hätten spielen müssen, nähmen an der geschilderten Umwälzung kaum teil.[59]

Wenn in der Forschung von einer »Rolle« der kleinen Leute gesprochen wird, dann ist damit allerdings nicht ein Element des historiographischen Konstruktionsprozesses gemeint. Die Interpreten gehen vielmehr davon aus, daß die Typik der Verhaltensweisen der »kleinen Leute« und das daraus abgeleitete Scheitern der Revolution eine bereits gegebene Realität sei, die von dem Autor Döblin entsprechend »verlebendigt« worden wäre.

In der Realität sind Verhaltensweisen aber nicht typisch: sie müssen erst als solche wahrgenommen und gedeutet werden. Wenn somit im Novemberroman auf der Ebene der Handlungswelt der »kleinen Leute« sehr viele »unrevolutionäre« Handlungsqualitäten geschildert werden, so bedeutet dies, daß vor allem bestimmte Rollen sowohl gestaltet wie auch verfremdet werden.

Eine Figur des Romans, die in geradezu klassischer Weise als eine »Revolutionärin aus dem Volk« stilisiert ist, ist die der Minna Imker, ein Arbeitermädchen, das durch die politischen Vorgänge der Revolution politisch »erwacht«, sich den Spartakisten anschließt und bei den Kämpfen um das Polizeipräsidium im Januar 1919 ums Leben kommt.

Ähnlich wie bei Ziweck finden sich auch in der Darstellung Minnas einige Momente der auffälligen Stilisierung ihrer Rolle. Sie wird bezeichnenderweise in einem Kapitel eingeführt, welches die Überschrift »Proleten unter sich« trägt (II/1, 114): es hat den Anschein, als würde hier bewußt ein bestimmtes »Milieu« aufgerufen, und mit diesem Milieu zugleich die Rolle der kleinen Leute zitiert, die auf ihre Weise an der Umwälzung der Verhältnisse teilnehmen.[60]

---

[59] So Althen: Machtkonstellationen einer deutschen Revolution, S. 86 und Hamm: Alfred Döblin: »November 1918«, S. 7.
[60] Vgl. so auch II/2, S. 115. Auch Mader spricht davon, daß die Darstellung der Minna Imker wie eine »revolutionäre Idylle eines unerfahrenen Arbeitermädchens« wirke (Sozialismus- und Revolutionsthematik, S. 332). Mader interessiert sich aber im Rahmen seiner »ideologischen« Lesart nur für die politische Glaubwürdigkeit bzw. Unglaubwürdigkeit dieser Darstellung einer Proletarierin, d.h. nicht für die Rollengestaltung als solche.

In einem szenisch entworfenen Dialog zwischen den einzelnen Mitgliedern der Familie wird noch einmal Minnas »Erweckungserlebnis« erzählt: Minna selbst berichtet ihrem aus dem Kriege heimgekehrten Bruder Ede von der Versammlung im Zirkus Busch am 10. November 1918, auf der ihre Begeisterung für die Revolution und ihr Wille zu politischem Engagement geboren wurde. Diese Vorgänge im Zirkus Busch, die ansonsten im Roman überhaupt nicht erwähnt sind, gelten in der historischen Forschung im allgemeinen als zentrale Ereignisse in der »Geschichte« des definitiven Bruchs mit dem Kaiserreich. Hier wird dieses Ereignis nur als Erfahrung ganz persönlicher Art erzählt. Gleichwohl bleibt die Form, in der die Vorgänge des 10. November in den Roman integriert sind, an deren Symbolik orientiert: auch in Minnas »Geschichte« werden die Ereignisse im Zirkus Busch nur insofern bedeutsam, als sie die Erfahrung des endgültigen Bruchs mit der Vergangenheit symbolisieren. Minnas Rolle als Revolutionärin konstituiert sich hier über eine Ereignisfiguration der »Geschichte«, deren konstruierte »revolutionäre« Bedeutung in der Historiographie vorgeprägt ist und auf die private Ebene übertragen wird.

Auffallend häufig wird zudem von den Eltern und dem Bruder betont, daß Minna seit diesem Erlebnis kaum wiederzuerkennen sei (II/1, S. 115/118). Wenn die Mutter Ede erzählt, wie hart die Zeit des Krieges für Minna gewesen sei (II/1, S. 118), und welche Entbehrungen sie habe erleben müssen, so wird in szenischer Rede ein völliges Kontrastbild zu der Minna mit »glühenden Bakken« (II/1, S. 117) inszeniert, die von ihrem Erwachen und ihrer Wut auf das alte System spricht: die oppositive Semantik von »altem« und »neuem« Leben wird hier prototypisch eingesetzt, um Minnas Rolle als Revolutionärin die entsprechende Geschichtenstruktur zu unterlegen. In einem späteren Gespräch mit ihrem Bruder Ede erzählt Minna noch einmal von ihrer Arbeit in einer Fabrik während des Krieges, die sie als bittere Ausbeutung erfahren hat (II/1, S. 257ff.). Es fällt auf, daß Minna bei aller Begeisterung für die Spartakisten und aller Emotionalität doch als eher sachlich argumentierend dargestellt ist, wenn sie z.B. ihren Bruder für den revolutionären Kampf gewinnen will.[61] Sie erscheint auch weniger als Frau, sogar wenn sie über das Leid der Frauen im Kriege klagt. Bezeichnend ist die Szene, als sie vor Ede ihr Kopftuch abnimmt, um ihm zu zeigen, wie ihr Haar durch die Arbeit in der Pulverfabrik verätzt worden ist:

> »Mit einem Ruck riß sie sich das Kopftuch ab. Schrecklich, das harte schmale Mädchengesicht, nein, kein Mädchengesicht, ein hartes geschlechtsloses Menschenge-

---

[61] Eine ähnlich gezeichnete Figur ist die der Grete Gries, welche in einer vergleichbaren Konstellation den Leutnant Maus zunächst zum »Revolutionär« bekehrt. Vgl. II,1, S. 52ff.

sicht, unter einem Schädel, der bis auf kurze dunkle Stoppeln abgeschoren war und an dem die Ohren als dünne blasse Lappen klebten.« (II/1, S. 261)

Diese Repräsentation einer jungen Revolutionärin, die eigentlich nicht Frau, sondern eher »geschlechtslose« Aktivistin und Kämpferin ist und bei allem persönlichen Leid eher durch eine provozierende Sachlichkeit besticht, ist eine überaus prototypische Präsentation, die sich häufig in der Literatur finden läßt.[62] Minnas Aufbruch ist deutlich als ein Aufbegehren der »Kleinen und Getretenen« stilisiert: sie wirkt fast selbst wie das *Bild* einer Rolle in der entworfenen Handlungswelt, in der sich ansonsten eher »merkwürdige« und völlig »unrevolutionäre« Figuren finden lassen.

Bezeichnenderweise ist auch ihr Tod im Kampf um das Polizeipräsidium als Märtyrium inszeniert: sie stirbt ebenso wie später Karl, Rosa und Becker als eine tragische »Leitfigur der Grenzüberschreitung«.[63] Es mag sein, daß die Interpreten im Rahmen eines Revolutionsromans eher solche Figuren erwartet haben. In »November 1918« existieren sie primär als Gegenfiguren, durch deren Gestaltung ein wahrhaft revolutionäres Aufbegehren erst in den Blick der Lektüre kommt. Inter- wie intratextuell gesehen läßt sich diese Gestaltung aber auch als Inszenierung einer revolutionstypischen Rollenhaftigkeit lesen, die ebenso bei den Figuren von Karl Liebknecht, Friedrich Becker, Rosa Luxemburg oder Woodrow Wilson zum entscheidenden Vertextungsmodus wird.

Auffallend ist, daß Minnas Entwicklung trotz der episodischen Erzähltechnik insgesamt als eine »Geschichte« lesbar ist: d.h. als eine Entwicklung mit Anfang, Mitte und Ende, wobei diese Positionen semantisch mit den Kategorien von Krise, Aufbruch, Kampf und Märtyrium besetzt sind. Denn nur wenige der sogenannten »Randfiguren« haben im Roman eine »Geschichte«: wie Busch festgestellt hat, enden die meisten der vielen episodischen Handlungsstränge im Band »Heimkehr der Fronttruppen«, d.h. sie enden an dem Punkt, an dem von der Gesamtkomposition her betrachtet die Revolutionsgeschichte an den Punkt ihrer Entscheidung kommt.[64] Die meisten dieser vielzähligen Figurengeschichten bleiben somit Episoden, in denen mosaikartig bestimmte Zustandsbeschreibungen und Rollenkonzepte entworfen werden, die ihren Ort zwar innerhalb der Revolutionsgeschichte haben, ohne allerdings selbst zu einem Teil der Gesamtgeschichte zu werden. Diese multiperspektivische Dar-

---

[62] Vgl. dazu T. Koebner: Der Passionsweg der Revolutionäre. Christliche Motive im politischen Drama der zwanziger Jahre. In: Preis der Vernunft. Festschrift für W. Huder. Hg.v. K. Siebenhaar/H. Haarmann, Berlin 1982, S. 39–50, hier S. 42.
[63] Vgl. dazu E. Bloch: Das Prinzip Hoffnung. Bd.3/Teil 5: »Leitfiguren der Grenzüberschreitung«, Frankfurt a.M. 1959, S. 1175ff.
[64] A. Busch: Faust und Faschismus, S. 334.

stellungsweise verschiedener Handlungsebenen hat innerhalb der Gesamtgeschichte eine dezidierte Funktion: mit ihr kann die disparate Gleichzeitigkeit und extreme Ordnungslosigkeit repräsentiert werden, wie sie *nach* dem ersten Umsturz der alten Ordnung und *vor* der Entscheidung um die Endgültigkeit dieses Bruches für den Entwurf einer revolutionären Wirklichkeit spezifisch ist.

Betrachtet man nun diese »Randgeschichten« noch einmal genauer, so fällt auf, daß hier das Aufbegehren der kleinen Leute und eine erste Umkehrung auch ganz alltäglicher Hierarchien durchaus zum Thema wird. Schon in »Bürger und Soldaten« wird recht früh eine Szene entworfen, in der es um solche Figurationen von Revolutionsgeschichten geht.

So kommen junge Soldaten in das deutsche Lazarett und verlangen den Chefarzt zu sprechen, der sie durch die Stationen führen soll (I, S. 19). Sie präsentieren sich in der Rolle der neuen Mächte, denen der Chefarzt nun Rede und Antwort zu stehen hat. Obwohl das Auftreten der Soldatenräte eher harmlos ist, empfindet der Chefarzt die Situation als so demütigend, daß er glaubt, der »Himmel stürzte ein« (I, S. 20). Ironischerweise werden die neuen Mächte direkt vor dem Chefarzt desavouiert, als sie den Deserteur Ziweck aus seiner Zelle befreien wollen, dieser sich aber offensichtlich gar nicht befreien lassen will und die Soldatenräte stattdessen beschimpft (ebd.). Als ein Soldat Ziweck daraufhin wieder in die Zelle sperrt, wird die Umkehr der Hierarchien zur Parodie: innerhalb des Lazaretts bleiben alle Hierarchien und Rollen wie zuvor bestehen.

Auch hier wird die »Merkwürdigkeit« dieser Revolution durch den Wechsel von typischen Konstellationen des revolutionären Umwälzungsprozesses zu deren Verfremdung inszeniert. Diese Vertextungsstrategie wird wie auf anderen Ebenen des Erzählens in ein *intratextuelles Schema* transformiert.[65]

So wird von dem kranken Johannes erzählt, der bisher im Mittelpunkt des Interesses der Ärzte stand, weil er ein Paradefall für eine schwierige Krankheit war. Nach dem Zusammenbruch der alten (Krankenhaus-) Ordnung ist auch er nun »entthront« (I, S. 94) und muß in einer Reihe mit zwölf anderen liegen: die Umkehr der Hierarchien verdichtet sich hier zu einer ironisch belanglosen Anekdote, deren handlungs- und rollenbezogene Semantik gleichwohl als Teil der Revolutionsgeschichte lesbar ist.

Und der deutsche Major, der auf der Flucht in einem Hotel absteigt, dessen Besitzer ausgerechnet ein jüngst aus dem Gefängnis befreiter Elsässer ist

---

[65] Eine ähnliche Szene der mißglückten Umwälzung von unten, in der auch die Arbeiter- und Soldatenräte eine vergleichbare Rolle spielen, wird in der Episode »Herr Pietsch behält seine Fabrik« entworfen. Vgl. II/1, S. 254ff.

Der Aufbau einer revolutionären Wirklichkeit

(I, S. 114 ff.), wird entgegen der zunächst evozierten Lektüreerwartung alles andere als »entthront«: denn der Elsässer erweist sich als völliger Phlegmatiker (ebd.) und sieht lediglich »friedlich von seinem faulen Bürositz« auf den Major herunter (ebd.).[66]

Eine ganz andere Momentaufnahme des Aufbegehrens der kleinen Leute bietet die Anekdote um den jüdischen Hopfenhändler Julius Bernt (I, S. 82/83). Nur kurz werden einige »Fakten« aus dem Leben dieses »kleinen« Mannes referiert, in erster Linie die seiner Leidens- und Krankheitsgeschichte während des Krieges und die seiner ersten Schritte in dem neuen Leben nach dem Zusammenbruch des alten Systems (I, S. 82). Dann folgt eine längere Beschreibung seines abendlichen Spazierganges, den er entgegen der Ausgangssperre vornimmt, um sich »auszulaufen« (ebd.):

> »Der Wind sauste, sprühend fiel der Regen, der Mann kannte die vielen kleinen und großen Wege, die über die Hopfenfelder führten; seit er aus Rumänien kam, war er nicht hergegangen. Und jetzt irrte er im Finstern die Zickzackwege, sprudelte Worte heraus und gestikulierte [...] Er strengte seine Kehle an. Er bläkte und schrie sinnlose Worte gegen den Wind, er krähte.« (I, S. 82/83)

Der Aufbruch des Julius Bernt, dieses kleinen und bisher unterdrückten Mannes, wird transformiert in eine Physiognomie der Bewegung. Das Aufbegehren wird zu einem Aufschrei, zu einer wilden Bewegung, deren Sinn allein in dieser Bewegung selbst zu liegen scheint. Nur am Rande scheint es wesentlich zu sein, daß der Hopfenhändler diese Bewegung auf den Hopfenfeldern vollzieht, also in einem Raum, der ihm als sein eigenster Bereich so lange durch den Krieg verwehrt wurde und den er nun wieder vereinnahmen darf. Es ist vielmehr das Bild der Bewegung selbst, welches auf seine Weise die »Geschichte« der Revolution eines kleinen Mannes erzählt.

Julius Bernt taucht im Roman wie so viele Figuren gar nicht mehr auf: er hat keine weitere Geschichte, und er nimmt nicht teil an der weiteren »Geschichte« dieser Revolution. Aber er spielt eine Rolle in dieser Revolution durch den Entwurf dieser Momentaufnahme seiner Bewegung: die »Geschichte« dieser Revolution wird dadurch selbst zu einer Momentaufnahme, zu einem Bild, das *als* Bild allein die »wirklichen« Momente des Zusammenbruches und der Befreiung zu zeigen vermag.

Auch das alte Ehepaar Hegen, dessen Geschichte zu Beginn des Romans anekdotisch erzählt wird, gelangt auf seine Weise zur »privaten« Revolution. Inszeniert wird deren Aufbruchgeschichte durch die Darstellung zweier ex-

---

[66] Was die Umkehrung der Hierarchien betrifft, so ist auch schon zuvor das »Schicksal« des Majors und des Generals im Lazarett hinsichtlich dieser Figuration einer Revolutionsgeschichte inszeniert, und zwar über weite Strecken ohne satirische Verfremdungseffekte. Vgl. I, S. 50 ff., S. 57 ff.

trem oppositiver Zustände – also durch ein narratives Prinzip, das zumal in der Revolutionshistoriographie zum Signum der Wirklichkeitskonstituierung zählt. So ist der Alltag der Hegens zu Beginn des Romans durch die schwere Arbeit der Frau Hegen und den fast apathischen Krankheitszustand des Herrn Hegen gekennzeichnet (I, S. 5ff.), während am Ende dieser episodischen »Geschichte« erzählt wird, daß die Frau wieder wie ein »Kind« neu zum Leben erwacht, und der alte Mann, der Tag für Tag immer dieselbe alte Notverordnung aus dem Kriege gelesen hatte, diese nun nicht mehr hervorholte (I, S. 89/90). Die Materialität dieser Aufbruchgeschichte besteht dabei in nichts weiter als im Plündern; doch dieses Plündern wird als eine Form des Aufbegehrens gegen die alte Ordnung dargestellt, *insofern* nämlich diese Handlungswirklichkeit durch die typische oppositive Semantik von alt und jung, Krankheit und Genesung u.a. gestaltet ist.[67]

In dem Kapitel »Der Fliegenschwarm der Versprengten« (I, S. 215 ff.) wird relativ ausführlich von einigen Versprengten und Flüchtigen in den französischen Wäldern erzählt, die dort eine regelrechte Geheimherrschaft aufgebaut haben. Eines Tages lassen sie einen Schlächter aus Douai in eine ihrer Fallen gehen. Dieser muß aber lediglich für seine ausgiebige Verpflegung bei den Räuberbanden zahlen, denen es im Grunde sowieso nur darum geht, mit ihren Opfern neue Handelsbeziehungen anzuknüpfen.

Am Ende dieser »abenteuerlichen« Geschichte hat der entlassene Schlächter gleichwohl den Eindruck, daß diese Leute, wenn auch auf etwas zweifelhafte Art, »aus dem endlosen Elend [...] einen Ausweg suchten« (I, S. 223).[68] Die Scharen der Flüchtigen und Versprengten sind in einer Weise dargestellt, die an die Geschichte von Robin Hood und anderer Räuberbanden erinnern soll, die sich auf ihre Weise für die Kleinen und Getretenen eingesetzt haben. Mit einem ironischen Seitenblick auf die Literaturtradition ist von einem gewissen »Scarpini« die Rede, der offenbar »die Hauptrolle spielte«, aber »nicht als Räuberhauptmann, sondern als Koch« (I, S. 220). Die Anspielung auf den vielgelesenen Trivialroman »Rinaldo Rinaldini« läßt die Klischeehaftigkeit dieser Anekdote selbst zum Thema werden, und doch wird dieses Klischee aufgerufen, um

---

[67] Vgl. so auch die Anekdoten »Der patriotische Uhrmacher«: II/1, S. 139–41; »Reisebrotmarken«: II/1, S. 141–48.
[68] Als eine ähnliche zwielichtige Art der »Revolution von unten« ist im Novemberroman die Gruppe der Spekulanten und Kriegsgewinnler gezeichnet. So wird der Spekulant Wylinski ein »Revolutionär« genannt (II/2, S. 106), und der Erzähler berichtet, daß es die Funktion der »Wylinskis« sei, »ein mächtiges Triebwerk in Bewegung zu setzen, eine Umwandlung aller Werte vorzunehmen« (II/1, S. 321). Die gesamte Gruppe der Kriegsgewinnler erscheint so in einem deutlichen Bezug zu der Handlungswelt einer revolutionären Übergangszeit. Allerdings wird dieser evozierte Bezug insofern ironisiert, als die »Wylinskis« diese Funktion des »mächtigen Triebwerks« gewissermaßen »naturgemäß« (ebd.) innehaben.

Der Aufbau einer revolutionären Wirklichkeit 87

auf etwas ungewöhnliche Weise das Aufbegehren der kleinen Leute zu inszenieren. Betrachtet man den Ort dieser Anekdote innerhalb der Komposition des I. Bandes genauer, so läßt sie sich bei aller selbstironischen Stilisierung auch als ein Kontrastbild zu dem vorangegangenen Kapitel lesen, in dem von einer anderen Revolution der kleinen Leute, nämlich der gescheiterten Revolution der Matrosen in Straßburg erzählt wird.[69] Das »Revolutionäre« bzw. »Unrevolutionäre« der kleinen Leute wird hier allein durch die Gegenüberstellung verschiedener Klischeevorstellungen entworfen, die sich interessanterweise auf denselben figurativen Bereich beziehen. Während die Revolution der Versprengten über das literarische Modell der »abenteuerlichen Räubergeschichte« inszeniert ist, wird das Scheitern der Matrosen in Straßburg über die Verfremdung eines anderen literarischen Modells entworfen, nämlich desjenigen des großen »Dramas« oder Schauspiels, welches hier zu dem Modell einer jämmerlichen Theatervorstellung degeneriert wird.[70]

Mit der Schauspielmetapher ist ein klassischer Topos der Revolutionshistoriographie aufgerufen, mit dem die spezifische Ereignishaftigkeit einer Revolution entworfen wird.[71] Die Vorstellung, daß nach dem revolutionären Zusammenbruch die Massen und kleinen Leute nun die »Bühne der Geschichte« betreten würden, wird in dem Kapitel über die »Theatervorstellung« der Matrosen verfremdet, wie zugleich für die revolutionäre Rolle der Versprengten und Flüchtigen eine »Bühne« in der Handlungswirklichkeit des Romans eröffnet wird. Die motivische Kontrastierung dieser beiden aufeinanderfolgenden Kapitel über das Aufbegehren der kleinen Leute gibt den Blick frei für die Figuralität der historischen Wirklichkeitskonstituierung. Der in der Historiographie übliche metaphorische Gebrauch des Schauspielbegriffes wird hier einerseits imitiert wie er umgekehrt in eine intratextuelle Serie des Allegorischen transformiert wird.[72]

In der Forschung sind die hier erwähnten Episoden eher als Zeichen einer fehlenden revolutionären Mentalität der kleinen Leute gedeutet worden. Die Szenen dieser »privaten Revolutionen« werden in solchen Interpretationen meist der politischen Revolution entgegengesetzt.[73] Das »Revolutionäre« ei-

---

[69] Vgl. »Matrose Thomas«: I, S. 208ff.
[70] Vgl. I, S. 213.
[71] Vgl. dazu G. Kurz: Mythisierung und Entmythisierung der Revolution. Die Französische Revolution als Schauspiel der Geschichte. In: Revolution und Mythos, S. 128–145; A. Demandt: Metaphern für Geschichte, S. 332ff. sowie die erst jüngst erschienene Untersuchung von C. Leiteritz: Revolution als Schauspiel, Berlin/New York 1994. Vgl. auch die Anwendung dieser Metaphorik beispielsweise bei Haffner: Die deutsche Revolution 1918/19, S. 81/144.
[72] Diese aporetische Semantik der Schauspielmetapher findet sich auch z.B. noch in I, S. 32/33 oder I, S. 242ff.
[73] So z.B. bei Althen: Machtkonstellationen einer deutschen Revolution, S. 87ff.

ner Minna Imker liegt aber nicht darin begründet, daß sie sich für die Spartakisten engagiert. Das »Revolutionäre« ihres Aufbegehrens und ihrer Rolle in der erzählten Handlungswelt ist wie gezeigt im Text deutlich über bestimmte semantische Prädikationen inszeniert und diese Prädikationen finden sich auch in den Episoden um den Hopfenhändler Bernt oder die Familie Hegen: es sind eben die eher abstrakten Attribuierungen des Erwachens, des Aufstehens und der aktiven bis gewaltsamen Bewegung, die für die Bedeutungskonstitution entscheidend werden.

Die Einschaltung der kurzen Momentaufnahmen von Bernt und anderen sind intratextuell gesehen eine Form des selbstreferentiellen Erzählens, insofern mit ihnen in der Art einer motivischen Verknüpfung die Bausteine auch der politischen »Geschichte« der Revolutionärin Minna perspektiviert werden. Minnas revolutionäres Aufbegehren wird damit ebenso als Effekt einer bestimmten erzählerischen Gestaltung lesbar – und eben nicht als eine Angelegenheit des Politisch-Ideologischen allein.

5.1.4 Akteure des Aufbruchs – die Massen und ihre Rolle

Es hat einen sehr spezifischen Grund, daß das Phänomen der Massen im Rahmen einer Revolutionsgeschichte so wesentlich ist: Massen scheinen in paradigmatischer Weise die Gewaltsamkeit des Bruches mit der alten Ordnung *und* den daraus folgenden Zustand extremer Ordnungslosigkeit zu repräsentieren. Was Massen also in einzigartiger Weise zu einem »revolutionären Subjekt« macht, ist die Tatsache, daß sie gleichermaßen als ein handelndes, d.h. intentional deutbares Subjekt betrachtet werden können, wie auch als ein Phänomen, das gerade rationale Ordnungen des Handelns außerkraft zu setzen scheint, insofern von einzelnen Subjekten gar nicht mehr die Rede sein kann. In der bereits erwähnten Szene der Erstürmung des Polizeipräsidiums (II/1, S. 57–60) ist diese Rolle der Massen paradigmatisch benannt: die Menge wird einerseits deutlich als Akteur der Handlung, also hier der Handlung der Erstürmung des Gefängnisses, dargestellt. Zugleich aber werden die Massen als eine Art Zustand beschrieben:

> »Man war, wenn man in Massen zusammenstand, in einem Urzustand: zugleich Gesetzgeber und Richter.« (II/1, S. 58)

Mit dem Begriff des »Urzustandes« ist die Bedeutsamkeit von Massenaktionen im Rahmen einer Revolutionsgeschichte treffend benannt: diese führen häufig zu Akten von konkreter Zerstörung, aber eigentlich ist es die Symbolik der Zerstörung jeglicher Handlungsorientierung, die entscheidend ist für die Rollenzuschreibung. Es geht somit nicht darum, daß überhaupt Massenaktionen zu beschreiben sind. In vielen anderen »Geschichten« sind solche Aktionen ebenfalls für die Bedeutungskonstitution wichtig. Es geht vielmehr um die

Der Aufbau einer revolutionären Wirklichkeit

Symbolik dieser Aktionen im Kontext der Semantik der Zerstörung und des totalen Bruches mit den zuvor bestehenden Handlungssystemen.

Es gilt festzuhalten, daß es solche »typischen« Präsentationen von Massen in »November 1918« gibt, wie die obige Textstelle zeigt. Bezeichnenderweise finden sich diese Präsentationen vor allem im ersten und letzten Band der Tetralogie, wo ja in unterschiedlicher Weise die Figuration des Bruches im Mittelpunkt der Darstellung steht. Während in »Bürger und Soldaten« bzw. zu Beginn von »Verratenes Volk« die Situation einer ersten entscheidenden Umwälzung thematisiert ist, geht es in »Karl und Rosa« noch einmal um die letzten Entscheidungskämpfe hinsichtlich der endgültigen Durchsetzung des Bruches mit der alten Ordnung.

So ist es nicht von ungefähr, daß im letzten Band noch einmal die Massen in den Blickpunkt rücken. Und wiederum wird ihre Rolle mit der Metapher einer naturgewaltigen Bewegung umschrieben, die im Angesicht des bevorstehenden Bruches zugleich eine Art Gericht darstellt.[74] Über die intratextuelle Motivik wird deutlich noch einmal die Rolle der Massen in Relation zu der Figuration des tiefgreifenden revolutionären Umwälzungsprozesses entworfen, dessen Vorstellung als naturgewaltiger Bruch mit der Rolle der Massen ineins gesetzt ist.

Es gibt zweifelsohne auch andere Formen der Präsentation, deren Verfremdungseffekt im wesentlichen auf der Basis dieser zugleich mitentworfenen Typik beruht – und in diesem Sinne den Blick der Lektüre zugleich auf die Darstellung einer gescheiterten Revolution wie auf die Bedingungen einer solchen Darstellung lenkt.

So wird in »Bürger und Soldaten« geschildert, wie sich um einen Apotheker des kleinen Städtchens im Elsaß, der laut die neuesten Nachrichten aus Straßburger Zeitungen vorliest, eine Menschenmenge versammelt (I, S. 31–33). Es sind in erster Linie Elsässer, und inhaltlich geht es auch um den zukünftigen Status von Elsaß-Lothringen. Nichtsdestoweniger finden sich in der Darstellung dieser Episode Motive, die diese als eine typische Szene »revolutionärer Öffentlichkeit« erscheinen lassen.

»Typisch« ist zunächst das Gesamtbild, welches hier entworfen wird: die spontane und sich ausweitende Ansammlung von Menschen um einen »Redner«, der in bisher kaum denkbarer Weise öffentlich von Dingen spricht, die sonst verschwiegen werden mußten, sowie die entsprechend sich steigernde Erregung der Menge, die zunehmend in Bewegung gerät und ihren Gefühlen

---

[74] III, S. 311/12. Vgl. auch die ähnliche Beschreibung der Massen in I, S. 242 und S. 250. Zum allgemeinen Problemzusammenhang von Masse, Revolution und (historiographischer) Erzählung siehe auch die neuere Untersuchung von A. Graczyk: Die Masse als Erzählproblem. Unter besonderer Berücksichtigung von Carl Sternheims »Europa« und Franz Jungs »Proletarier«, Tübingen 1993, besonders S. 15ff. Zu der Metaphorik des revolutionären Gerichts vgl. auch Kapitel VIII. 5.2.1.2.

freien Lauf läßt (I, S. 32/33). Erst im Anschluß wird dieses Gesamtbild konterkariert: so ist z.b. der Apotheker kein Redner, sondern ein »Vorleser«, der mit »Pathos« seine Rolle spielt und in ein »feierliches Deklamieren« verfällt, »das noch von Schulgedichten in ihm steckte« (I, S. 32). Auch auf der Handlungsebene bleibt diese Szene eine kleine Episode, ohne Relevanz für die »Geschichte« des Aufbruchs.

Die symbolische Rolle dieser Menschenmenge wird also nur über bestimmte Motive zitiert, ohne daß diese Rolle sich mit den erzählten Handlungen in einen eindeutigen Zusammenhang bringen ließe. Wenn man diese Szene als Verweis auf die schon im Ansatz gescheiterte Revolution liest, dann eben unter der Bedingung, daß man die hier nur zitierte Rolle von einer revolutionären Öffentlichkeit schon als »eigentliche« Rolle mitliest und den eingebauten »Störfaktoren« gegenüberstellt.

Ähnlich konstituiert sich die historische Leseweise in der im Anschluß erzählten Szene auf dem Paradeplatz (I, S. 34–40). So wird geschildert, daß man in dem sonst ruhigen Zentrum des kleinen Städtchens unerwartet »das Johlen und Brodeln einer Volksmasse« (I, S. 34) hörte, und daß in der Mitte des Platzes von Soldaten mit roten Kokarden eine Rednerbühne errichtet wird (I, S. 36), von der aus die Soldaten der erregten Menschenmenge verkünden, »daß man das Joch der Hohenzollern abgeworfen habe« (I, S. 39). In dem gleichzeitig tagenden, neu gebildeten »Ortskomitee« ist dann auch bezeichnenderweise davon die Rede, daß man augenscheinlich in einem »Urzustand« lebe (I, S. 37) – d.h. dieses mit der Rolle der Massen einhergehende typische Vorstellungsbild wird hier zu einem Topos der szenisch dargestellten Rede. Gleichzeitig aber kommentiert der Erzähler, daß sich dieses neue Komitee aus den »besten Familien des Orts« zusammensetzte, wie die Masse auf dem Platz eher eine »freudige Menge« sei, die weniger an den Urzustand als den »Karneval« erinnere (I, S. 35/39).

Auch hier wird somit die symbolische Rolle der Masse aufgerufen und gleichzeitig derart verfremdet, daß die Rolle nur noch als Zitat eines bestimmten Vorstellungsbildes existiert. Diese Vertextungsstrategie, die auf die Darstellung einer im Ansatz bereits mißlungenen Revolution zielt und von daher historisch gelesen werden kann,[75] erweist sich zugleich deutlich als ein bestimmtes *Schema der Vertextung*. Dadurch aber wird die Rolle der Massen *als* Rolle lesbar, und zwar als eine Rolle, die erst qua Darstellung und motivischer Verschlüsselung konstituiert wird, wodurch ein Gegensatz zu der gleichzeitig möglichen referentiellen Lesart aufgebaut ist.[76]

---

[75] Vgl. so die Lesart bei Humphrey: The Historical Novel, S. 136.
[76] Eine ähnliche Motivik findet sich auch in der Darstellung der Ereignisse des 6. Dezember: vgl. II/1, S. 428ff., besonders S. 430. Siehe dazu auch die Ausführungen in VIII. 5.2.2.

Der Aufbau einer revolutionären Wirklichkeit

Vor diesem Hintergrund läßt sich nun auch jene berühmte und vielzitierte Stelle aus »November 1918«, wo die Figur des »Verfassers« die Ereignisse dieser »deutschen« Revolution hinsichtlich der Rolle der Massen kommentiert, etwas anders lesen:

> »Überblicken wir an diesem Punkt die Ereignisse, die verflossen sind und uns unabwendbar überströmen, und bedenken wir, von einer erklärlichen plötzlichen Müdigkeit überfallen unter dem unaufhaltsamen Ansturm der Begebenheiten (und es sind erst zwanzig Tage der Revolution vorbei), was nun kommen wird, so ist uns schon einiges klar: mit der Revolution wird es auf diese Weise vorwärtsgehen. Es wird mit ihr wahrscheinlich rückwärtsgehen.
> Bisher sind wirkliche revolutionäre Massen nicht in unser Gesichtsfeld getreten. Man kann einem, wenn er eine Revolution beschreiben will, dies zum Vorwurf machen. Aber es liegt nicht an uns. Es ist eben eine deutsche Revolution.« (II/1, S. 280)

In der Regel ist dieser »Verfasser«-Kommentar auf der inhaltlichen Ebene rezipiert worden. Unter der Annahme, daß diese auktorialen Erzählerkommentare eine mehr oder weniger didaktische Funktion hätten, die gerade im Zusammenhang mit der historischen als einer pragmatisch-referentiellen Lektüre des Romans als wesentlich erachtet wurde,[77] ist dieser auktoriale Einschub als ein die Rezeption vereindeutigender, politischer Kommentar zu der gescheiterten Revolution gelesen worden.

Auch das ironische Moment dieser Passage wurde auf der Ebene der inhaltlichen Aussage gesehen: der Erzähler mache hier seine ironische Haltung zu dieser deutschen Revolution deutlich.[78] Einhergehend mit einer solchen Lesart wird dann oft das Konzept des Autors aktiviert: der Erzähler oder »Verfasser« wird gleichgesetzt mit dem Autor Döblin, dem somit auf der Aussageebene die Rolle des Historikers zugesprochen wird.

Nun ist diese Figur des »Verfassers« zunächst einmal eine Figur des Textes, und zwar eine, die als Figur des Erzählers deutlich stilisiert ist. Und zum anderen ist dieser Verfasserkommentar intratextuell betrachtet ein nachträglicher Kommentar zu den oben untersuchten Episoden, in denen ja sehr wohl von revolutionären Massen die Rede ist.

Die Ironie dieser Passage erweist sich von daher eher als eine Ironie auf die eigenen »Verfasserprinzipien«, und damit zugleich als eine Ironie auf die Prinzipien des historischen Erzählens. »Wirklich« revolutionäre Massen treten nicht einfach in das »Gesichtsfeld« eines Historikers, sondern sie konstituieren sich erst im Rahmen einer »Geschichte« – was ja mit der leitmotivischen Ver-

---

[77] Vgl. so die Auffassung z.B. bei Mader: Sozialismus- und Revolutionsthematik im Werk Alfred Döblins, S. 340–352; A. Busch: Faust und Faschismus, S. 349 oder Humphrey: The Historical Novel, S. 135.
[78] Siehe so Humphrey: The Historical Novel, ebd.

schlüsselung von Massenaktionen in »November 1918« ausdrücklich thematisiert ist.

Wenn sich der »Verfasser« auf die angebliche »Faktizität« dieser deutschen Revolution beruft, dann ist dies primär ironisch zu lesen: insofern im Modus der auktorialen Selbstreflexion der Prozeß des Erzählens betont wird, kann auch das »Faktische« lediglich als Produkt eines solchen Erzählens Geltung beanspruchen.

Allerdings ist das auktoriale Erzählmedium in »November 1918« ausdifferenziert in unterschiedliche Rollen. Und eine dieser Rollen ist die des politischen Beobachters oder auch »Chronisten«, für den die Faktizität der Ereignisse eine besondere Bedeutung hat. Im folgenden soll diese Inszenierung des Erzählmediums genauer analysiert werden, bevor wir uns wieder der Ebene der »Geschichte« zuwenden.

Exkurs I Die Inszenierung der »Geschichte« und die Rolle des Geschichtsschreibers

Helmuth Kiesel hat darauf aufmerksam gemacht, daß in »November 1918« die Figur des fiktiven Erzählers eine äußerst »zwiefältige« sei.[79] So meldet sich im I. Band ein konstruierender Erzähler zu Wort, der sich zunächst als »Dichter« ausweist und die zuvor noch in einer personalen Erzählperspektive dargestellte fiktive Figur der Elsässerin Hanna direkt anspricht:

> »Da schrieb sie nicht weiter. Sie stieß, außer sich, völlig verzweifelt, das Blatt beiseite, legte den Kopf auf den Tisch und weinte. Warum so nervös, liebes Kind? Warum sich das Leben so schwer machen. Sie haben zu viel Phantasie [...] Sie selbst sind weit weg von sich. Das alles weiß der Dichter.« (I, S. 108/109)

Mittels der Einschaltung des sich offenbarenden, »allwissenden« Dichters wird in Anlehnung an die Romantradition die Selbstreferentialität des Erzählens stilisiert. Doch wenige Zeilen später wird dieses Medium des fiktiven Erzählers noch einmal selbst einer Perspektivierung unterworfen, wenn zusätzlich noch ein »Erzähler« an die Seite des »Dichters« tritt:

> »Und ich gestehe Ihnen, Fraulein Hanna, obwohl ich auf das Dezenteste, mit der Zurückhaltung, die sich für den Erzähler gehört, an Ihren Unterhaltungen und Zusammenkünften teilgenommen habe, daß ich mich nunmehr freue, Sie aufstehen zu sehen.« (I, S. 109/110)

---

[79] Kiesel: Literarische Trauerarbeit, S. 290ff.

Der Aufbau einer revolutionären Wirklichkeit 93

Helmuth Kiesel hat diese funktionale Ausdifferenzierung des fiktiven Erzählmediums mit dem Terminus des »Dichter-Erzählers« benannt. Ausdrücklich betont Kiesel, daß diese Form der Ausdifferenzierung mit den traditionellen erzähltheoretischen Begriffen wie »Personifikation des erzählenden Dichters« oder »mitdargestelltes Ich der fiktionalen Rede« kaum ausreichend erfaßt werden könne.[80] Aus den Ausführungen Kiesels wird allerdings nicht ersichtlich, welchen funktionalen Ort diese Ausdifferenzierung in einem historischen Roman haben soll. Kiesel versteht die »Zwiefältigkeit« primär als eine stilistische: so sei der Erzähler manchmal »räsonnierend«, dann nur »erzählend«, »bisweilen allwissend, bisweilen ratlos«.[81] Funktional betrachtet ist damit aber noch keine Ausdifferenzierung zu behaupten: die zentrale Funktion bleibt die der Selbstreflexivität des Erzählens in einem sehr allgemeinen erzähl- bzw. romantheoretischen Sinne.

Interessanter ist dagegen Kiesels Hinweis, das Medium des »Dichter-Erzählers« sei auf die »Standortproblematik« (Adorno) des *berichtenden* Erzählens in einer objektiv nicht mehr fassbaren Welt zu beziehen.[82] Damit ist eine Reflexionsebene angesprochen, welche die Ausdifferenzierung des auktorialen Erzählmediums mit der Spezifik von historisch-referentiellen Lesarten des Romans in eine nähere Verbindung bringt. Anknüpfend an die zitierte Passage des »Verfasser«-Kommentares zu der Rolle der Massen soll im folgenden gezeigt werden, auf welche Weise das Medium des »Dichter-Erzählers« im Novemberroman als Element des historiographischen Diskurses wie dessen Reflexion gelesen werden kann.

Der »Dichter-Erzähler« als Historiker

Die oben zitierte Passage ist Teil eines Kapitels, welches den Titel: »Der Verfasser geht mit sich zu Rate« trägt (II/1, S. 280). Es scheint in der Tat so, daß der »Verfasser« hier zunächst ein inhaltliches Resümee des bisher Erzählten gibt und sein Verhältnis zu dem historischen »Stoff« als einer vorgegebenen Realität klart. Er gibt sich als ein neutral Berichtender, als zeitgenössischer Chronist, der dem Ablauf der Ereignisse wie der Leser eigentlich nur folgt. Es ist die Funktion des »dezenten Erzählers«, die hier aufgerufen wird: das Erzählte als Historisches wird einer vorgeblichen Objektivität bzw. Faktizität der »unabwendbaren« Ereignisse unterstellt.

---

[80] Diese Begriffe stammen von Käte Hamburger: Logik der Dichtung, ungek. Ausgabe nach der 3. Auflage 1977, Frankfurt a.M. 1980, S. 121ff. und von Roman Ingarden: Das literarische Kunstwerk, S. 14ff.
[81] Kiesel: Literarische Trauerarbeit, S. 291.
[82] ebd.: S. 293.

So wird der Ablauf der Ereignisse in der stetig ablaufenden Zeit betont, der ja in der Tat unabwendbar und damit »faktisch« ist. Zugleich aber gibt sich der »Dichter-Erzähler« als ein »Arrangeur« dieser Ereignisse zu erkennen, der das faktische Verlaufsbild der Ereignisse in bestimmter Weise interpretiert: durch den Verweis auf das »Deutsche« dieser Revolution wird der »Dichter« zum »Geschichten-Schreiber«, der das von dem Erzähler registrierte "So – Sein« der Ereignisse in einen spezifischen Geschichtentyp transformiert. Mit der Ausdifferenzierung des auktorialen Erzählmediums wird eine Differenzierung thematisiert, die jedem historiographischen Wirklichkeitsentwurf und jedem historischen Roman zugrundeliegt: nämlich die von dem reinen Ablauf der Ereignisse in der Zeit und dem Entwurf einer ganz bestimmten »Geschichte«.

Auch jeder Historiker ist nämlich Chronist und »Dichter«. Im historiographischen Diskurs erscheinen beide Ebenen freilich ineinander aufgehoben, da beide erst den Effekt des historischen Realismus ausmachen. Auch im Novemberroman ist die Ausdifferenzierung des auktorialen Erzählmediums ja nicht durchgehend in dieser Deutlichkeit markiert und als Form des selbstreferentiellen Erzählens thematisiert. Über weite Strecken läßt sich der Roman deshalb als historiographischer Diskurs lesen, wie sich die literarische Selbstreferentialität über andere Formen als die der expliziten Erzählerreflexion konstituiert.

Was die Differenzierung von Fakten und »Geschichte« wie deren Thematisierung im Rahmen eines ausdifferenzierten auktorialen Erzählmediums betrifft, so müssen auch die synoptischen Kapitelüberschriften in den Bänden II/1 und II/2 erwähnt werden. Die äußere Textorganisation dieser beiden Bände ist vor allem durch die Chronik-Struktur der Bücher und die jeweiligen Kommentare der Kapitelüberschriften bestimmt.[83] In diesen Kommentaren werden einleitend die wichtigsten »Tatsacheninformationen« zu den entlang der Chronik erzählten Tagesereignissen angegeben, so daß das in den einzelnen Kapiteln Erzählte unter einer vermeintlich thematischen Konsistenz erscheint. Betrachtet man allerdings die Struktur der Kapitelüberschriften genauer, so wird deutlich, daß die einführenden Erzählerkommentare das Spiel zwischen »Erzähler« und »Dichter« nur auf andere Art fortsetzen. Was die narrative Struktur dieser Kommentare betrifft, so ist zumeist nur die äußere Minimalbedingung einer erzählerischen Folge, also das chronikale Prinzip der bloßen Aneinanderreihung gewahrt:

---

[83] Zur Chronik-Struktur vgl. im besonderen die noch folgenden Ausführungen in Kapitel VIII. 5.2.4.1.

> Private Revolution
> Soldaten marschieren, die Akademie tagt, Diebe stehlen, Reisebrotkarten erleben ein merkwürdiges Schicksal, und so tut jeder, was er kann, um über die trübe Zeit hinwegzukommen. Hinter dem Rücken, weiß man, wird man verkauft. Es ist der 23. und 24. November 1918. (II/1, S. 137)

Die in der Reihung parataktisch angeordneten Ereignisse erscheinen in keinem implizit folgerichtigen Bezug zueinander, noch wird auf den ersten Blick der Zusammenhang mit dem Titel des Kapitels einsichtig. Dagegen werden mittels syntaktischer Verknüpfungen Relationen begründet, die logisch nur schwer nachvollziehbar sind: so erscheint der konsekutive Zusammenhang nicht ohne weiteres schlüssig, zumindest nicht derart, daß damit dem gesamten hier angesprochenen Ereigniskomplex eine thematische Konsistenz unterlegt werden könnte.

Während in der bloßen Parataxe das chronistische Erzählen des vorgeblich neutralen »Erzählers« stilisiert ist, der lediglich die Fakten in der Zuordnung zu einem zeitlichen Verlauf – hier dem Verlauf eines Tages – referiert, verweist der konsekutive Anschlußsatz wie der nachfolgende Kommentar (»Hinter dem Rücken, weiß man, wird man verkauft«) auf ein vielmehr interpretatorisches Erzählverständnis. Hier meldet sich wieder der »Dichter« zu Wort, der hinter bzw. über die einzelnen Ereignisse hinaus blickt und das bloß registrierte Faktische als einen bestimmten Geschichtenzusammenhang überblickt. Allerdings wirkt dieser Zusammenhang dann derart konstruiert, daß die Ebenen von Chronik und »Geschichte« deutlich als zwei verschiedene Ebenen des Wirklichkeitsentwurfs reflektiert werden können.

Auch die nachgesetzte Datumsangabe läßt sich in der Form der unvermittelten apodiktischen Setzung »Es ist [...]« als eine Thematisierung von historiographischen Diskurselementen lesen: denn diese Angabe wirkt ohne die Rahmung einer »Geschichte« wie eine »Konstruktion des Faktischen«.

Helmut Mader hat hinsichtlich der Gestaltung der Kapitelüberschriften in »November 1918« kritisch angemerkt, das diese zumeist nur »nichtssagende zeitliche und inhaltliche Gliederungshilfen« seien, ohne daß sie eine dialektisch aufgebaute deutende und problematisierende Funktion aufwiesen.[84] Maders Kritik ist insofern nachvollziehbar, als er den Roman nur als eine Form der Historiographie liest: in diesem Sinne ist es in der Tat nichtssagend, Ereignisse einfach aufzuzählen. Denn eine historiographische Lesart setzt ja gerade am Zusammenhang der Ereignisse und der »Geschichte« an. Nur ist auch dieser Zusammenhang nichtsdestoweniger eine narrative Konstruktion. Die Kommentare des »Dichter-Erzählers« verweisen genau auf diese Problematik,

---

[84] Mader: Sozialismus- und Revolutionsthematik, S. 343.

wenn in paradoxaler Umkehrung diese Konstruktion nicht bzw. nur in alogischer Weise geleistet ist.

Die bisherigen Analysen haben sich darauf beschränkt, die Ausdifferenzierung des auktorialen Erzählmediums auf eher allgemeine Bedingungen des historiographischen Diskurses zu beziehen. Nun ist es für die Lektüre von »November 1918« als eines historischen Romans wesentlich, ob und inwiefern mittels dieses Mediums auch Bedingungen des spezifischen Diskurses der Revolutionshistoriographie thematisiert werden. Es soll im folgenden gezeigt werden, daß es im wesentlichen der »Dichter« ist, der vorgibt zu wissen, »worauf denn die ganze Geschichte eigentlich hinausläuft« (White): nämlich auf die »Geschichte« einer gescheiterten Revolution. Betrachtet man, wie der »Dichter« sein Urteil begründet, so lassen sich eine Vielzahl von Typologisierungen erkennen, die in der historischen Wirklichkeitskonstituierung produktiv gemacht werden. In der Reflexion des »Dichters« auf die Prinzipien seines Erzählens erscheinen diese Typologisierungen allerdings deutlich als markierte Bedingungen des Entwurfes einer Revolutionsgeschichte.

Der »Dichter-Erzähler« als Historiker der Revolution

Der »Verfasser« erweckt zunächst den Eindruck, es sei mehr oder weniger ein Faktum, daß diese deutsche Revolution keine »wirkliche« Revolution sei. Analysiert man die von dem »Verfasser« dargebotenen Begründungszusammenhänge, so wird man feststellen, daß es im Grunde ein Mangel an einer spezifischen *Bildlichkeit* ist, die der »Verfasser« beklagt. Nicht von ungefähr spricht er davon, daß er eigentlich eine »Revolution beschreiben« wolle. Der Begriff der Beschreibung stilisiert zwar noch einmal das Prinzip des reinen Berichtens, wie es der Erzähler für sich beansprucht, aber in diesem Begriff verbirgt sich bereits die basalere Operation des Schreibens. Den Ereignissen muß erst eine »Schrift« unterlegt werden, damit sie als revolutionäre Ereignisse wahrgenommen und dargestellt werden können.[85]

In den folgenden Abschnitten dieses »Verfasser«-Kommentares wird entsprechend eine Art »Gegenschrift« entwickelt, um den Mangel dieser deutschen Revolution zu erläutern.

---

[85] Auch Elshorst bemerkt im Kontext der Interpretation dieser Textstelle, daß es hier ja zunächst einmal um das Problem der »Massenschilderung« gehe und nicht um die Massen als solche. Allerdings sind dies für Elshorst in der Tat zwei völlig verschiedene Dinge, die hinsichtlich des »Realitätseffekts« der revolutionären Massen offenbar nichts miteinander zu tun haben. Nur so scheint seine These nachvollziehbar, daß der Autor Döblin wegen seiner an Individuen orientierten Geschichtskonzeption zu einer Massenschilderung nicht fähig gewesen sei (Mensch und Umwelt im Werk Alfred Döblins, S. 114).

Der Aufbau einer revolutionären Wirklichkeit 97

Der zentrale Ansatzpunkt aller Kritik ist dabei der der fehlenden revolutionären Massen. Auch hier ist es allerdings eher die erläuterte Symbolik der Rolle der Massen, welche der »Verfasser« thematisiert. So ist davon die Rede, daß die Aktionen einzelner Leute letztlich keine »wirkliche« revolutionäre Massenbewegung entfachen konnten, denn »ein Tropfen macht keinen Bach, geschweige denn einen Sturzbach« (II/1, S. 280). Der Terminus »Sturzbach« verweist auf ein anderes typisches Naturbild, das häufig mit den revolutionären Massen in Verbindung gebracht wird: das der Flut, die jeglichen Damm – der alten Ordnung – bricht.[86] Die Steigerung von Bach zu Sturzbach verweist lediglich auf diese prototypische Naturmetaphorik: selbst eine Steigerung der bisherigen Aktionen würde diese deutsche Revolution immer noch nicht ganz in das »eigentliche« Bild fassen lassen.

Man kann dieses Metaphernspiel in einer historischen Lektüre rhetorisch auflösen, indem diese Metaphern als »nur bildlich« zu verstehende Textelemente einer Wirklichkeitsaussage rezipiert werden, die auch ohne diese Metaphern funktioniert. Eine solche Auffassung liegt offensichtlich den erwähnten historiographischen Lektüren dieser Textpassage zugrunde. Allerdings bleibt dabei unberücksichtigt, daß auch in den folgenden Abschnitten dieses »Verfasser«-Kommentars nur im Rückgriff auf eine metaphorische Rede argumentiert wird:

> »Ja, in diesem weiten, vom Krieg nicht verwüsteten Land irrt die Revolution, die sich in anderen Ländern als Furie benahm, Brände warf und die Menschen aus den Häusern scheuchte, sie irrt in Deutschland klein und kleiner geworden wie ein Blumenmädchen im zerrissenen Röckchen, zitternd vor Kälte, mit blauen Fingern herum und sucht Obdach.« (II/1, S. 280/81)

Auch hier wird das Scheitern dieser Revolution in ein Spiel von typischen und atypischen Bildern einbezogen. Mit der Metapher der »Furie« und dem Vorstellungsbild der Brandstiftung werden typische semantische Konstellationen des revolutionären Aufbruches aufgerufen,[87] die sodann dem Bild des »Blumenmädchens« und seiner verzweifelten Suche nach einem »Obdach« gegenübergestellt werden. In dieser fortgesetzten Reihe von Bildern und Gegenbildern scheint sich entgegen der historiographischen Lesart etwas ganz anderes aufzutun: das »Beschreiben« einer gelungenen wie einer gescheiterten Revolution scheint sich ausschließlich auf der Ebene der Metaphorik abzuspielen und eben nicht auf der Ebene der »Ereignisse selbst«. Es entsteht der Eindruck einer *strukturellen* Identität von Metaphern und historischer Wirklichkeitsdarstellung. Die Metaphern erscheinen zwar in ihrer Bildlichkeit, aber sie ver-

---

[86] Vgl. Demandt: Metaphern für Geschichte, S. 166ff. sowie Lasky: Utopie und Revolution, S. 269.
[87] Siehe Lasky: Utopie und Revolution, S. 269/70.

schwinden zugleich in ihrem Bildwert vor der »eigentlich« gemeinten Sache – insofern auch diese Sache nur als Bild existiert.

Die Gedankengänge des »Verfassers« lassen sich somit in einem Widerspruch zu der historischen Lesart als »antimythisch« im Sinne Roland Barthes rezipieren. Sie thematisieren die Bildlichkeit des Realen einer Revolution, d. h. die sprachliche Figuralität, die im historiographischen Diskurs immer schon produktiv ist, wenn die Wirklichkeit oder auch Unwirklichkeit einer Revolution behauptet werden soll.

Eine zusätzliche ironische Pointe entwickelt sich in den abschließenden Überlegungen des »Verfassers«, wenn dieser seine vermeintliche Interessenlosigkeit am weiteren Verlauf dieser Revolution dadurch aufzufangen sucht, daß er die mangelnde »Spannung« und Gewaltsamkeit dieser Revolution auf anderen »Geschichten«-Ebenen entwirft.

So erzählt der »Verfasser« zum einen den Anfang der möglichen »Geschichte« des Kampfes von Ebert und den Generälen (II/1, S. 281), und zum anderen entwirft er eine völlig belanglose Anekdote, in der aber gleichwohl der Anfang einer »spannenden« Geschichte evoziert wird:

> »Es könnte sich auch zufällig etwas ganz anderes ereignen. Es könnte sich zum Beispiel ereignen, daß zwei Männer sich schlagen, dabei fällt die Petroleumlampe um, das Haus brennt ab, aber auch das Nachbarhaus, welches grade eine Menagerie ist, und ein Löwe, der drin sitzt, wird frei und läuft in die Stadt. Also keine Philosophie vorgeschützt. Allons, an die Arbeit!« (II/1, S. 282)

Hier wird das »Schreiben von Geschichten« zum eigentlichen Thema der »Verfasser«-Reflexion. Das durch den Konjunktiv angezeigte konjekturalhistorische Moment der Darstellung läßt hierbei nicht nur in einem allgemeinen Sinne den historiographischen Konstitutionsprozeß in der Spannung von Wirklichkeit und Möglichkeit erscheinen. Denn diese möglichen Geschichten, so absurd oder belanglos sie auch erscheinen mögen, nehmen auf ihre Weise an der speziellen Bildlichkeit des Realen einer Revolution teil – d. h. die Möglichkeit erweist sich als eine nur andere Form des Wirklichen einer Revolution.

So wird Ebert mit Odysseus verglichen (II/1, S. 281), einer mythologischen Figur, die traditionell und auch im Roman als eine »Leitfigur der Grenzüberschreitung« (Bloch) gilt, weil deren »Geschichte« die Struktur einer Handlungswelt repräsentiert, die derjenigen der Romanze sehr ähnlich ist. Ironischerweise ist Ebert, was seine sonstige Stilisierung in »November 1918« angeht, keine solche Figur der revolutionären Grenzüberschreitung.

Daß sein Kampf mit den Generälen dennoch in Anlehnung an diesen mythologischen Prätext entworfen wird, führt zu einer Markierung dieser mythopoetischen Repräsentationsstrategie: durch die paradoxale Zuordnung zu bestimmten Ereignissen bzw. Figuren kann die figurale Form der Präsentation als solche in den Blickpunkt der Lektüre rücken.

Der Aufbau einer revolutionären Wirklichkeit

Auch in der Anekdote um die brennenden Häuser und die entflohene »Furie« des Löwen wird intratextuell gesehen auf das prototypische Bild des revolutionären »Flächenbrandes« rekurriert, das zuvor benutzt wurde, um die »Unwirklichkeit« dieser deutschen Revolution zu bezeichnen.

Insofern diese figurale Konstellation in einem diminutiven Sinne als Element einer abenteuerlichen Geschichte erscheint und nicht als Element einer Revolutionsgeschichte, wird sie als ein austauschbares Moment der Darstellung rezipierbar – und damit erscheint auch die zuvor als Flächenbrand bezeichnete Wirklichkeit einer Revolution nur als Produkt eines möglichen Erzählens.

Es gilt abschließend zu bemerken, daß diese so häufig zitierte »Verfasser«-Reflexion nur dann historiographisch gelesen werden kann, wenn die extreme Bildlichkeit als nur metaphorische Repräsentation der »eigentlichen« Aussage gesehen wird, daß diese Revolution gescheitert sei. Eine solche Lesart ist möglich, denn die zitierte Metaphorik ist im Roman vielerorts in diesem repräsentativen Sinne benutzt. Andererseits kann bei einer genaueren Lektüre der gesamten Textpassage nicht unberücksichtigt bleiben, daß diese Metaphorik in ihren intertextuellen Bezügen extrem stilisiert und in ein intratextuelles Spiel von Metaphern integriert ist. Die referentielle Lektüre wird damit auf die Figuralität ihrer eigenen Voraussetzungen zurückgeführt.

Wir werden uns im Verlauf der weiteren Interpretation mit anderen Reflexionen dieses »Dichter-Erzählers« beschäftigen, in denen andere Fiktionen des historiographischen Schreibens thematisiert sind. Insofern sich der Aufbau dieser Interpretation an eben diesen Fiktionen orientiert, wird an entsprechender Stelle die Analyse dieser anderen Kommentare erfolgen.

In der vorangegangenen Untersuchung des »Verfasser«-Kommentares ging es neben allgemeinen Gesichtspunkten des historiographischen Schreibens um den Aspekt der Rolle der Massen und die damit zusammenhängenden Vorstellungsbilder des gewaltsamen Aufbruches. Diese Ebene der historiographischen Wirklichkeitskonstituierung ist in der tragischen Romanze eng verbunden mit dem Entwurf einer extrem kontingenten Handlungswelt, wie sie nach dem Zusammenbruch der alten Ordnung existiert.

Gleichwohl bildet diese Figuration der Handlungswelt einen eigenen Teil der Revolutionsgeschichte, insofern hier nicht mehr das Ereignis des Bruches als solches im Mittelpunkt steht, sondern die Folgen dieses Ereignisses wesentlich sind.

In »November 1918« bildet die Figuration von Bruch und kontingenter Übergangszeit einen wesentlichen Teil der Erzählung, vor allem weil im Sinne der tragischen Romanze die Kontingenz des Bruches selbst ein Schwerpunkt der Darstellung ist. Es wird sich zeigen, daß auch hier die intratextuelle Motivik wie deren intertextuelle Verankerung im historiographischen Diskurs eine große Rolle spielt.

5.2 Die Mitte der »Geschichte« – Bruch und revolutionäre Übergangszeit

5.2.1 Revolution und Gewalt

In der politik- und sozialwissenschaftlichen Forschung wird seit langem diskutiert, ob Revolutionen gewaltsam sein müssen oder nicht. Unter Gewalt wird hier zumeist das Faktum blutiger Auseinandersetzungen verstanden. Es fragt sich aber, ob der Zusammenhang von Revolution und Gewalt nicht auf einer ganz anderen Ebene als der der rein physischen Gewalt diskutiert werden muß. Es gehört zu jeder Revolutionsgeschichte als einer »Geschichte« des Ursprunges, daß in ihr das Phänomen des Gewaltsamen in bestimmter Weise enthalten ist. Das Konzept des Ursprunges setzt nämlich das Moment der gewaltsamen Destruktion voraus: die Gründung einer wirklich neuen Ordnung ist nur vor dem Hintergrund einer vorangehenden tabula rasa denkbar. Wohlgemerkt ist hier von einem gedanklichen Konzept die Rede: in der Realität ist so etwas wie ein absoluter Bruch oder ein völliger Neuanfang nicht denkbar. Die seit der Französischen und dann wieder seit der Russischen Revolution stattfindenden Debatten um Revolution und Gewalt kreisen im wesentlichen um dieses Verhältnis von Konzept und Realität: mußte der notwendige Anspruch einer Revolution, das Bestehende zu zerstören und etwas völlig Neues zu schaffen, ebenso notwendig mit physischer Gewalt einhergehen?[88] Es geht somit um die Frage, wie sich der Anspruch der gewaltsamen als einer gewaltigen und totalen Zerstörung des »Alten« in der Realität, d.h. in bestimmte konkrete Handlungen umsetzt. Auch unblutige Revolutionen können im Prinzip gewaltsam sein, insofern bestimmte Veränderungen das Bild einer definitiven Destruktion und damit Erneuerung evozieren. Die unblutigen »deutschen« Revolutionen von 1918/19 und 1989 sind geradezu ein Exempel für eine solche Semantik des Gewaltsamen. Allerdings sind diese Revolutionen auch ein Beispiel dafür, daß die Radikalität der Veränderung bezweifelt wird, wenn nicht doch zumindest einige »konkrete« Gewalttaten stattgefunden haben.

Die – makabre – Pointe dieser Sichtweise liegt darin, daß physische Gewalttaten nicht als solche von Bedeutung sind, sondern hinsichtlich ihrer Symbolik interessieren: die physische Beseitigung alter Herrschaftsträger macht die Beendigung des »Alten« und die Gründung des »wirklich« Neuen realer.[89] Auch

---

[88] Vgl. dazu Rothe: Deutsche Revolutionsdramatik seit Goethe, S.10ff. wie auch W.Benjamin: Über die Gewalt. In: ders.: Zur Kritik der Gewalt und andere Aufsätze, Frankfurt a.M. 1965, S.29–65.
[89] Vgl. so auch Furet: 1789, S.76ff., wo Furet ausführt, daß die Schreckensherrschaft und der Terreur als ein zentrales *konstituierendes* Element des Revolutionären be-

Der Aufbau einer revolutionären Wirklichkeit

die Gewalt ist somit eine Handlungsqualität, die mit dem blutigen Terreur eines Robbespierre oder Lenin nicht von vorneherein ineins zu setzen ist. Aktionen der Gewalt sind vielmehr bestimmten motivischen Feldern innerhalb von Revolutionsgeschichten zugeordnet, und zwar solchen, in denen die Endgültigkeit des Bruches wie der Ausbruch einer extrem kontingenten Übergangs- oder »Schwellenzeit« zum hervorragenden Thema der Darstellung wird. In »November 1918« wird dieser Geschichtenzusammenhang sowohl konstituiert wie auch bewußt verfremdet.

5.2.1.1 »Schwellenzeit«

Blickt man auf die Geschichtsschreibung zur Novemberrevolution, so sind es vor allem die Aktionen der Matrosen Ende Oktober und Anfang November 1918, die – obwohl weitestgehend unblutig verlaufen – als initiierende Akte der Zerstörung des Kaiserreichs und der Forcierung der Umsturzbewegung gesehen werden. Entsprechend sind diese Aktionen der Matrosen häufig als Beginn einer »Geschichte« der radikalen »Schwellenzeit« betrachtet worden, die mit physischer Gewalt erst nach der Zerschlagung des Januaraufstandes beendet worden ist.[90]

Auch hier interessieren sowohl die physisch gewaltlosen wie die gewaltsamen Aktionen der Matrosen und der Arbeiter- und Soldatenräte hinsichtlich

---

griffen werden müßten. Siehe dazu auch D. Käsler: Revolution und Veralltäglichung, München 1977, S.20ff.; Vovelle: Die Französische Revolution, S.98ff.; Harth: Revolution und Mythos, S.10/22/29 sowie H.Schieder: Theorie und Revolution. In: Ders.(Hg.): Revolution und Gesellschaft. Theorie und Praxis der Systemveränderung, Freiburg i.Br. 1973, S.20/21. Was die relativ unblutige Revolution von 1918/19 angeht, so hat Rürup die These aufgestellt, daß es geradezu ein Dilemma der revolutionären Kräfte gewesen sei, keine physische Gewalt angewandt zu haben: und zwar aus dem Grunde, weil »einige gewaltsame, blutige Zusammenstöße [...] von Anfang an eine eindeutige Anerkennung der Revolution [...] erzwungen« hätten – mit anderen Worten: solche Aktionen hätten ein demonstratives *Zeichen* setzen können, und nur in dieser Hinsicht wären sie für die Revolution relevant gewesen.

[90] Andere Autoren haben im Rekurs auf das Konzept der gewaltsamen Übergangszeit die Revolution erst nach den Frühjahrskämpfen des Jahres 1919 oder gar nach dem Kapp – Putsch 1920 für beendet angesehen. Vgl. E.Troeltsch: Spektator – Briefe. Aufsätze über die deutsche Revolution und die Weltpolitik 1918/22. Zsgest.u.hg.v. H.Baron, Tübingen 1924; den dritten Band von R.Müllers »Geschichte der deutschen Revolution«: »Bürgerkrieg in Deutschland« (siehe Kap.VIII/Anm.26); Rürup: Probleme der Revolution in Deutschland, S.19 sowie H.A.Winkler: Revolution als Konkursverwaltung. 9.November 1918: Der vorbelastete Neubeginn. In: Der 9.November. Fünf Essays zur deutschen Geschichte. Hg.v. J.Willms, München 1994, S.11–32, hier S.S.22.

der symbolischen Figuration der Zerstörung der alten Ordnung.[91] Wie bereits erwähnt, sind in »November 1918« gerade diese Ereignisse nicht Elemente der entworfenen Handlungswelt. Das heißt allerdings nicht, daß diese Ereignisse im Roman nicht erwähnt würden: sie werden vielmehr zitiert, in einigen Episoden um die Wilhelmshavener Matrosen und deren Aktionen in Straßburg noch einmal in ihrem symbolischen Wert entworfen und im III. Band zuletzt noch einmal kurz erwähnt. Daneben gibt es einige andere Episoden, in denen in intratextuell »üblicher« Manier unabhängig von diesen Ereignissen die Figuration von Gewalt und revolutionärer Übergangszeit als Folie einer verfremdeten Darstellung fungiert. Gleichwohl bleiben in »November 1918« auch die entworfenen Szenen gewaltsamer Aktionen ohne einen Geschichtenzusammenhang, so daß sie nur vereinzelt das Vorstellungsbild einer sich radikal verändernden und somit extrem ordnungslosen Handlungswelt konstituieren.

So wird in »Bürger und Soldaten« die Geschichte des Leutnant Heiberg erzählt, der sich auf der Flucht vor der »Revolution« befindet, nachdem er in dem kleinen Städtchen im Elsaß bei einer Auseinandersetzung zwischen »alten« und »neuen« Kräften als Vertreter der alten Ordnung zwei Soldatenräte erschossen hat. Auch diese Auseinandersetzung ist nicht Teil der erzählten Handlungswelt: es ist vielmehr Heiberg selbst, der seiner Geliebten Hanna dieses Ereignis berichtet (I, S. 22). Zentrale Szenen und »Fakten« der gewaltsamen Auseinandersetzungen, wie sie nach dem Umsturz stattgefunden haben, erscheinen auf diese Weise nur als vermittelte Geschichten: sie bestimmen nicht den Verlauf der dargestellten Handlungswelt.

Dieser Eindruck setzt sich fort, wenn von der Begegnung Heibergs mit seinen ehemaligen Untergebenen Bottrowski erzählt wird. Bottrowski berichtet Heiberg von den Ereignissen am 9. November 1918, wie sie sich in Straßburg abgespielt haben. Es sind ganz typische Ereignisse des Zusammenbruches der alten Ordnung, von denen Bottrowski hier erzählt: es ist die Rede von gewaltsamen Auseinandersetzungen, von Gefangenenbefreiungen und der Entmachtung der Polizei wie der Offiziere (I, S. 28-30). Es sind »Szenen dieser deutschen Revolution«, die von Bottrowski hinsichtlich ihrer Bedeutung für den gewaltsamen Umbruch berichtet werden. Aber es bleibt eben nur ein Bericht: die fortschreitende Bewegung der gewaltsamen Veränderung bleibt im Status eines Zitats.

In historischer Perspektive kann man diese Form der nur vermittelten Darstellung als Repräsentation einer bereits im Ansatz gescheiterten Revolution

---

[91] Vgl. so z.B. die Darstellung von H. Müller-Franken (Die November-Revolution, S. 29), in der sogar die physisch gewaltlose Entwaffnung von Offizieren seitens eines Matrosen symbolisch als »Sterbestunde des preußischen Militarismus« gedeutet wird.

rezipieren: die unabwendbare Bewegung der gewaltsamen Zerstörung scheint keine erzählbare Wirklichkeit zu sein. Daß die Konstitution einer solchen Handlungswelt nichtsdestoweniger durch den Modus des Erzählens bedingt ist, der auch von dem »Verfasser« dieser Revolutionsdarstellung hätte gewählt werden können, zeigen nicht nur die »Geschichtserzählungen« der einzelnen Figuren, sondern auch andere Szenen des Romans.

So wird im III. Band retrospektiv noch einmal eine »Szenerie« der Oktober- und Novemberereignisse entworfen, in deren Mittelpunkt die sich steigernde Radikalität der revolutionären Bewegung steht (III, S. 100–103). Im Rekurs auf typische metaphorische Konstellationen wird erzählt, daß die »Dämme gegen die Revolution brachen« und sich in Kiel ein »Arbeiter- und Soldatenrat zum Herrn der Stadt aufwarf« (III, S. 101). In schneller Folge wird von den Aktionen Liebknechts, der Revolutionären Obleute, den Aktionen der Massen und des Generalstreiks am 9. November in Berlin wie der Ausrufung der Republik erzählt (III, S. 101/102).

Hier wird *nachträglich* noch einmal der Anfang der »Geschichte« einer gewaltsamen Umwälzung erzählt, also diejenige »Geschichte«, welche den anderen im Roman erzählten gewaltsamen Aktionen eine revolutionäre Bedeutung hätte geben können. Mit dieser Vorgeschichte wären Aktionen der Gewalt von vorneherein in das Vorstellungsbild einer grundlegend zerstörten und kontingenten Handlungswelt integrierbar gewesen. Dieses Vorstellungsbild ist jedoch an das Ende der »Geschichte« verschoben, wo es nur noch um die letzten »Kampf« vor dem Ende der Revolution geht.

Wenn im I. Band von den »gewaltsamen« Aktionen der Wilhelmshavener Matrosen in Straßburg erzählt wird (I, S. 150ff.), so ist allerdings diese »Geschichte« einer vorangegangenen radikalen Umwälzung teils noch miterzählt. So werden die Matrosen als »zugehörig der Avantgarde der Revolution« (I, S. 150) eingeführt, d. h. sie erscheinen deutlich in der Rolle der radikalen Veränderer, welche an der Umwälzung der Gesellschaft bereits beteiligt waren und diese nach dem ersten entscheidenden Einschnitt vorantreiben wollen. Mit einer entsprechenden Repräsentation ist das Kapitel eingeleitet:

> »Mit lohendem Schornstein, über schmetternden Schienen raste, an keiner Station haltend, von Wilhemshaven her über Osnabrück, Münster, Düsseldorf, Köln ein Sonderzug.« (I, S. 150)

In dieser Einführung wird die Schnelligkeit und unaufhaltsame Bewegung suggeriert, die für die hier aufgerufene Rolle der Matrosen so wesentlich ist. Weiterhin ist davon die Rede, daß mit der Ankunft der Matrosen das »Feuer von der Nordseeküste, das in ganz Deutschland wütete« in das Elsaß geworfen werden sollte, und daß sie wußten, daß es in »Krieg und Revolution auf Schnelligkeit« ankommt (I, S. 152). Deutlich werden hier die geplanten Aktionen der Matrosen in das Vorstellungsbild der gewaltsamen und »furienartigen« Revolution integriert, die in dieser Hinsicht als eine andere Art von Krieg erscheinen kann.[92] Explizit ist sogar von den Matrosenrevolten Ende Oktober die Rede, also den Ereignissen, mit denen der radikale Bruch mit der alten Ordnung begann (I, S. 150/51). Doch die evozierte Figuration der Radikalität wird zugleich gegenmotivisch unterlaufen: die zunächst inszenierte *Rolle* der Matrosen wird nämlich ihren *Intentionen* entgegengesetzt, die ihren »Revolten« nach Angabe des »Verfassers« zugrundelagen. Wenn dieser betont, daß die Matrosen revoltierten, weil sie »natürlicherweise« in dem längst verlorenen Krieg nicht sterben wollten (I, S. 151), so wird die Motivation der »Avantgarde« der Revolution derart ausdrücklich in einen Kontrast zu ihrer Rolle gesetzt, daß die Stilisierung der Wilhelmshavener Matrosen insgesamt als eine solche markiert wird. Die Matrosen erscheinen nicht nur plötzlich in einer fehlbesetzten Rolle, sondern auch die übliche »revolutionäre« Deutung der Matrosenrevolten wird als eine Konstruktion bewußt.

Auch die im Anschluß erst erzählten »gewaltsamen« Aktionen der Matrosen können entsprechend unter diesem Aspekt der erzählerischen Konstruktion gelesen werden. Denn die »radikale« Rolle der Matrosen wird durchaus nicht negiert, sondern *als* eine solche Rolle zunächst fortgeschrieben. So wird erzählt, wie sie schnell und entschlossen, begleitet von einer großen Menschenmenge, in Straßburg einziehen, direkt in den Schwurgerichtssaal, dessen Türen »aufkrachen« (I, S. 153). Es wird noch einmal von vorangegangenen Plünderungen und Schießereien in Straßburg berichtet (ebd.), so daß sich die Vorstellung einer »Schwellenzeit« der gewaltsamen Veränderung noch verstärkt.

Doch im Anschluß versucht der neue Bürgermeister Peirotes den »wilden Matrosen«, allen voran dem »wilden Goliath« Thomas (I, S. 154), die Ausrufung der Republik – erfolgreich – »auszureden« (I, S. 153). Erst am Ende dieser erzählten Episode erweist sich somit die inszenierte Figuration der gewaltsamen Umwälzung als völlig deplaciert. Auch die Inszenierung des Scheiterns bleibt jedoch als solche markiert.

---

[92] Zum Verhältnis von Revolution und Krieg vgl. den Sammelband von D. Langewiesche (Hg.): Revolution und Krieg. Zur Dynamik historischen Wandels seit dem 18. Jahrhundert, Paderborn 1989. Aus Sicht der hier vorgelegten Betrachtungsweise des Historischen wäre anzumerken, daß Kriegsgeschichten gleichwohl ein anderer Typus von »Geschichte« sind: die Handlungswelt einer radikalen Kontingenz ist hier zwar auch mit dem Vorstellungsbild des totalen Bruches verbunden, aber nicht mit dem der Ursprungshandlung, die aus dieser tabula rasa geboren wird. Genau in diesem Sinne bemüht sich Hanna Arendt, das gewaltsame Moment des Krieges von dem der Revolution abzugrenzen. Siehe: Über die Revolution, München 1963, S. 9/ S. 41f.

Der Aufbau einer revolutionären Wirklichkeit 105

So kommentiert der Matrose Thomas die Ereignisse in Straßburg abschließend mit einer Metapher, die in etwas abgewandelter Form schon von dem »Verfasser« benutzt worden ist, um die fehlende Gewaltsamkeit dieser Revolution zu beschreiben: die Rede ist von dem Topos der abgewiesenen Revolution, die von der »Furie« zum »armen Blumenmädchen« deklassiert wird und deren Radikalität in die Figur der Bittstellung verfällt (I, S. 156). Die inter- wie intratextuelle Dimension dieser Metapher macht deutlich, daß auch die Darstellung einer mißlungenen gewaltsamen Umwälzung der narrativen Modellierung unterliegt.

Nach dem endgültigen Scheitern des Umbruchs im Elsaß erzählt der Matrose Thomas seinem Freund Bottrowski eine Anekdote, in der es um eine physisch brutale und in diesem Sinne gewaltsame »Massenabschlachtung« in China geht (I, S. 280). Mit dieser Geschichte, die ohne »Gebrauchsanweisung« (ebd.), d.h. ohne rechten Sinn- bzw. »Geschichtenzusammenhang« von Thomas erzählt wird, ist im Modus des Geschichtenerzählens noch einmal der Unterschied von rein physischer Gewalt und spezifisch revolutionärer Gewalt thematisiert. So wie das »gewaltsame« Auftreten der Matrosen in Straßburg im Status eines reinen Zitats revolutionärer Gewalt bleiben muß, weil das Gesamtbild einer grundlegenden Umwälzung fehlt, so muß auch diese Anekdote von der Anwendung physischer Gewalt eine folgenlose Anekdote bleiben, weil sie ohne Zusammenhang mit Vorstellungsbildern revolutionärer Veränderungsprozesse erzählt wird.[93]

Eine auch in der Motivik ähnliche verfremdende Darstellung revolutionärer Gewalt findet sich in Band II/1, wo eine Versammlung in Berlin geschildert wird, vor der Bernstein über die Zukunft der Revolution redet (II/1, S. 112ff.). Auch Bernstein, der »milde Theoretiker« (II/1, S. 112), will den Berlinern die »Revolution ausreden« (ebd.). Genauer gesagt, will er ihnen die Radikalität einer weiteren gewaltsamen Zerstörung der alten Ordnung ausreden. Die Radi-

---

[93] Kiesel hat diese »China-Geschichte« als Hinweis gedeutet, daß hiermit am Ende des I. Bandes die Frage aufgeworfen würde, ob die deutsche Revolution zur »Radikalität ihres Ursprungs« zurückkehren müsse, um als Revolution erfolgreich zu sein (Literarische Trauerarbeit, S. 357/358). Offenbar setzt Kiesel physische Gewalt und deren symbolische Bedeutung innerhalb einer Revolutionsgeschichte ineins, ohne zu bedenken, daß der Text gerade dieses Verhältnis eigens zum Thema macht und damit auch diese Formen der Bedeutungskonstitution innerhalb einer Revolutionsdarstellung problematisiert. Denn es gilt zu bedenken, daß dieser »radikale Ursprung« der Novemberrevolution im Text selbst gar nicht oder erst nachträglich verkürzt als Handlungswelt entworfen ist: der Zusammenhang von physischer Gewaltanwendung und spezifisch revolutionärer Radikalität, wie er in den Aktionen der Matrosen Ende Oktober symbolisch konnotiert ist, erscheint gerade in der Gestaltung der Figur des Matrosen Thomas als eine nachträgliche Konstruktion, die als eine solche Konstruktion auch durch diese China-Geschichte bewußt gehalten wird. Kiesels These setzt somit bereits einen bestimmten Geschichtenzusammenhang voraus, der schlichtweg als »faktisch« gesetzt wird.

kalität ist jedoch in dieser Episode nur als ein satirisches Vorstellungsbild präsent, das mittels eines auktorialen Erzählerkommentars in die ansonsten als sehr friedlich geschilderte Szenerie eingeblendet wird:

»Sie staffierten ihren kleinen Saal großmächtig mit rotem Tuch und Büsten aus. Hier rauschte es von Rot und Revolution. Und wenn man sich auf eine Bank setzte, vor dem drohenden Prophetenbart von Karl Marx, so erwartete man, nun würde sich die ungezügelte revolutionäre Wut, der Schrecken entladen und auf einen niederfahren.« (II/1, S. 112)

Der leibhaftige »Terreur« bleibt natürlich aus, und an dessen Stelle tritt ein junger Mann, der mit »gut gegliederten Sätzen« den gewaltsamen Aktionen einzelner Arbeitergruppen »einige wohlwollende Hiebe« versetzt (ebd.). Auch hier wird der Geschichtenzusammenhang von einer ordnungslosen »Schwellenzeit« und ausbrechendem Terreur einerseits evoziert, andererseits aber auf den Status eines reinen Vorstellungsbildes reduziert. Die Erwartung einer gewaltsamen Umwälzung wird so nicht nur negiert, sondern zugleich als eine spezifische Fiktion der Revolutionsdarstellung entlarvt.

Und wenn im weiteren Verlauf der Erzählung zwei junge Männer einen als »Wucherer« und »Halsabschneider« (II/1, S. 122) bezeichneten Lotterieloshändler überfallen und ausrauben, ist die gewaltsame »revolutionäre Wut« auf die Ebene einer blutigen Mordgeschichte degradiert. Der »Terreur« gerinnt auf diese Weise zu einer Anekdote, deren Zusammenhang mit der »offiziellen« Revolution nur noch über eine paradoxale Motivik gegeben ist.

Auch dieses Spiel mit der semantischen Konstellation von revolutionärer Radikalität und Gewalt konstituiert die »Merkwürdigkeit« dieser deutschen Revolution. Denn seltsam unradikal wirken die erzählten Ereignisse erst dadurch, daß sie über die Motivik mit den Vorstellungsbildern »eigentlicher« revolutionärer Gewalt konfrontiert werden. Die intratextuelle Relationierung dieser Motivik transformiert die Wirklichkeit dieser »uneigentlichen« revolutionären Gewalt in eine Serie von Bildern, die auf ihre Weise die »Geschichte« der gescheiterten Revolution konstituieren. So kann umgekehrt auch der »wirklich revolutionäre« Terreur als ein gedankliches Konzept thematisiert werden, das der motivischen Repräsentation ebenso bedarf wie dasjenige einer zu wenig radikalen Umwälzung.

5.2.1.2 Ursprungsakt

Die Figuration der Gewalt ist darüber hinaus bedeutsam, weil mit ihr der Zusammenhang von kontingenter Handlungswelt und radikaler Erneuerung angesprochen ist. Bestimmte gewaltsame Ereignisse und Handlungen werden so häufig mit der Vorstellung des reinigenden Gerichtes in Verbindung gebracht, um deren spezifisch revolutionäre Qualität real erscheinen zu las-

Der Aufbau einer revolutionären Wirklichkeit 107

sen.[94] Das biblische Bild der Sintflut vereint alle Elemente dieser Vorstellungswelt: die Sintflut als Gericht Gottes vernichtet gewaltsam alles zuvor Bestehende, aber damit wird zugleich auch die Verderbtheit der alten Zeit bereinigt.[95]

Auch in »November 1918« finden sich solche metaphorischen Figurationen des reinigenden Gerichtes, wobei sehr unterschiedliche Ebenen der Bedeutungskonstitution festzustellen sind. In den bereits analysierten Episoden, in denen von Massenaktionen und Aktionen der Gewalt erzählt wird, ist häufiger von der Situation des Richtens die Rede. In dem Bild des »Urzustandes«, in dem die Massen zugleich Gesetzgeber und Richter sind (II/1, S. 58), wird die Handlungsqualität des Richtens über die alte Zeit einhergehend mit deren gewaltsamer Zerstörung sehr deutlich entworfen.

Eine ähnliche Figuration findet sich in der Erzählung von den Aktionen der Soldatenräte in Straßburg (I, S. 40ff.). Diese besetzen den Justizpalast, das Symbol der alten Rechts- bzw. Unrechtsherrschaft, und nehmen damit zunächst die Plätze der alten Rechtssprechung ein (I, S. 41). Auch hier wird somit der Vorstellungszusammenhang von Gewalt und revolutionärem Gericht inszeniert. Da die Soldatenräte in Straßburg allerdings schon bald wieder in den Machtkampf von Frankreich und Deutschland hineingezogen werden, bleibt von ihrer »Richterrolle« nicht allzu viel übrig. Das entworfene Bild der richtenden Soldaten wird auf diese Weise in den Status der Parodie überführt, wobei der satirische Effekt erst dadurch entstehen kann, daß die selbst schon metaphorische Figuration des Richtens einfach *wörtlich* genommen wird: die »neuen« Mächte sitzen eben nur an dem Ort des Gerichts, ohne daß damit die Qualität ihrer Handlungen bezeichnet wäre.

Im Kontext der Ereignisse des 6. Januar 1919, also der Ereignisse des »Entscheidungskampfes« kurz vor Ende der Revolution, wird die Metaphorik des blutigen Gerichts noch einmal aufgerufen:

---

[94] Dies betrifft z.B. die historiographische Darstellung von Ereignissen, in denen es um die Beseitigung alter Herrschaftsträger geht. Auch hier reicht das Faktum der Beseitigung nicht aus, um von einem revolutionären Machtwechsel zu sprechen. Betont wird vielmehr die symbolische Bedeutung der Reinigung und des Richtens, die von solchen Aktionen der Machttransformation ausgeht. Vgl. dazu Harth: Revolution und Mythos, S. 29. Eng verbunden mit der Metaphorik der Reinigung und des Gerichts ist auch die von Krankheit (des alten Systems) und Heilung (durch den Zeitenbruch). Vgl. dazu u.a. Demandt: Metaphern für Geschichte, S. 25–27. Diese metaphorische Konstellation wird z.B. in der »Revolutionsgeschichte« des Friedrich Becker mitthematisiert. Siehe dazu die Ausführungen in Kapitel VIII. 5.5.
[95] Ein solch expliziter Bezug von dem biblischen Prätext der Genesis und der Figuration des Richtenden findet sich in der Darstellung des »Revolutionärs« Woodrow Wilson (siehe II/2, S. 442). Vgl. dazu die noch folgende Interpretation dieser Figur in Kapitel VIII. 5.3.4. Siehe dazu auch allgemein Lasky: Utopie und Revolution, S. 269.

»Der Morgen des 6. Januar dämmerte. Heute wird man sich in Marsch setzen. Heute wird man den Strick drehen und die Schlinge um den Hals des verruchten preußischen Militarismus legen. Heute wird man den Haken einschlagen, um das starke, zappelnde, blutdürstige Geschöpf, mit der Pickelhaube auf dem Kopf und dem Monokel in der zynischen Fratze, aufzuhängen.« (III, S. 303)

Das Bild des blutigen Gerichts ist hier sehr ausführlich gestaltet – so als sollte die »eigentliche« revolutionäre Bedeutung der Massenaktionen Anfang Januar 1919 noch einmal bewußt evoziert werden. Die Inszenierung des 6. Januar 1919 als eines letzten revolutionären Augenblicks rekurriert vor allem auf diese Metaphorik. Denn die Massenaktionen Anfang 1919 haben für sich genommen, als referentialisierbares Faktum der Ereigniswelt, noch keine revolutionäre Bedeutung. Entsprechend ist auch das vorweggenommene Scheitern dieses Augenblicks durch die genaue Umkehrung diese Bildes repräsentiert:

»Aber es wird sich zeigen, daß die Richter und Urteilsvollstrecker beim Drehen des Stricks und beim Legen der Schlinge über die eigenen Füße stolpern und mit dem Gesicht selber in die offene Schlinge fallen.« (III, S. 303)

Hier wird wie so häufig in »November 1918« *vor* der eigentlichen Erzählung der relevanten Ereignisse – hier der des 6. Januar (vgl. III, S. 311ff.) – in einem detaillierten Bild die zentrale Bedeutung der erst im folgenden entworfenen Handlungswirklichkeit konzipiert.[96] Es ist allein dieses Vorstellungsbild der Massen als vollstreckende Richter und zugleich Gerichtete, welches das Scheitern dieser Aktionen des 6. Januar von vornehrein in einem spezifischen Zusammenhang mit der erzählten Revolutionsgeschichte lesbar werden läßt. Das aporetische Moment einer solchen Lektüre besteht darin, daß damit zugleich die Metapher des Richtens als unabdingbar für die revolutionäre Wirklichkeit der geschilderten Ereignisse erkannt werden muß: das Bild erscheint *und* verschwindet als ein Bild, weil es allein die Realität zu verbürgen vermag.

Die metaphorische Umschreibung des revolutionären Bruches als einer Reinigung findet sich in »November 1918« vor allem im Zusammenhang mit der Wasser-Metaphorik wieder. Friedrich Becker und Rosa Luxemburg enden beide als tragische, aber erlöste Figuren im Wasser.

Ihre Erlösung vollzieht sich als eine Reinigung bzw. erst mit dieser Reinigung vollzieht sich in ihren »Geschichten« der definitive Bruch mit der zuvor leidenden Existenz. Wilson, der »Weltenrichter« und »Reiniger« (II/2, S. 13/14), wird als Erlöserfigur zunächst auf einer Seefahrt eingeführt: auch hier kann die Wasser-Metaphorik in einem Zusammenhang mit der reinigenden Funktion gelesen werden, welche dieser Figur als einer revolutionären Figur

---

[96] Vgl. die ähnliche kompositorische Fügung bei der Darstellung des 6. Dezember oder der Weihnachtsereignisse 1918. Siehe dazu genauer die Ausführungen in Kapitel VIII. 5.2.2. und VIII. 5.3.1.

Der Aufbau einer revolutionären Wirklichkeit 109

zugeschrieben ist.[97] Und wenn in der Szene »Matrosenverhör im Finanzministerium«, die im folgenden noch genauer interpretiert werden wird, die Konfrontation zwischen den alten und neuen Mächten damit beginnt, daß im Ministerium ein Wassermangel herrscht, so wird die Metaphorik der Reinigung in einem ganz wörtlichen Sinne in ihr genaues Gegenteil verkehrt (III, S. 122ff.): das revolutionäre Aufbegehren der Matrosen, das nicht zu einer Forcierung des definitiven Bruches mit der alten Ordnung führt, wird entsprechend auch nicht als eine erlösende Reinigung, sondern als eine Art »Austrocknung« inszeniert.

Dieses bereits bekannte Spiel von Applikation und Verfremdung der typischen Metaphorik und Motivik des Revolutionsdiskurses setzt sich fort, wenn mehrmals betont wird, daß die Spree auch in den Revolutionswochen nur als ein armseliges und verschmutztes Rinnsal existierte (II/1, S. 49), oder wenn von der nötigen »Austrocknung des deutschen Sumpfes« (II/2, S. 262) die Rede ist.

Die oppositive Qualität der Semantik, die mit den Metaphern des schmutzigen Wassers und des Sumpfes, diesem klassischen Bild der Stagnation und Verharrung[98] aufgerufen ist, generiert sich auch hier erst im Vergleich zu der Metaphorik der Reinigung und deren funktionalem Ort in der erzählten tragischen Romanze.

In höchst subtiler Weise ist die metaphorische Figuration des reinigenden Gerichts auch in die »Geschichten« der Freikorpssoldaten integriert, die sich für Kämpfe im Osten, aber auch später für die Zerschlagung des Spartakusaufstandes anwerben lassen. Die Gewaltbereitschaft dieser Frontsoldaten, die durch den verlorenen Krieg und den inneren Zusammenbruch der alten Ordnung völlig entwurzelt sind und auf ihre Weise »das ewige Reich« (II/2, S. 134) suchen, wird in »November 1918« auf eine Weise dargestellt, die quer zu allen ideologischen Fronten als revolutionär erscheint. Auch die faschistischen Phantasien eines sauberen, von aller Vergangenheit gereinigten Reiches werden damit im Rekurs auf eine revolutionäre Vorstellungswelt lesbar.[99]

Wesentlich im Sinne der hier angestrebten semiologischen Betrachtungsweise ist es, daß in »November 1918« die Motivik des reinigenden Gerichtes intratextuell auf ideologisch genau entgegengesetzten Ebenen der entworfenen Handlungswelt eingesetzt ist.[100] Indem gleichermaßen die Aktionen der Mas-

---

[97] Vgl. dazu die noch folgenden Ausführungen in VIII. 5.3.4.
[98] Marx erfaßte z.B. in »Der achtzehnte Brumaire des Louis Napoleon« (1852) die gegenrevolutionäre Bewegung in Frankreich mit der Metapher der Versumpfung, und zwar in einem ausdrücklichen Gegensatz zu der Revolution als einer Sintflut. Vgl. dazu Demandt: Metaphern für Geschichte, S. 181.
[99] Vgl. so Althen: Machtkonstellationen einer deutschen Revolution, S. 215. Althen diskutiert diesen Zusammenhang allerdings lediglich auf der ideologischen Ebene.
[100] Vgl. die Motivik in II/1, S. 230, wo von der »Infektion« der »Heimat« die Rede ist, die gewaltsam beendet werden soll, sowie die apokalyptischen Visionen der Gedichte, die sich die Freikorpssoldaten gegenseitig vorlesen (II/2, S. 138ff.). Zu den

sen, die für Spartakus auf die Straße gehen, und die der »weißen« Frontkorpssoldaten im Rekurs auf die metaphorische Figuration des reinigenden Gerichts dargestellt sind, kann die Metaphorik der Repräsentation selbst in den Blickpunkt der Lektüre rücken.

Denn es besteht kein Zweifel, daß die ideologische Gesinnung der Freikorpssoldaten wie deren Brutalität in »November 1918« moralisch zutiefst verurteilt werden.[101] Daß deren Darstellung im Novemberroman über eine bestimmte inter- und intratextuelle Motivik dennoch als revolutionär erscheinen kann, zeigt vielmehr, welche abstrakten Handlungsqualitäten der Stilisierung eines revolutionären Handelns zugrundeliegen.

Selbstreferentiell wird somit thematisiert, daß sich die Darstellung spezifisch revolutionärer Gewalt nicht allein an ideologischen Gesichtspunkten orientieren kann. Sie muß vielmehr auf Vorstellungsbilder rekurrieren, die sich erst durch solche metaphorischen Konnotationen wie die des reinigenden Gerichtes von anderen Formen der Gewalt qualitativ unterscheiden lassen.[102] Damit aber sind diese Vorstellungsbilder unter ideologischem Gesichtspunkt letztlich austauschbar. Dies macht zugleich deren Ambivalenz und Brisanz aus, und die diesbezügliche Kompositionstechnik von »November 1918« erhält nicht zuletzt dadurch ihre eigene Brisanz, als hier ganz explizit auch die ideologiekritische Problematik als eine Problematik der *Form* ausgewiesen wird.

5.2.2 Peripetien – Bilder einer revolutionären Konfrontation

Im Rahmen der narrativen Modellierung einer Handlungswirklichkeit, in welcher die revolutionäre Übergangszeit thematisiert ist, wird meist in Anlehnung

---

»Reinigungs«-Phantasien der Freikorpssoldaten vgl. auch aus eher psychoanalytischer Sicht K. Theweleit: Männerphantasien. 1.Band, Reinbek 1980.
[101] Vgl. so die Darstellung der Ermordung von Karl und Rosa in III, S.585ff.
[102] Die bereits im Exil und heute wieder in der historischen Wissenschaft viel diskutierte These, ob der Erfolg des Nationalsozialismus und speziell Hitlers im wesentlichen dadurch zu erklären sei, daß sich die faschistische Bewegung als eine revolutionäre Bewegung stilisiert habe, ist in dem Exilroman »November 1918« auf die hier genannte Weise in ein Formprinzip historischen Erzählens transformiert. Vgl. dazu genauer K.Vondung: Revolution als Ritual. Der Mythos des Nationalsozialismus. In: Revolution und Mythos, S.206–218; G.Scholdt: Autoren über Hitler: deutschsprachige Schriftsteller 1919–1945 und ihr Bild vom »Führer«, Bonn/Berlin 1993, S.402ff. sowie die umstrittene Untersuchung von R.Zitelmann: Hitler: Selbstverständnis eines Revolutionärs, Stuttgart 1990. Was Zitelmanns Argumentation vor allem problematisch macht, ist seine ideologische Orientierung an der Weltanschauung Hitlers. Auf diese Weise appliziert Zitelmann einfach einen »linken« Revolutionsbegriff auf Hitlers Ideologie, ohne sich zu fragen, welche Zusammenhänge eigentlich zwischen verschiedenen ideologischen Revolutionsbegriffen *der Form nach* bestehen müssen, damit sie in derart eklatanter Weise austauschbar werden können.

an dramatische Handlungsentwürfe eine Art zunehmender Peripetie der Auseinandersetzungen zwischen den verschiedenen Kräften entworfen. Eine Schlüsselszene ist in dieser Hinsicht die Darstellung der Ereignisse des 6. Dezember 1918, wo es zu blutigen Auseinandersetzungen zwischen Regierungstruppen und der »Revolution von unten« kam.

Diese Auseinandersetzungen sind auch in der historischen Forschung als Zeichen einer sich steigernden Konfrontation gesehen worden, die auf die Unabwendbarkeit einer kommenden Entscheidung verwies.[103]

Furet hat angemerkt, daß diese Vorstellung einer unabwendbaren Entwicklung eine typische Konstruktion sei, die in der Revolutionshistoriographie vor allem über das Bild von deutlichen *Fronten* aufgebaut wird, die sich wie in einer Schlacht aneinander annähern, bis sich das »Schockereignis« des Bruches organisiert. Bei tragisch scheiternden Revolutionen dreht sich auch nach dem ersten Umsturz noch immer alles um dieses »Schockereignis«, insofern der Bruch mit der alten Ordnung nicht absolut vollzogen worden ist. Gleichwohl wird auch hier aufgrund dieses Vorstellungsbildes den Ereignissen selbst eine solche »Logik« der unabwendbaren Konfrontation unterlegt, die sich mit der logischen Folge von Ursachen und Wirkungen nicht mehr fassen läßt.[104] Die Unabwendbarkeit der Konfrontation erscheint damit einerseits als unerklärlich, weil nicht kausal herleitbar, andererseits erklärbar durch die »Logik« der Revolutionsgeschichte selbst, in der eben diese Unabwendbarkeit der Entscheidung zwischen zwei oppositiven Fronten immer schon ein konstitutives Element ist.

Die Ereignisse des 6. Dezember sind in »November 1918« in eben einer solchen Ambivalenz regelrecht inszeniert. So wird auf der Ebene der Handlungsführung dieser Tag als ein Tag der Konfrontation mehrfach vorbereitet.[105] Es wird erzählt, daß Liebknecht und Radek sich über Vorkehrungen für den 6.Dezember unterhalten (II/1, S.396), und daß verschiedene und gegensätzliche Kräfte für diesen Tag unterschiedliche Aktionen planen (II/1, S.391/ S.424). Die »Logik« einer Konfrontation ist damit bestimmendes Prinzip der erzählten Handlungswelt.

Zugleich betont der »Dichter-Erzähler«, daß diese Logik eigentlich keine kausale im üblichen Sinne sei:

---

[103] Vgl. so z.B. bei Bernstein: Die deutsche Revolution, S.71ff. oder auch Runkel: Die deutsche Revolution, S.170ff.
[104] Furet: 1789, S.34.
[105] Eine ähnliche kompositorische Gestaltung, durch die ein Ereignis der dramatischen Konfrontation über längere Strecken des Erzählens regelrecht vorbereitet wird, ist das des geplanten, aber gescheiterten Putsches der heimkehrenden Fronttruppen unter General Lequis am 10.bzw.12. Dezember 1918. Siehe dazu II/2, S.180ff., S.189/90 sowie S.231ff.

»Es gibt eine Sorte von Erzählern und Geschichtsschreibern, die auf Logik, auf nichts als Logik schwören. Für sie folgt in der Welt eins aus dem anderen, und sie betrachten es als ihre Aufgabe, dies zu zeigen und die Dinge entsprechend auseinanderzuwickeln [...] Wir sind nicht von einer solchen logischen Strenge.« (II/1, S. 423)

Wenn der »Dichter-Erzähler« dann im Anschluß noch bemerkt, er würde im folgenden auch über die »unerwartet« auftauchenden Unteroffiziere erzählen, obgleich deren Vorhandensein zur kausalen Erklärbarkeit der Ereignisse des 6. Dezembers eigentlich nichts beitrage (ebd.), so scheint das von Furet untersuchte Konstruktionsprinzip der Revolutionshistoriographie geradezu ironisch umspielt. Denn die Gruppe der Unteroffiziere spielt für die im folgenden erzählte Konfrontation durchaus eine wesentliche Rolle, wenn auch eben keine, die zur kausalen Erklärung dieser Konfrontation beiträgt – genau dies würde ja die unabwendbare Ereignishaftigkeit des 6. Dezember wieder aufheben.

In der weiteren erzählerischen Gestaltung des 6. Dezember setzt sich diese Inszenierung der unabwendbaren Konfrontation fort. So werden zunächst seitens des »Dichter-Erzählers« noch einmal ausführlich alle »Helden des Kampfes« vorgestellt (II/1, S. 429), bevor dann »wie geplant« (ebd.) die eine »Front«, in diesem Falle die der Deserteure, zu protestieren beginnt. Die Schilderung der Versammlung dieser Deserteure ist inter- und intratextuell betrachtet in »üblicher« Manier aufgebaut, d.h. das zugrundeliegende Schema der Vertextung ist dem Leser bereits bekannt: es wird von »wilden Rufen« und Diskussionen berichtet (II/1, S. 430), dann erfolgt wieder ein »Zwischenfall« (ebd.), der die versammelte Menge zu einem »schäumenden Element«, einem »rachedürstenden, rechteischenden Volk« macht, »das sich in Bewegung setzt« (ebd.).

Die hier inszenierte Bewegung einer gewaltsamen Masse, die sich formiert, weil der Vollzugsrat verhaftet worden ist und Ebert von obskuren Kräften zum Reichspräsidenten ausgerufen worden ist, evoziert zunächst die Entwicklung einer unabwendbaren Konfrontation. Doch sofort schaltet sich der Erzähler wieder ein, der sich als Arrangeur des Erzählten zu erkennen gibt, wenn er davon spricht, daß nun die Gegenfront »die Bühne des Tages« betritt (ebd.). Die Unabwendbarkeit der Konfrontation erscheint als ein arrangiertes Schauspiel, in dem es zu dem Kampf kommen muß, weil es die »Logik der Regie« einfach erfordert. Die Ereignishaftigkeit des 6. Dezember wirkt so einerseits natürlich bzw. unerklärlich, andererseits wie ein konstruiertes Bild. Bereits in der Kapitelüberschrift wird diese Ambivalenz entworfen, wenn es heißt:

Der 6. Dezember
Der 6. Dezember löst seine Anker und fährt majestätisch aus. An Bord befinden sich die Berliner Regierung, der Bund aktiver Unteroffiziere, die Gardefunker, Gardefüsiliere, der Bund der Versprengten und Deserteure und einige obskure Existenzen. Wenn das Schiff abends seinen Hafen erreicht, sind zahlreiche Personen ums Leben gekommen. (II/1, S. 428)

Hier sind der reine Ablauf des Tages wie die konstruierte Ereignishaftigkeit dieses Datums gleichermaßen in ein Bild gebannt, das wie das gesamte Kapitel gleichermaßen als metaphorische Repräsentation *und* als Allegorie gelesen werden kann. Denn die Ereignisse des Tages werden hier zugleich als »natürlich« dargestellt – es sind eben Personen ums Leben gekommen – wie sie durch das Bild des Schiffes bzw. dem der Schiffsfahrt in einer spezifischen »Geschichten«-Dimension erscheinen. Die Inszenierung rekurriert dabei wieder auf typische mythopoetische Symbolisierungsstrategien. So verweist die Metaphorik der Seefahrt traditionell auf die Erwartung von etwas Neuem, Ereignishaftem:[106] die blutige Konfrontation des 6. Dezember wird so in »November 1918« zu einem Ereignis mit bestimmtem »Geschichtswert« stilisiert.

Der Mechanismus der metaphorischen Stilisierung ist dabei deutlich erkennbar, aber zugleich fügt er sich nahtlos in die historiographische Präsentation der unabwendbaren Konfrontation ein.

Die Ereignisse des 6. Dezember werden interessanterweise noch einmal in »Karl und Rosa« kurz erwähnt, und zwar im Kontext der Vorgeschichte der »grundstürzenden« Ereignisse um Weihnachten 1918 (III, S.113/114). Der Geschichtenzusammenhang dieser zwei Ereignisse als Momente der sich steigernden Konfrontation wird also aufgerufen – aber wiederum bleibt der kausale Zusammenhang im Dunkeln bzw. wird bewußt negiert. Die »Logik« der Entwicklung, welche beiden Ereignissen unterlegt werden kann, bleibt somit auch hier eine unerklärliche. Gleichwohl versucht der »Dichter – Erzähler«, diese Logik erklärbar zu machen. Er tut dies jedoch auf eine derart unsinnige Art, daß die Logik der unerklärlichen revolutionären Entwicklung nur umso stärker hervortritt – und zugleich als eine inszenierte gelesen werden kann.

Denn der Zusammenhang der beiden Ereignisse wird darauf zurückgeführt, daß nach dem 6. Dezember die Matrosen einen neuen Kommandanten bekommen haben, der die Zahlung der Löhne an die Matrosen nicht organisieren konnte (III, S.114). Und wegen der ausbleibenden Löhne sei es zu den Weihnachtsunruhen gekommen. So »logisch« diese Erklärung im einzelnen klingen mag, so unlogisch, weil letztlich trivial wirkt sie doch angesichts der gleichzeitigen Inszenierung der beiden Dezemberereignisse als revolutionäre Augenblicke der Konfrontation.

Es ist jedoch genau diese Differenz, die nach Furet typisch ist für die Revolutionshistoriographie: sie will die einzelnen Zusammenhänge klären, muß aber zugleich die Unerklärlichkeit der unabwendbaren revolutionären Entwicklung als historische Realität konstituieren. Diese Differenz wird in dem Kapitel um den 6. Dezember wie auch später in dem um die Episode im Fi-

---

[106] Vgl. dazu Kapitel VIII. 5.3.4.

nanzministerium zu einem Darstellungsprinzip wie zu einer selbstreferentiellen Bewegung dieses Darstellungsprinzipes transformiert.

Exkurs II Formen der Figurenkonzeption

Da im folgenden erstmals eine historische Figur, nämlich die des Karl Liebknecht, im Kontext der erzählten Revolutionsgeschichte genauer analysiert wird, bedarf es einiger theoretisch-methodischer Vorbemerkungen. Denn es gibt in der Forschung sehr heftige Debatten um die Art der Darstellung der verschiedenen historischen Figuren in »November 1918«. In der Regel wird kritisiert, daß einzelne Figuren sehr einseitig, auf wenige Züge reduziert dargestellt worden seien.[107] Dem wird entgegengehalten, daß es aus der Perspektive der Literatur nicht darum gehen könne, eine dokumentarische Objektivität der Figuren erreichen zu wollen.[108]

Die differenten Standpunkte lassen sich auf verschiedene Lesarten zurückführen. Während die erste Sparte der Kritiker eine historische Lesart bevorzugt, wobei das Historische wieder einmal auf das sogenannte »Faktische« reduziert wird, gehen die anderen Kritiker von dem Hiatus von Geschichte und Fiktion aus und lesen »November 1918« in erster Linie als Roman.

Dazu gilt es anzumerken, daß »November 1918« als historischer Roman die Historizität bestimmter Figuren immer ausdrücklich mitentwerfen muß. Diese Historizität ist aber nicht gleichzusetzen mit einer dokumentarischen Objektivität, denn auch in der Historiographie gibt es nur bestimmte Deutungen einzelner Figuren. Und diese Deutungen sind wiederum stark geprägt von bestimmten Rollenkonzeptionen, wie sie durch die Art der jeweiligen »Geschichte« vorgegeben sind. Auch in der Historiographie erscheinen Personen damit immer »reduziert«. In diesem Sinne ist die reduktionistische Figurendarstellung in »November 1918« nicht auf eine mangelnde Gestaltungsfähigkeit des Autors Döblin zurückzuführen, sondern vielmehr ein Effekt des historiographischen Diskurses, den dieser Autor miterzählt.

Hinter der Gegenüberstellung von »dokumentarischer Objektivität« und »literarischer Fiktionalität« verbirgt sich zumeist die im Forschungsbericht erwähnte Dichotomie von politischer Revolution und menschlich »revolutionärem« Verhalten einzelner Figuren. Die Tatsache, daß diese Dichotomie angesichts der Gestaltung bestimmter politischer Revolutionäre wie Karl Liebknecht oder Rosa Luxemburg nur schwer aufrechterhalten werden konnte,

---

[107] So Shelton: History and Fiction, S. 13; Kiesel: Literarische Trauerarbeit, S. 283, 364.
[108] So Kleinschmidt: Parteiliche Fiktionalität, S. 125; W. Koepke: Spontane Ansätze zur Überwindung der Individuation, S. 30; Isermann: Der Text und das Unsagbare, S. 256.

Der Aufbau einer revolutionären Wirklichkeit

wurde in der Regel ideologisch durch Rückgriff auf das Weltbild oder menschliche Selbstverständnis dieser Figuren[109] begründet.

Dagegen ist in anderen Forschungsbeiträgen gezeigt worden, daß die Gestaltung auch der historischen Figuren in »November 1918« offenbar nicht von den Figuren und ihren formulierten Selbstverständnissen ausgeht, sondern von bestimmten Verhaltensweisen, die umgekehrt die Figuren im Text konstituieren. So seien beispielsweise Mythen kein integraler Bestandteil der Handlungswelt einzelner Figuren; sie würden vielmehr nur zitiert, um bestimmte *Modelle* des Handelns zu entwerfen.[110]

Otto Keller hat für diese Schreibweise den Begriff des gestischen Erzählens geprägt:[111] Handlungen werden nicht mehr aus den Charakteren begründet, sondern Figuren treten in »Figurenreihen bei immer gleichbleibender Grundhandlung«, so daß die »Figur von einer bestimmten Handlung aus entwickelt wird«.[112]

Eine solche Sichtweise der Figurengestaltung scheint im Rahmen einer eher diskurstheoretisch ausgerichteten Analyse von »November 1918« sehr gewinnbringend zu sein. Berücksichtigt man zudem, welche Grundhandlungen und Mythen in der Forschung unter diesem Gesichtspunkt bisher analysiert worden sind, so fällt auf, daß diese sehr viel mit der Semantik der klassischen Romanzen zu tun haben. Antigone, Faust, Odysseus, Jesus sind nur einige, aber gleichwohl zentrale Figuren der Überlieferung, deren »Geschichten« wie erwähnt archetypische Handlungsqualitäten – man könnte auch sagen Grundhandlungen – für den Entwurf einer Revolutionsgeschichte bereitstellen.

Es geht also in der anvisierten Interpretation von »November 1918« als eines historischen Romans um mehr als den Ausweis des gestischen Erzählens als solchem. Es gilt vielmehr, nach der Funktion eines solchen Erzählens im Rahmen der historischen Darstellung einer Revolution zu fragen, oder genauer nach deren Funktion im Aufbau einer revolutionären Wirklichkeit. Dabei muß die spezifische Intertextualität beachtet werden, die beispielsweise mit dem

---

[109] So beispielsweise bei Elshorst: Mensch und Umwelt im Werk Alfred Döblins, S. 118; Isermann: Der Text und das Unsagbare, S. 254ff., wo vor allem Rosa Luxemburg und Friedrich Becker unter dem Aspekt des christlichen Epos miteinander verglichen werden; Mader: Sozialismus- und Revolutionsthematik, S. 302ff.; A. Busch: Faust und Faschismus, S. 38.

[110] So H. T. Hamm: Alfred Döblin: »November 1918«, S. 13; A. Busch: Faust und Faschismus, S. 366; Althen: Machtkonstellationen einer deutschen Revolution, S. 85; D. B. Dollenmayer: The Berlin Novels of A. Döblin, Berkeley/Los Angeles/ London 1988, S. 159ff.

[111] Keller entwickelt diesen Begriff im Kontext eines Vergleiches diesbezüglicher poetischer Reflexionen Brechts und Döblins. Vgl. den Aufsatz: Tristan und Antigone. Gestus, Verfremdung und Montage als Medien der Figurengestaltung in Döblins »November 1918«. In: Internationales Alfred-Döblin-Kolloquium Basel 1980 (1986), S. 10–19.

[112] ebd.: S. 11.

Mythos der Antigone aufgerufen wird, wie deren intratextuelle Gestaltung hinsichtlich des historiographischen Wirklichkeitsentwurfes. Und es gilt, den Zusammenhang von Mythen und Grundhandlungen nicht inhaltlich, sondern semiologisch zu lesen: d. h. als Voraussetzung einer erst möglichen Objektkonstitution von revolutionärem bzw. unrevolutionärem Handeln und Verhalten, und zwar auch in einem politischen bzw. ideologischem Sinne.

Wie schon auf anderen Ebenen der Interpretation ist damit der Gegensatz von »Privatem« und »Politischem« nicht ausschlaggebend für die Frage nach der spezifisch literarischen Fiktionalität des Novemberromans. Literarisch erscheint vielmehr derjenige Modus des Erzählens, der die gängige Unterscheidung von politischen Revolutionären und revolutionären Verhaltensweisen einzelner Figuren explizit problematisiert, insofern damit der anscheinend so feststehende Begriff der realen politischen Revolution in seine konstituierenden, selbst schon fiktionalen Bestandteile zerlegt wird.

Alle Figuren präsentieren somit bestimmte archetypische Handlungsqualitäten der revolutionären Handlungswelt. Sie konstituieren diese ebenso mit wie sie umgekehrt als solche Elemente des Aufbaus rezipiert werden können. Alle Figuren unterliegen damit sowohl historiographischen wie literarischen Gestaltungsbedingungen, d. h. sie sind auf zweifache Art lesbar. Aufgrund der Modi des gestischen Erzählens erscheinen sie als reale Figuren der Revolution, aber das gestische Formprinzip läßt die narrativen Modellierungen zugleich zum Thema der Lektüre werden.

Im Rekurs auf die »Geschichte« der »Schwellenzeit« soll zunächst die Figur des Karl Liebknecht bzw. seine Stilisierung im Roman näher untersucht werden. Denn diese Figur präsentiert in »November 1918« vor allem die Handlungsqualität der radikalen Bewegung und Überschreitung der alten Ordnung. Damit ist der »Geschichtenwert« dieser Figur ein anderer als der von Rosa Luxemburg oder Woodrow Wilson. Während diese Gestalten sehr viel deutlicher dem tragischen Ende dieser deutschen Revolution zugeordnet sind, ist Karl Liebknecht stärker in die kontingente Handlungswelt einer noch offenen revolutionären Situation involviert.

Die Pluralisierung der gestischen Qualitäten bzw. Erzählmodi macht es möglich, die figurenbezogenen Rollenkonzepte im Kontext der Gesamtgeschichte zu rezipieren. Es sind damit weniger immer »gleichbleibende Grundhandlungen« (Keller), von denen aus die einzelnen Figuren entwickelt werden. Gleichbleibend ist lediglich das Schema der Revolutionsgeschichte, das jedoch sehr verschiedene Grundhandlungen impliziert.

Der Aufbau einer revolutionären Wirklichkeit

5.2.3 Leitfigur der Grenzüberschreitung – Karl Liebknecht und seine Rolle

Den Ausführungen Haffners zufolge war Liebknecht mehr noch als Rosa Luxemburg eine Symbolfigur dieser Revolution: er verkörperte die Revolution schlechthin.[113] Haffner betont ausdrücklich, daß Liebknecht am Verlauf der Revolution selbst eigentlich keinen großen Anteil genommen habe. Den politischen Machtkampf, dessen Ausgang zu der Gründung der Weimarer Republik führte, hat er kaum beeinflußt.[114] Liebknecht verkörperte offensichtlich ein bestimmtes Bild des Revolutionärs, das *unabhängig* von den Ereignissen und Handlungen beschrieben werden kann. Betrachtet man sich die Konzeption dieser Figur in »November 1918«, so fällt auf, daß deren »Geschichte« sich in der Tat in einer Serie von einzelnen Szenen und Bildern darbietet, in denen immer wieder ganz bestimmte Handlungsqualitäten inszeniert werden.

Eingeführt wird Liebknecht in der Szene »Beisetzung der Revolutionsopfer« (I, S. 234ff.), in der erstmals die Revolution als gewaltige Bewegung der Massen in Berlin gezeigt wird. In dieser Szene geht es bezeichnenderweise nicht um eine aktive Bewegung der Massen, sondern allein um deren *Zustand* – und Liebknechts Auftritt wird ausführlich in Relation zu diesem Zustand inszeniert. Er ist hier nicht »Führer« der handelnden Massen, sondern Symbolfigur ihrer Erregung und Trauer um die ersten Opfer dieser Revolution, aber auch ihrer neuen »majestätischen« Präsenz als »Riesenbestie der Öffentlichkeit« (I, S. 250), die auf Umwälzung und Erlösung hofft. Mehrfach wird er von dem Erzähler als »Volkstribun« benannt (I, S. 244/245): ein Titel, mit dem im Verweis auf die großen Agitatoren der römischen Republik ein geschichtlicher Prätext zitiert wird, der für die Bedeutungskonstitution bestimmter revolutionärer Handlungswelten auch in der Geschichtsschreibung von jeher wesentlich war.[115]

Es ist vor allem die Handlungswirklichkeit einer ordnungslosen Übergangszeit, in der das Radikalisierungs- und Aktionspotential der Massen eine entscheidende Rolle spielt, die mit dem Prätext der römischen Republik aufge-

---

[113] Haffner: Die deutsche Revolution 1918/19, S. 162. Vgl. so auch Elshorst: Mensch und Umwelt im Werk Alfred Döblins, S. 118 und Althen: Machtkonstellationen einer deutschen Revolution, S. 167.
[114] Haffner: Die deutsche Revolution 1918/19, S. 152 und S. 156.
[115] Vgl. dazu D. Harth: Revolution und Mythos, S. 10. Siehe zu dieser Stilisierung Liebknechts auch II/2, S. 59, wo interessanterweise dieses Deutungsmuster der Rolle Liebknechts über die Zitation eines Zeitungsartikels in die Darstellung integriert wird. An dieser Stelle zeigt sich sehr gut, daß auch die Einarbeitung von Dokumenten und Quellen ähnlich wie in der Historiographie immer schon auf die entworfene »Geschichte« bezogen ist. Denn der Hinweis auf Quellen allein macht eine historische Darstellung noch nicht »faktisch«, wie die Einarbeitung von Dokumenten allein einen Roman noch nicht historisch macht.

rufen wird. Keine andere Figur wird im Roman derart häufig im Zusammenhang mit den Massenbewegungen auch dieser Revolution gezeigt. Die Rolle der Massen und die Rolle Liebknechts scheinen fast identisch: beide repräsentieren die radikale Bewegung des Umsturzes. Nicht von ungefähr sind die Beschreibungen der Figur Liebknechts ausführlicher gestaltet als die einmontierten Reden. Schon in dieser ersten Szene wird deutlich, daß Liebknecht als Figur bzw. Rolle interessiert und weniger als Ideologe dieser Revolution:

»Der Volkstribun war schlank, er hatte ein bleiches unruhiges Gesicht; seine Augen, übernächtig drehten sich, ohne zu fixieren, nach rechts und links [...] Gelegentlich biß der noch jugendliche Mann hart die Zähne aufeinander in einer Art Dauerwut und Empörung, die ihn hinderte, Gedanken zu fassen. Er schien der einzige auf dem Friedhof zu sein, der nicht fühlte, wie die riesigen Menschenmassen an seinem Mund hingen. Er sprach laut, heftig, in unregelmäßigen Stößen, dabei war er heiser und überschlug sich gelegentlich.« (I, S. 244)

Erst nach dieser ausführlichen Beschreibung Liebknechts, in der seine stetige Unruhe wie sein Hang zur völligen Entäußerung in ein komplexes physiognomisches Bild gebannt sind, wird ein kurzer Teil seiner Rede zitiert, die »gellend wie ein Rache- und Siegeslied tönte« (I, S. 244/45). Im Anschluß erfolgt sodann eine Schilderung der Wirkung Liebknechts auf die Massen:

»Warum hörten sie ihm so ungeheuer gespannt zu? Weil das kein Redner war, weil er sich, obwohl er sprach, gar nicht an sie wandte, weil er nur seinem Leiden vor ihnen Ausdruck gab, aber das war echtes Gefühl, ein Sturzbach von Leiden, und während der Sturzbach abwärts klirrte, riß er sie mit [...]« (I, S. 245)

Hier wie auch in anderen Szenen des Romans[116] wird die Identität seiner Rolle mit derjenigen der Massen geradezu inszeniert, ja man hat fast den Eindruck, es ginge in der Darstellung in erster Linie um das Bild einer solchen Identität des Aufbegehrens aus dem Leiden und des Aufbruchs zu einer neuen »Menschenhöhe« (I, S. 245). Seine einmontierten Reden sind inhaltlich jeweils kaum verändert, aber durch gewisse Umformungen und Auslassungen in der Darbietung entsteht regelmäßig der Eindruck einer immer wieder betonten sprunghaften Gedankenführung, so daß Liebknecht wie eine »auf- und abziehende Flamme« wirkt.[117]

---

[116] Vgl. so »Die Stimme Liebknechts über Berlin«: II/1, S. 218ff., besonders S. 219/20 und S. 223.
[117] Dieses Attribut wird innerhalb des Romans von dem russischen Emissär Radek geprägt (II/1, S. 448). Vgl. hierzu auch Mader: Sozialismus- und Revolutionsthematik, S. 311. Mader bewertet diese Stilisierung allerdings als »historisch unglaubwürdig«, und nicht als ein Stilisierungsmoment der revolutionären Rollenhaftigkeit dieser Figur.

Der Aufbau einer revolutionären Wirklichkeit

Liebknecht wird ständig in Situationen gezeigt, in denen er physisch oder psychisch in Bewegung ist. Auch seine längeren Unterredungen mit Radek erfolgen immer zwischen verschiedenen Aktionen, von denen Liebknecht erhitzt und emotional ergriffen in die Redaktion eilt, um gleich im Anschluß wieder zu den Massen zu stoßen.[118] Ob im Gefängnis oder zu Hause bei seiner Frau Sonja: Karl ist immer der »unruhige, hitzige und leidenschaftliche Mensch« (III, S. 152), der wie Odysseus umherirrt, um die Erlösung für sich und die Menschen zu erringen. Dies scheint die *Grundhandlung* bzw. *-haltung* zu sein, von der aus im Sinne des gestischen Erzählens die Figur Liebknechts entworfen ist.[119]

Intratextuell gesehen ist diese Stilisierung Liebknechts derjenigen Eberts diametral entgegengesetzt. Dieser wird fast nur in der Reichskanzlei an seinem Schreibtisch sitzend gezeigt, soviel wie kaum in Bewegung und fast niemals in Berührung mit den Massen.

Die »Geschichte« der Auseinandersetzung zwischen dem »Beweger« und dem »Verhinderer« dieser Revolution wird in der Darstellung dieser beiden Figuren zu einer fast physisch spürbaren Bewegung zweier völlig gegensätzlicher Kräfte. Die Einseitigkeit und Gegenbildlichkeit dieser Stilisierungen läßt sich allerdings auch als *markierte* Form dieser unterschiedlichen Rollenentwürfe lesen, womit die Rollenhaftigkeit und Irrealität einer solchen Konzeption thematisiert wird.

Liebknecht ist als radikale Leitfigur der Grenzüberschreitung dabei kein Richtender, sondern ein Leidender, der aus dem Leid heraus eine neue Zeit gründen will.[120] Auf diese Weise nimmt Karl noch an einer anderen »Geschichte« teil, die inter- und intratextuell über eine bestimmte Leitmotivik entworfen ist. Es ist die »Geschichte« einer letztlich verfehlten Erlösung, die zu einem *Opfergang bzw. Märtyrium* führt. Wenngleich die Figuration der Erlösung bzw. des Märyriums für die Konzeption der Figuren von Rosa Luxemburg, Woodrow Wilson oder Friedrich Becker wesentlicher ist, so wird doch auch Liebknecht in diese »Geschichte« zwischen »Himmel und Hölle« integriert.[121] Die Funktion dieser Motivik ist im Falle der Liebknecht-Figur allerdings eine deutlich andere.

---

[118] Vgl. so II/1, S. 446/47, S. 455; II/2, S. 262/63.
[119] Vgl. so auch die Stilisierung der nachträglich erzählten Biographie Liebknechts in III, S. 150–154. Indem hier noch einmal retrospektiv zu der bereits inszenierten Rolle Liebknechts der Modus dieser Inszenierung den biographischen Daten unterlegt wird, wird dieser Modus zugleich als eine Form des gestischen Erzählens markiert.
[120] Vgl. so auch Elshorst: Mensch und Umwelt im Werk Alfred Döblins, S. 119 sowie Kiesel: Literarische Trauerarbeit, S. 367.
[121] »Eine Geschichte zwischen Himmel und Hölle« war der ursprüngliche Untertitel des Bandes »Karl und Rosa«, und zwar in der Erstausgabe dieses letzten Bandes, wie sie 1950 im Alber-Verlag erschienen ist.

Helmut Mader hat festgestellt, daß Liebknechts häufige Stilisierung als »schwarze Figur« an Momente des Satanischen bzw. der satanischen Entäußerung erinnere.[122] Während Mader dies jedoch aus seinem ideologischen Verständnis des Historischen heraus als unnötige persönliche Stilisierung des Autors Döblin kritisiert, wird hier die Auffassung vertreten, daß es im Kontext der historischen Darstellung dieser Figur geradezu bezeichnend ist, daß Karl in die Figuration des Kampfes zwischen Gott und Satan integriert und seine revolutionäre Rolle damit durch biblische Prätexte präfiguriert wird.

Wenn der kleine Schieber Motz in einem Gespräch ausgerechnet mit dem russischen Emissär Radek diesem erklärt, in Deutschland werde im Gegensatz zu Rußland eine Revolution nur durch Gott und Satan in Bewegung gesetzt (II/2, S. 271), so mag man dies zunächst als Übertreibung der Behauptung lesen, daß die Deutschen keine »wirkliche« Revolution machen könnten. Diese Bemerkung von Motz erhält jedoch ihre eigentliche ironische Pointe erst dadurch, daß sie Teil eines subtilen inter- und intratextuellen Spiels ist, welches in »November 1918« mit der Wirklichkeit der russischen und deutschen Revolution bzw. der revolutionären Rolle Liebknechts und Lenins betrieben wird.

Es ist nämlich gerade der »Tatmensch« Lenin, der im Roman mehrmals mit dem Anspruch des Schöpfers zitiert wird: »Ein neuer Mensch muß geschaffen werden«, so heißt das Leitmotiv Lenins in »November 1918« (III, S. 63/64). Mit diesem Leitmotiv wird nicht nur die eigentlich revolutionäre Radikalität Lenins bezeichnet, sondern diese erscheint zunächst einmal gleichermaßen religiös konnotiert.[123] Diese motivische Parallelführung ist in der Forschung bisher soviel wie kaum bemerkt worden. Zum Konsens gehört es vielmehr, die Darstellung der russischen Revolution bzw. der Figur Lenins im Novemberroman als ein positives Gegenbild zu der gescheiterten deutschen Revolution bzw. dem gescheiterten Revolutionär Liebknecht zu deuten.[124] Zwar wird eingeräumt, daß unter ethischem Aspekt die Person Lenins in »November 1918« sehr problematisch erscheine, aber was die Radikalität einer erfolgreichen Umwälzung und wirklichen Neugründung von politischen und sozialen Verhält-

---

[122] Mader: Sozialismus- und Revolutionsthematik, S. 315. Vgl. zu der Attribuierung als schwarze Figur I, S. 245; II/1, S. 219.
[123] Vgl. dazu auch unter dem Gesichtspunkt einer historiographischen Intertextualität K. v. Beyme: Die Oktoberrevolution und ihre Mythen in Ideologie und Kunst. In: Revolution und Mythos, S. 149ff. Beyme weist darauf hin (S. 150), daß in den 20er Jahren auch in der Historiographie gerade die revolutionäre Rolle Lenins häufig mit religiösen Vorstellungsbildern erfaßt wurde. So ist Lenins Wirken z.B. in die Tradition radikaler Sekten gestellt worden, so daß auch das politische und ideologische Handeln dieses Revolutionärs in die Geschichte einer Gottessuche integriert wurde, um die eigentliche revolutionäre Radikalität darstellen zu können. Vgl. dazu die Untersuchung von R. Fülop-Miller: Geist und Gesicht des Bolschewismus, Zürich 1926.
[124] So Kobel: Alfred Döblin, S. 336/37; etwas differenzierter Kiesel: Literarische Trauerarbeit, S. 371ff.

nissen beträfe, so habe die Russische Revolution die Funktion eines positiven Gegenbeispiels.

Es fragt sich allerdings, auf welche Weise diese Radikalität Lenins in »November 1918« entworfen ist und welche Bedeutung hier die erwähnte leitmotivische Zitation des quasi religiösen Schöpfungsaktes hat. Lenin wird erst im letzten Band überhaupt szenisch dargestellt. Zuvor gibt es in »November 1918« lediglich ein bestimmtes Bild des Revolutionärs Lenin, welches in typischer Weise von Radek in den Gesprächen mit Liebknecht stilisiert wird. So entwirft Radek im Dialog mit Karl noch einmal die »Geschichte« der Russischen Revolution von September 1917 an. Aufgerufen werden die Motive einer klassischen Romanze: Lenin sammelt die Gegner des Zarenreiches zu einer breiten Front, das Ancien Regime wird gestürzt, es folgt ein Kampf zwischen verschiedenen Kräften, bis schließlich unter dem »Tatmenschen« Lenin in einer klassischen Peripetie der endgültige Bruch mit der alten Ordnung und die Gründung der völlig neuen Ordnung stattfindet (II/1, S. 393ff.; II/2, S. 354ff.). Es ist dieses *erzählte Vorstellungsbild* der Russischen Revolution, welches der leitmotivischen Stilisierung Lenins als eine Art zweiten Schöpfers zu entsprechen scheint – und welches diejenigen Interpreten wohl voraussetzen, die von Lenin als einem »wirklichen« Revolutionär sprechen. Betrachtet man allerdings die szenische Darstellung Lenins im III. Band, so fällt auf, daß hier nur eine klassische Machtgeschichte erzählt wird, in der die typischen motivischen Verschlüsselungen einer Revolutionsgeschichte wie auch die religiösen Konnotationen entweder gar nicht oder verfremdet vorkommen.

So wird Lenins Auseinandersetzung mit der Nationalversammlung im Januar 1918 zu einer Anekdote reduziert, in deren Gestaltung das schon bekannte Schema der Vertextung wiederkehrt, »klassische« Vorstellungsbilder in ihr Gegenteil zu verkehren. Dieser definitive Kampf um die Gestalt der neuen Ordnung Rußlands wird nämlich in einem distanzierten Berichtton vorgetragen, und die Metapher der »archaischen Götterschlacht«, die so häufig benutzt wird, um die letzten Kämpfe in einer revolutionären Ereignishaftigkeit erscheinen zu lassen, wird auktorial lediglich in kontrapunktorischer Funktion zitiert.[125]

Die Auseinandersetzung im Taurischen Palais entscheidet sich nämlich allein dadurch, daß Lenin den Gegnern einfach den Strom abschaltet (III, S. 25). Desweiteren wird von dem Bürgerkrieg in Rußland erzählt, in dessen Kontext Lenins Motto des »neuen Menschen« wie ein völlig deplaziertes Zitat aus einer ganz anderen »Geschichte« wirkt (III, S. 64ff.). Und es sind in der Tat zwei verschiedene »Geschichten«, die in »November 1918« von der Russischen Revolution und von Lenin entworfen werden: zum einen die über Radeks Erzäh-

---

[125] III, S. 22/23.

lungen vermittelte klassische Romanze, zum anderen eine Art Bürgerkriegsgeschichte.

Die Radikalität Lenins, dieses »Rammbocks, der gegen die Türen der alten Gesellschaft stieß« (III, S. 103), ist dabei nur in Radeks Erzählungen und in dem Leitmotiv des »neuen Menschen« wie des »Rammbocks« eine typisch revolutionäre Radikalität: nämlich eine, die motivisch auf die Umwälzung, den Bruch und die fast schöpfungsgleiche Gründung einer neuen Ordnung bezogen ist. Während diese Radikalität somit ausschließlich über Texte – Erzählungen und Zitate – vermittelt wird, folgt die unmittelbare Wirklichkeitsdarstellung Lenins in der Form der szenischen Inszenierung einem ganz anderem Geschichtentypus. Der »Schatten Lenins«,[126] der für die Konzeption der Figur Karl Liebknechts vermeintlich so zentral ist, erweist sich damit als ein sehr zwiefältiger, der sich aus zwei verschiedenen Bildern Lenins generiert, deren Entwurfcharakter zudem bewußt gehalten wird.

Liebknecht erscheint demnach nicht weniger radikal als Lenin, sondern vielmehr auf eine ganz *andere Art* radikal. Es ist gerade die religiöse Figuration, welche Liebknecht in einer typisch revolutionären Rolle erscheinen läßt. Denn Lenins Radikalität mündet in die reine Gewalt, und die religiöse Konnotation dieser revolutionären Radikalität verblaßt zum reinen Zitat. Dagegen ist sogar Liebknechts Wendung zum gewaltsamen Massenaufstand nicht so sehr unter dem Aspekt der Gewalt entworfen, sondern verbleibt ausdrücklich in dem Bild des tragischen Märtyriums.[127]

Der von Kiesel vertretenen These, daß Liebknecht unter ethischem Gesichtspunkt als »eigentlicher« Revolutionär erscheine,[128] ist insofern zuzustimmen. Allerdings scheint mir die Gegenüberstellung von politischem und ethischem Erfolg eine bereits abgeleitete Dichotomie zu sein, welche auf einer viel basaleren Operation beruht. Die »Geschichten« Liebknechts und Lenins sind in sehr verschiedener, aber motivisch aufeinander bezogener Weise entworfen, und es sind diese »Geschichten« bzw. die kontrapunktorische Einsetzung der religiosen Motivik, welche auch die ethische Perspektive steuern

Die Historizität von Karl Liebknecht ist in »November 1918« somit eine deutlich inszenierte, die auf ganz bestimmte Momente des Revolutionsdiskurses rekurriert. Für wie »glaubwürdig« oder »parteilich« man diese Stilisierung

---

[126] So Kiesel: Literarische Trauerarbeit, S. 371.
[127] Vgl. die Motivik des »schwarzen Schwans« in III, 7.Buch, S. 452ff. und des gefallenen »Ketzers« , S. 454. Selbst Rosa, die Karl vor der gewaltsamen Radikalisierung warnt, erkennt in ihm auch nach seiner Wendung die »Feuersäule in der Nacht« (III, S. 453). Auch nach dem gescheiterten blutigen Januaraufstand, für dessen Tote Karl von Rosa verantwortlich gemacht wird, bleibt seine Figur Teil der Erlösungsgeschichten, die sich um Rosa und Becker ranken. Vgl. dazu die folgenden Ausführungen zu der Geschichte der Rosa Luxemburg in VIII. 5.3.3.
[128] Kiesel: Literarische Trauerarbeit, S. 376.

Der Aufbau einer revolutionären Wirklichkeit 123

aus ideologischer Perspektive auch halten mag: Liebknechts Rolle als Revolutionär bleibt auf diese Stilisierung verwiesen wie umgekehrt diese Vertextung der Figur jederzeit als markiert erscheint. Hier wurden sowohl die historische wie die literarische Seite der Gestaltung dieser Figur berücksichtigt, denn beide sind für die Lektüre eines historischen Romans gleichermaßen wesentlich, wie sie zu völlig unterschiedlichen Ergebnissen kommen müssen, was die Historizität dieser Figur betrifft.[129]

5.2.4 Bruch und »Schwellenzeit« – Modelle der Zeitlichkeit

Die oppositive zeitliche Semantik von alt und neu ist zentral für die Bedeutungszuschreibungen innerhalb einer entworfenen Revolutionsgeschichte. In der Phase zwischen Bruch und neuer Ordnung ist die Opposition von alt und neu insofern ein bestimmender Darstellungsmodus, als mit ihm die deutliche Trennung zweier oppositiver Ordnungen und damit der zeitliche Einschnitt als real entworfen werden können. Zudem werden mittels dieser semantischen Opposition auch die »Fronten« klarer, deren Unvereinbarkeit zu dem Umsturz geführt hat bzw. diesen weiterhin vorantreibt. Auch in der tragischen Romanze ist diese Semantik wichtig: erst die Tatsache, daß das Alte das Neue am Ende der »Geschichte« doch noch besiegt, insofern sich deren Gegensätzlichkeit nicht deutlich genug konstituiert, macht die Tragik gescheiterter Revolutionen aus bzw. macht diese erzählerisch konzeptionalisierbar.

Nun liegt es auf der Hand, daß diese radikale Unterscheidung von Altem und Neuem nichts weiter als eine Fiktion ist: in der Realität ist eine solche klare Trennung nicht vorstellbar. Gleichwohl ist dieses gedankliche Konzept für die »Geschichte« einer Revolution unabdingbar. Denn Zeit meint hier nicht die chronologisch meßbare und datierbare Zeit, deren radikale Diskontinuierung kaum denkbar bzw. erfahrbar ist. Es ist vielmehr eine Semantik der Zeit angesprochen, die immer schon metaphorisch besetzt ist im Sinne einer *Qualitätszuschreibung* von Handlungen, Handlungssystemen, Personen oder Gruppen. Und es ist eine Qualitätszuschreibung, die sich auf die Relationen innerhalb der »Geschichte« bezieht: das »Ancien Regime« erscheint erst alt vor dem Hintergrund einer »Geschichte«, in der progressiv schon das Neue als Telos der »Geschichte« entworfen worden ist.[130]

---

[129] Zur unterschiedlichen Stilisierung Lenins in der Historiographie vgl.: K. V. Beyme: Die Oktoberrevolution und ihre Mythen in Ideologie und Kunst, S. 149ff; W. Laquer: Mythos der Revolution. Deutungen und Fehldeutungen der Sowjetgeschichte. Eine Studie, Frankfurt a.M. 1967.
[130] Vgl. dazu Furet: 1789, S. 10; Käsler: Revolution und Veralltäglichung, S. 18/19 sowie Hecker: Geschichte als Fiktion, S. 104.

Das zeitliche Verlaufssytems der Chronik steht damit im Rahmen einer Revolutionsgeschichte in einem qualitativen Gegensatz zu der *Zeitlichkeit* einzelner Ereignisse dieses Verlaufes, die entweder als »alt« oder »neu« qualifiziert werden. Auch der Aspekt des Bruches in der Zeit – der ja als Realität noch weniger vorstellbar ist – zielt damit nicht auf die Zeit als einer Anschauungsform, sondern auf die Zeitlichkeit eines Erfahrungsraumes.

Allerdings gehört es zu den Prinzipien des historiographischen Erzählens, die abstrakte semantische Qualität der Zeitlichkeit an die Konzeption des Geschehens in der Zeit – d. h. an die Chronik und das durch sie konstituierte Verlaufssystem der Ereignisse – wieder rückzubinden. Nur so entsteht der Effekt, die Zeitlichkeit der Revolution sei zugleich als ein realer Verlauf *in* der Zeit zu denken und zu beschreiben.[131]

Es gilt also festzuhalten, daß Zeit- und Handlungskonzeptionen auf das Engste aufeinander bezogen sind und auch in diesem Zusammenhang untersucht werden müssen. Allerdings wird es sich zeigen, daß in »November 1918« die Semantik der Zeitlichkeit der Revolution (bzw. die einer mißlungenen Revolution) nicht nur als Moment der Handlungswelt entworfen ist, sondern auch als eine solche Semantik thematisiert ist.

5.2.4.1 Chronik – Zeit und Zeitlichkeit der Handlungswelt

In »November 1918« läßt sich besonders in den ersten drei Bänden ein stark ausgeprägtes *Chronik-Prinzip* finden: der Zeitverlauf der Ereignisse in der Zeit ist somit betont, ohne daß damit zunächst irgendwelche Qualitäten der Zeitlichkeit konstituiert werden. Die Stilisierung der Chronik kann zum einen im Zusammenhang mit den bereits analysierten Kapitelüberschriften als ein markiertes Element des Konstitutionsprozesses einer historischen Wirklichkeit in einem allgemeinen Sinne gelesen werden: die Chronik bleibt als »Rohstoff«

---

[131] Es war F. Furet, der auf diese Schwierigkeit der Historiographie hingewiesen hat, den zeitlichen Bruch als real darstellen zu können. Furet kommt zu dem Schluß, daß es eigentlich nur im Rahmen der engeren politischen Geschichte, also auf der Ebene der dargestellten Machttransformation von altem und neuem System, gelingen könne, ansatzweise einen solchen Bruch »realistisch« entwerfen zu können (vgl. Furet: 1789, S. 22). Die Tatsache, daß der revolutionäre Einschnitt zumeist im Rahmen einer eher traditionellen Ereignisgeschichte dargestellt wird – auch der Novemberroman tendiert ja im letzten Band zu dieser Form der Geschichtserzählung – hat somit einen strukturellen Grund: die Art und Weise der spezifischen historischen Veränderung kann gar nicht anders realisiert werden als über die Handlungswelt von stark personen- und ereigniszentrierten »Machtgeschichten«. Auch wenn langfristige strukturelle Veränderungen als revolutionär entworfen werden, findet meist ein metaphorischer Gebrauch solcher Handlungsqualitäten statt: es ist dann eine soziale, wirtschaftliche oder andere Struktur des Realen, die als Handlungssubjekt gedacht, die »Macht übernimmt« und damit die Zeitenwende herbeiführt. Vgl. so auch Hobsbawm: Revolution, S. 12ff. wie Hecker: Geschichte als Fiktion, S. 91.

des Wirklichkeitsentwurfes ständig bewußt, insofern sie völlig losgelöst von einer »Geschichte« rezipiert werden kann.

Allerdings ist diese Chronik-Struktur in der Forschung meist schon im Zusammenhang mit einer möglichen historischen Lektüre gedeutet worden, d.h. im Zusammenhang mit der »Geschichte« einer gescheiterten Revolution. Denn die Chronik-Struktur steht auf zweierlei Art mit der Handlungswelt einer Revolution in einem Zusammenhang. Zum einen als ein dezidiertes Gegenkonzept zu dem des zeitlichen Bruches, und zum anderen als repräsentatives Bild der disparaten Gleichzeitigkeit unterschiedlicher Handlungen und Kräfte, wie sie nach dem Zusammenbruch der alten Ordnung neben- und gegeneinander existieren.[132]

Beide Interpretationen sind zweifelsohne möglich, wobei erst ihr Zusammenhang auf intratextueller Ebene den Effekt der Darstellung einer gescheiterten Revolution konstituiert. Denn auch hier wird mit einem Gegensatz von typischen und atypischen Zeitmodellen erst der »Störfaktor« inszeniert, der für die Wirklichkeitskonstituierung einer gescheiterten Revolution wesentlich ist. Und zum anderen muß betont werden, daß auch solche historiographischen Lesarten der Chronik bereits auf bestimmten Bildern der Zeit bzw. der Zeitlichkeit einer Revolution beruhen.

Weder der Bruch noch die disparate Gleichzeitigkeit sind reale Gegebenheiten, die vermeintlich nur noch abgebildet werden müßten. Der Text inszeniert vielmehr erst eine solche historische Lesart, indem hier semantische Zeitkonzepte des Revolutionsdiskurses in die narrative Konstitution der Handlungswelt integriert werden.

Nun hat schon Kobel darauf verwiesen, daß das chronikale Prinzip auch noch anders gedeutet werden kann: nämlich nicht nur als ein stilisiertes Gebilde des Erzählens in der Zeit, sondern auch der Zeitlichkeit selbst – und zwar speziell der Zeitlichkeit der Revolution.[133] Denn mit der Chronik wird der Gegensatz von Ende und Anfang, Alt und Neu auf die einfachste Art inszeniert: die Chronik setzt mit jedem Tag einen Anfang und läßt den vorhergehenden Tag als endgültig vergangen erscheinen. Allerdings ist diese Dichotomisierung von Ende und Anfang im Rahmen einer Chronik eine reguläre: es gibt ständig aufs Neue ein Ende und einen Anfang, d.h. es konstituiert sich regulär und damit im Sinne einer »Geschichte« überhaupt kein Bruch in der Zeit.

---

[132] Die erstere Lesart findet sich wie bereits im Forschungsbericht erwähnt vor allem bei Kiesel: Literarische Trauerarbeit, S. 350; beide Lesarten finden sich dagegen bei Kobel: Alfred Döblin, S. 337 und S. 342. Zum Zusammenhang von Chronik, Gleichzeitigkeit und revolutionärer Handlungswelt vgl. auch Althen: Machtkonstellationen einer deutschen Revolution, S. 87 sowie Hamm: Alfred Döblin: »November 1918«, S. 9.
[133] Kobel: Alfred Döblin, S. 342.

Damit aber gibt die Chronik den Blick für die Bildlichkeit dieses zentralen revolutionären Zeitkonzeptes frei, und d.h. auch den Blick für die Bedingungen der ebenso möglichen historischen Leseweisen. Sie stilisiert losgelöst von der »Geschichte« einer Handlungswelt den Zeitenbruch wie dessen Negation durch den ständigen Ablauf in der Zeit. Als Zeitlichkeit der Handlungswelt ist sie damit einerseits als Abbild einer gescheiterten Revolution lesbar, weil sich im Rahmen einer Chronik die Ereignisse der Handlungswelt nicht in das Bild einer »Geschichte« der deutlich diskontinuierten, über die Opposition von »alt« und »neu« motivisch strukturierten Ereignisse fügen. Als Modell der Zeitlichkeit selbst inszeniert aber die Chronik gerade diese Diskontinuierung von Ende und Anfang in einer deutlichen Form: sie kann auch als spezifische Fiktion der Zeitlichkeit einer revolutionären Handlungswelt gelesen werden, die in dieser Weise als eine solche Fiktion bewußt werden kann.

5.2.4.2 »Kollektive Fiktionen« – Ende und Anfang, Langsamkeit und Beschleunigung

Nicht nur die Chronik erweist sich als ein stilisiertes Erzählprinzip, mittels dessen die Fiktion des Bruches in der Zeit auf gegensätzliche Art und Weise für die Revolutionsdarstellung im Roman relevant wird. Es finden sich auf der Ebene der entworfenen Handlungswelt eine Vielzahl von Elementen, mit denen gleichermaßen diese Fiktion inter- und intratextuell umspielt wird.

So lassen sich häufiger Strukturen der Erzählführung finden, durch die der Gegensatz von »alt« und »neu« betont wird. Kapitel werden des öfteren durch Beschreibungen des Stetigen, Dauernden und Althergebrachten eingeleitet, um dann plötzlich in die Erzählung von etwas Neuem zu wechseln.[134] Auf der Handlungsebene findet sich eine Polyphonie von Stimmen, die in ständigem Wechsel die »neue Zeit« oder auch die Beständigkeit des »Alten« zur Sprache bringen. Nicht nur die »großen« Revolutionäre wie Lenin, Liebknecht oder Eisner reden von der »neuen Menschheitsära« (II/1, S. 195), einer »neuen Welt« (II/2, S. 358) oder dem »neuen Menschen« (III, S. 63). Viele Figuren erleben einen neuen Anfang, weil sie sich endlich von dem Krieg erlöst fühlen, oder weil sie für sich ganz persönlich einen Bruch mit ihrer Vergangenheit erleben. Die heimkehrenden Soldaten erhoffen sich ein »neues Leben« (II/2, S. 232), die Krankenschwester Hilde glaubt, ihrem ehemaligen Geliebten aus der Vorkriegszeit nun völlig anders begegnen zu können (II/1, S. 128), und auch anderswo melden sich »neue Liebesgeschichten (II/1, S. 85). Ganz im Sinne der

---

[134] I, S. 6ff.; I, S. 111ff.; I, S. 174ff.; II/1, S. 49/50; II/2, S. 59/60, wo in umgekehrter Weise zuerst der Anbruch einen neuen Tages betont wird, um im Anschluß den steten Zeitverlauf zu unterstreichen.

tragischen Romanze werden diese Erneuerungsgeschichten als unvollendet erzählt: die Soldaten werden schon bald zu dem »Schlamm« der Arbeitslosen und entlassenen Soldaten gehören, die keine neue Heimat finden (II/2, S. 232), und Hilde oder auch Hanna können sich von ihren vergangenen Liebesgeschichten nicht lösen (II/1, S. 339ff.; S. 409ff.).

Der Gegensatz von »Altem« und »Neuem« bzw. die Infragestellung dieses Gegensatzes erscheint wie ein Leitmotiv in diesem Roman, das nicht nur auf der Ebene der politischen Ereignisse für den Entwurf der Handlungswelt relevant ist. Genau dadurch wird schon wie in der Stilisierung der Chronik die Bedeutung dieses Gegensatzes einerseits reduziert, insofern er ein ständiges Motiv der Handlungs- und Erfahrungswelt ist, mit dem nicht unbedingt eine spezifische Ereignishaftigkeit wie die eines revolutionären Einbruches evoziert werden kann. Andererseits markiert die Leitmotivik auch die Wichtigkeit dieses Zeitkonzeptes für die entworfene Wirklichkeit der scheiternden Revolution wie umgekehrt die Konzeptualität selbst zum Thema wird. Die Fiktion des Bruches in der Zeit erscheint als »kollektive Fiktion«,[135] als eine Vorstellungswelt, die gleichermaßen den »Verfasser« wie die erzählten Figuren der Handlungswelt prägt, und deren Wirklichkeit dadurch nicht behauptet oder bestritten werden kann, sondern nur in den vielen »Geschichten« selbst wirklich wird.

Auch andere diskurstypische Zeitqualitäten bzw. »Fiktionen« prägen die Textstruktur von »November 1918« in vergleichbarer Art und Weise. So führt der Erzählstil des synchronen Nebeneinanders der vielfältigen Ereignisse nicht nur zu einer Evokation der disparaten Gleichzeitigkeit, sondern auch zu einem »Postkutschenstil« des Erzähltempos, mit dem die Zeitlichkeit einer Handlungswelt inszeniert ist, die alles andere als »mobilisiert« wirkt.[136]

Es gibt zusätzlich eine Reihe von auktorialen Kommentaren des »Dichter-Erzählers«, in denen dieser die Langsamkeit der Zeit ausdrücklich thematisiert. Allerdings muß auch beachtet werden, in welchem intratextuellen Kontext solche Anmerkungen zur Langsamkeit fallen.

Eine solche Anmerkung findet sich in der bereits erwähnten Einleitung zu dem Kapitel über »Die Behörden«, welches zu Beginn des zweiten Bandes der Schilderung der Erstürmung des Polizeipräsidiums folgt:

> »Straßen und Plätze stehen in Berlin, am Vormittag des 22. November 1918, bewegungslos herum [...] Man könnte diese Straßen und Plätze lethargisch nennen, wenn man sie zu jeder Tages- und Nachtzeit am selben Fleck antrifft [...] Aber dann erin-

---

[135] Begriff von H. M. Enzensberger: Der kurze Sommer der Anarchie, Frankfurt a.M. 1972, S. 12–16.
[136] Vgl. so auch Humphrey: The historical novel, S. 137 und Hamm: Alfred Döblin: »November 1918«, S. 5. Der Begriff des »Postkutschenstils« stammt von W. Scott: Waverley oder Vor sechzig Jahren, Frankfurt a.M. 1974, S. 44.

nert man sich, daß sie aus schwer beweglichen, langsamen, zögernden Elementen gemacht sind, aus Stein, Mörtel, Lehm und Beton, die über größere Zeit verfügen als wir. Man ist ihnen dankbar, daß sie nicht an der allgemeinen Raserei der Zeit teilnehmen [...]« (II/1, S. 65)

Wie bereits erwähnt, steht diese auktoriale Reflexion, die zunächst mit den erzählten Handlungen gar nichts zu tun zu haben scheint, zwischen zwei Kapiteln, in denen in auffälliger Gegensätzlichkeit die zwei Fronten des Machtkampfes in Berlin dargestellt werden: einmal die »Revolution von unten« und zum anderen die Regierung des Rates der Volksbeauftragten. Die Beschreibung der Straßen und Plätze in Berlin ist damit auch als eine Beschreibung der Rolle der »Behörden« lesbar, wie sie anschließend vor allem an der Person Eberts vorgeführt wird.

Die auktoriale Reflexion über Bewegungslosigkeit und Langsamkeit, welche bezeichnenderweise gegen die »Raserei« abgesetzt wird, erscheint somit einerseits in einem Zusammenhang mit den zugleich dargestellten *Handlungsqualitäten* verschiedener Kräfte dieser Revolution, wie sie auch losgelöst von der Handlungswelt rezipiert werden kann. Auf diese Weise ist aber hier der für die Darstellung mißlungener Revolutionen obligatorische Topos der Langsamkeit der Zeit nicht als eine faktische Gegebenheit dieser deutschen Revolution dargestellt – deren Scheitern damit schon »vorprogrammiert« wäre.

Der Topos ist vielmehr als ein sehr ambivalentes und letztlich austauschbares Bild einer Zeitlichkeit entworfen, welches in die unterschiedlichsten Kontexte transponiert werden kann – in den Kontext einer Zustandsbeschreibung Berlins ebenso wie in den Kontext des Handlungsverlaufes dieser Revolution.

Entgegen der These von Humphrey, daß die mehrfach kommentierte und über bestimmte Erzähltechniken inszenierte Langsamkeit der Zeit eindeutig als Hinweis auf das Scheitern dieser Revolution gelesen werden könnte,[137] muß vielmehr davon ausgegangen werden, daß in solchen Kommentaren des »Dichter-Erzählers« diese Zeitlichkeit als ein Bild und Gegenbild eigens thematisiert wird. Dadurch aber verliert die Ebene der einfachen Repräsentation, wie sie von Humphrey angesprochen ist, ihre Eindeutigkeit.[138]

Zudem muß beachtet werden, daß es der *Gegensatz* von »Raserei« und Langsamkeit ist, der hier betont wird und auf der Handlungsebene durch die Kontrastierung von den Ereignissen der Erstürmung einerseits und den sich

---

[137] Siehe Kap. VIII/Anm. 136.
[138] In diesem Zusammenhang scheint es auch wesentlich zu sein, daß der »Dichter-Erzähler« den Topos der Langsamkeit wiederholt thematisiert, so daß auch auf diese Weise dieser Topos als Element der erzählerischen Konstruktion erscheinen kann. Vgl. so den »Vorspruch« in II/1, S. 170 und die Kapitelüberschrift in II/1, S. 218.

Der Aufbau einer revolutionären Wirklichkeit

hinziehenden Gesprächen der »Behörden« andererseits noch zusätzlich inszeniert ist. Auf diese Weise scheint wie schon auf anderen Ebenen der Bedeutungskonstitution vielmehr der Gegensatz von typischen und atypischen Elementen des Revolutionsdiskurses als ein Vertextungsschema stilisiert, welches den Effekt des Scheiterns dieser Revolution erst hervorbringt.

Es lassen sich in »November 1918« weitere Stellen finden, wo diese Gegenführung oppositiver Bilder der Zeitlichkeit zentral ist. So ist es beispielsweise für die kompositorische Führung des I. Bandes typisch, daß hier im Anschluß an die Ereignisse eines Tages in Form einer Anekdote oder eines Erzählerkommentares noch einmal eine Art Zusammenfassung oder Rückblick gegeben wird.

Von der Erzählführung her betrachtet bewirkt dies zunächst eine Verzögerung oder eben Verlangsamung des Erzähltempos, wie auch der Duktus der Zusammenfassung und Wiederholung die Vorstellung evoziert, daß es auf der Handlungsebene nicht gerade um ungeheuer »spannende« oder kaum zu verfolgende, weil derart schnell ablaufende Ereignisse ginge.

Im Rahmen der inszenierten Langsamkeit des Erzähltempos sind auch die wiederholt nachgeschobenen Biographien einzelner Figuren von Bedeutung. Oft werden hier Fakten aus dem Leben bestimmter Personen nachgereicht, die meist zur bereits entworfenen Rolle der Figuren in der »Geschichte« nicht allzu viel beitragen. Häufiger werden auch die bereits entworfenen Geschichten einzelner Figuren noch einmal wiederholt und in den wesentlichen Gesichtspunkten zusammengefaßt.[139]

Zugleich wird ebenso häufig betont, daß ungeheuer viel geschieht.[140] Nicht nur der Topos der Langsamkeit gehört zum Repertoire der Kommentare des »Dichter-Erzählers«, sondern auch der der ungeheuren Raserei und Schnelligkeit der aufeinanderfolgenden Ereignisse.[141] Auch hier stehen sich wieder zwei oppositive Zeitbilder gegenüber, deren Gegensätzlichkeit im Rahmen der Darstellung einer mißlungenen Revolution ihre intertextuellen Voraussetzungen hat und im Rekurs auf diese auch rezipiert werden kann. Zugleich aber werden

---

[139] Vgl. so beispielsweise die nachgeschobenen biographischen Anmerkungen zur Figur Eberts in II/2, S. 339/40 und in III, S. 107/08 wie die biographisch orientierten Wiederholungen in II/1, S. 128, III, S. 179, S. 349ff.u.a. In diesem Zusammenhang sind auch die vielfältigen Rückblenden in den Elsaß zu nennen, wie sie in II/1 und II/2 kompositorisch eingebaut sind: auch sie verlangsamen die Erzählung der Ereignisse des Machtkampfes in Berlin. Siehe so II/1, S. 78ff., S. 126ff., S. 269ff., S. 339ff. sowie II/2, S. 298ff.
[140] Vgl. so I, S. 80ff.; S. 127ff., wo am Ende des Kapitels, in dem zuvor eher im »Postkutschenstil« verschiedenen »Geschichten« aus dem »lieblichen« Straßburg erzählt worden sind, noch einmal in paratakischer Form sehr viele einzelne »Fakten« des Tages genannt werden. Diese Aufzählung scheint nachträglich noch einmal die Schnelligkeit der abgelaufenen Tagesereignisse aufrufen zu wollen.
[141] Vgl. so II/1, S. 137; II/2, S. 9 wie auch den »Monolog der Spree« in II/1, S. 243.

die dem Erzählten unterlegten Zeitkonzeptionen auch als solche Konzeptionen markiert.

Der »Dichter-Erzähler« erweckt den Eindruck, als wüßte er sehr wohl, daß er eigentlich primär von der Schnelligkeit der Ereignisse erzählen müßte – die es ja offensichtlich ebenso gibt – anstatt sich in Anekdoten einzelner Ereignisse zu vertiefen. Langsamkeit und Schnelligkeit erscheinen so als *Effekte des Erzählens*: auch die Langsamkeit dieser deutschen Revolution ist eine narrativ entworfene, die im historischen Sinne erst deutbar wird, insofern sie als solche gestaltet ist.

Insgesamt bleibt bis zu dem letzten Band der Tetralogie zweifelsohne die Beschleunigung der Zeit eher ein Topos, der primär in den Erzähler-Kommentaren thematisiert wird. Vorherrschend ist der Eindruck einer disparaten Gleichzeitigkeit, wie es für die Darstellung einer revolutionären »Schwellenzeit« typisch ist. Erst in »Karl und Rosa« wird die erzählerische Synchronie nicht nur über die Kompositionsstruktur aufgelöst, sondern auch in eine andere Semantik der Zeitlichkeit der Handlungswelt transformiert. So werden einzelne Szenen entworfen, in denen noch einmal der zeitliche Bruch und die temporale Beschleunigung zum expliziten Thema der Erzählung werden.

Diese Szenen sind bereits Elemente des Endes dieser tragischen Revolutionsgeschichte: in ihnen wird noch einmal der verpaßte Zeitenbruch inszeniert. Es sind damit zugleich Szenen der gesteigerten Konfrontation zwischen den verschiedenen Kräften der revolutionären Machtgeschichte, die sich gegen Ende der Tetralogie vor allem auch als eine »Geschichte« deutlich voneinander abgegrenzter Gruppen und Figuren lesen läßt.

5.3   Das Ende der »Geschichte« – das Ringen um den Zeitenbruch

5.3.1 Mobilisierung der Zeit

Die zentrale Szene im III. Band von »November 1918«, in deren Rahmen der Zeitenbruch noch einmal inszeniert wird, ist die Episode »Matrosenverhör im Finanzministerium« (III, S. 118–128). Hier wird im Rekurs auf die blutigen Auseinandersetzungen in Berlin um Weihnachten 1918 eine burleske Vision des revolutionären Kampfes zwischen Matrosen und alter bzw. neuer Obrigkeit geschildert. Im Sinne der tragischen Entwicklung dieser Revolution wird erst an diesem Punkt der Erzählung der Umsturz der alten Ordnung als ein möglicher Einbruch in der Zeit inszeniert.

In der Forschung ist diese Episode, in der in geradezu surrealistischer Weise Zeitkonzeptionen völlig außer Kraft gesetzt werden, als sogenannte »Revolutionsallegorie« gedeutet worden: als ein Erzählmoment, in dem das »eigentlich« Revolutionäre im Sinne eines letzten Versuches des Bruches mit der »alten« Ordnung noch einmal allegorisch inszeniert worden sei.[142] Eine solche Interpretation legitimiert sich vor allem durch die Ergebnisse der historischen Forschung. Denn diese Episode steht im Kontext von Ereignissen, die auch in der Historiographie als Anlaß des Ausbruchs der blutigen Kämpfe zwischen Volksmarinedivision und dem Bündnis von Regierung der Volksbeauftragten und Militär gesehen werden. Und diese Kämpfe um Weihnachten 1918, aus denen die Volksmarinedivision siegreich hervorging, werden wiederum als Anfang des definitiven »Entscheidungskampfes« um den Ausgang der Revolution betrachtet, wie er Januar 1919 im »Spartakusaufstand« stattfand.[143]

Im Novemberroman ist eine solche Bedeutung dieser Episode durchaus mitentworfen. Allerdings wird sie auf verschiedenen Ebenen von vorneherein auch konterkariert. Das konkrete Ereignis, um das es in dieser Episode geht, macht sich an dem Plan des Rats der Volksbeauftragten fest, die legendäre Volksmarinedivision, welche in Kiel die Revolte initiert hatte und daraufhin nach Berlin geholt worden war, aufzulösen. Es kam zu Verhandlungen zwischen den Matrosen und der Regierung bzw. dem zuständigen Finanzministerium, und eine dieser Verhandlungen ist in der hier relevanten Episode thematisiert. Bemerkenswert ist, daß es somit inhaltlich noch gar nicht um die blutige Auseinandersetzung zwischen Revolution und Gegenrevolution geht, wie ja auch der direkte Anlaß der Weihnachtsunruhen weniger in diesen Verhandlungen, als vielmehr in den Folgeereignissen dieser Verhandlungen, vor allem in der Besetzung der Reichskanzlei durch die Matrosen, lag.

Gleichwohl werden *diese* Verhandlungen im Novemberroman in das Bild einer revolutionären Auseinandersetzung gefaßt, wohingegen die nachfolgende Besetzung der Reichskanzlei durch die Matrosen und die anschließenden Kämpfe in einer Art szenisch ausgestaltetem Bericht dargestellt sind, in dem die Motivik des Revolutionären soviel wie kaum relevant ist. Und auch die intratextuelle Vorgeschichte dieser Episode ist eher gegenbildlich aufgebaut: gerade so, als solle die Bedeutung der im folgenden inszenierten Episode heruntergespielt werden, ist nämlich davon die Rede, daß die Matrosen als die »Avantgarde der Revolution« (III, S. 114) ziemlich heruntergekommen seien, daß es sich eigentlich eher um eine private Auseinandersetzung zwischen Volksmarinedivision und regierungstreuer Gardekavallerieschützendivision

---

[142] Diese Interpretation wie der Begriff der »Revolutionsallegorie« findet sich vor allem bei Kiesel: Literarische Trauerarbeit, S. 352ff.
[143] Vgl. so u.a. bei Haffner: Die verratene Revolution, S. 125ff.; A. Rosenberg: Geschichte der Weimarer Republik, S. 44ff.; E. Bernstein: Die deutsche Revolution, S. 100ff.; Müller – Franken: Die November-Revolution, S. 224ff; R. Müller: Geschichte der deutschen Revolution. Bd. II, S. 202; Pohl: Obrigkeitsstaat und Demokratie, S. 58/59.

handele, daß die Matrosen nur ihre Löhnung wollten und anschließend – »um besser bezahlt zu werden« (III, S. 119) – sowieso in die republikanische Soldatenwehr hätten eintreten wollen.

Nicht von ungefähr ist das gesamte Kapitel mit dem Titel: »Die Volksmarinedivision oder Die Revolution sucht eine feste Anstellung« überschrieben: es wird hier von vorneherein kein Zweifel daran gelassen, daß die Matrosen längst nicht mehr in der Rolle der Avantgarde dieser deutschen Revolution gesehen werden können.

Diese Kontrastierung der Szene im Finanzministerium bzw. deren Stilisierung als eines »revolutionären Kampfes« mit den untypischen Vor- und Nachgeschichten läßt sich wiederum auf zweierlei Art lesen. Indem intertextuelle Elemente des Revolutionsdiskurses in der Form von motivischen Gegensätzen aufgebaut werden, konstituiert sich die Wirklichkeit eines mißlungenen »Zeitenbruchs«. Andererseits wird durch diese immer wieder angewandte Vertextungsstrategie, die damit als solche markiert erscheinen kann, wie durch die kompositorische Isolierung des »eigentlichen« revolutionären Augenblicks im Finanzministerium die Bildlichkeit eben dieses Augenblicks thematisiert. Wie schon bei der Darstellung der Ereignisse des 6. Dezember oder des 6. Januar wird auch hier nämlich die revolutionäre Bedeutung der faktischen Ereigniskonstellationen allegorisch umspielt, *bevor* auf der erzählten Handlungsebene die relevanten Ereignisse entworfen werden.

In der Gestaltung der Episode selbst setzt sich das intertextuelle Spiel mit revolutionstypischen Motiven fort. So ist die Darstellung der Minister und Geheimräte, die mit den Matrosen verhandeln, deutlich über diskursspezifische Klischees organisiert. Die Matrosen treffen zunächst auf einen Kanzleirat, der als Vertreter der alten Ordnung so fest auf seinem Stuhl sitzt, daß dieser sich bei jeder Gemütsbewegung seines »Herrn« immer gleich rotierend mitbewegt (III, S. 115/120). Als die Matrosen von der »sozialistischen Republik« reden, erfolgt seitens des Kanzleirates bzw. seines Drehstuhls ein völliger Stillstand der Bewegung (III, S. 121)· die kurzfristig eintretende Willenslähmung der Vertreter der alten Ordnung wie der sich bald schon anschließende Stillstand der Zeit wird hier bereits motivisch vorweggenommen.

Als der Kanzleirat daraufhin die Geheimräte zur Hilfe holt, spielt sich zunächst die ganze Szene des Wortwechsels in wörtlicher Wiederholung noch einmal ab (III, S. 121/22). Satirisch wird hier die Vorstellung einer sich steigernden Konfrontation von »alten« und »neuen« Mächten zunächst destruiert, indem die ganze Auseinandersetzung sich als schematische Wiederholung eines ebenso schematischen Dialogs präsentiert.

Doch als dann wiederum der Begriff der »sozialistischen Republik« fällt, kommt es ganz »plötzlich« zu einer burlesken Szene der gewaltsamen Auseinandersetzung, die auktorial von dem Erzähler mit den Worten eingeleitet wird:

Der Aufbau einer revolutionären Wirklichkeit

»Was nun kam, verlief in solcher Geschwindigkeit, daß selbst die Beteiligten nichts davon merkten und es entschieden bestritten hätten, später, wenn man es ihnen vorgehalten hätte. Nichtsdestoweniger geschah es.« (III, S. 123)

Durch den Aufbau der Szene wie durch diesen auktorialen Kommentar wird die Semantik der Plötzlichkeit und der Mobilisierung von Zeitverhältnissen regelrecht *inszeniert*: d. h. die in der literaturwissenschaftlichen Forschung vorgeschlagene Interpretation dieser Szene scheint im Text ausdrücklich provoziert bzw. als mögliche Deutung schon mitentworfen zu sein.

Auch die nun folgende Szene einer gewaltsamen Auseinandersetzung, in der eine »Bande Hausangestellter« (III, S. 123) plötzlich auftaucht, drei Geheimräte erschießt und zwei andere schwer verletzt, erinnert wie schon die Episode um den Deserteur Ziweck an eine markierte Inszenierung einer »gewaltsamen Revolution von unten«. Das weitere erzählte Schicksal der Geheimräte wie der Matrosen ist ebenso von einer klassischen Motivik des revolutionären Aufbegehrens durchzogen.

So »verdursten« die Geheimräte – d. h. ihnen fehlt das Wasser, das Symbol des Lebens, welches sie als Vertreter der alten Ordnung verwirkt haben – bzw. sie werden von Feuerleitern »hinuntergestürzt« (III, S. 123), während sich in einer Art Umkehrung der Hierarchien die Matrosen als die neuen Mächte in den alten Herrschaftsräumen breit machen und sich in einer ungeheuren Schnelligkeit vermehren (III, S. 124). Die Wasser- und Bewegungsmetaphorik sowie die Motivik der plötzlichen Geburt neuer »Mächte« werden hier spielerisch eingesetzt, um die Chaotik und den tabula rasa-Effekt dieses revolutionären Augenblicks zu entwerfen.

So burlesk und surreal diese Szene auch gestaltet ist, es wird deutlich, daß die ihr zugrundeliegende Metaphorik eine typische auch der Historiographie ist – und es ist wohl diese Bildlichkeit, welche der Literaturwissenschaft eine historiographische Lesart ermöglicht hat. Allerdings weisen der gesamte Aufbau dieser Szene, der in der bisherigen Forschung kaum berücksichtigt worden ist, wie vor allem die surreale Inszenierung dieser Szene über intertextuelle Motive des Revolutionären darauf hin, daß die so entworfene Wirklichkeit eines »revolutionären Augenblicks« in nichts anderem als in einer bestimmten Figuralität besteht.

Auch der zweite Teil dieser Szene im Finanzministerium ist in diesem zweifachen Sinne lesbar. So wird ebenso »plötzlich« eine burleske Vision entworfen, in deren Rahmen die Matrosen sich auf dem »offenen Meer« wähnen (III, S. 125), welches sie »zwischen den Säulen des Herakles hindurch« befahren (ebd.). Allerdings bleibt diese Vision als eine solche bewußt:

> »Sie krochen zu diesem Behuf zwischen den Stuhlbeinen hindurch, was ihnen aber wegen ihrer Breite nur teilweise gelang, weswegen sie nicht von der Stelle kamen und die schwierige Durchfahrt nicht passierten [...] Sie stürzten herunter, ins Wasser, ins

Meer, und fanden sich da neben den anderen, die schon Rettungsboote bestiegen hatten, und schlugen mit ihnen gemeinsam kräftig in Hexametern die Ruder, um die Durchfahrt zu erzwingen.« (III, S. 125)

Der konkrete Prätext, welcher dieser Vision zugrundeliegt, ist offensichtlich der der Odyssee. Dieser Prätext ist aber wie erwähnt ein traditioneller »Archetyp« der selbst archetypischen »Geschichte« des Revolutionären: auch die »Geschichte« des Odysseus ist präfiguriert durch das Konzept der Überschreitung einer Handlungswelt und durch das einer langen Irrfahrt, die am Ende zur Erlösung führt.[144]

Allerdings ist die hier zitierte Episode der Odyssee eine Szene der versuchten und zunächst mißlungenen Überschreitung der alten Welt, also eine Figuration der gescheiterten Revolution. Gleichwohl ist es wieder ein mythopoetisches Vorstellungsbild, welches die Wirklichkeit eines mißglückten Zeitenbruches konstituiert, und zwar ein gleichermaßen ins Irreale gesteigertes Bild.

Darüber hinaus ist der Mythos der Odyssee intratextuell gesehen schon mehrfach eingesetzt worden, um die Figuralität einer revolutionären Wirklichkeit zu umspielen: so in dem »Verfasser«-Kommentar in Band II,1, wo ironisch die Rolle Eberts bezeichnet ist und indirekt auch in der »Geschichte« von Karl Liebknecht. Der leitmotivische Einsatz der Odyssee läßt wie andere Formen der Leitmotivik im Novemberroman die motivische Konstruktion des historiographischen Entwerfungsprozesses als markiert erscheinen.

Zusammenfassend läßt sich sagen, daß die in der Forschung vor allem von Helmuth Kiesel vorgeschlagene Deutung dieser Episode durchaus möglich ist – nur liegt hier keine allegorische, sondern vielmehr eine historische Lesart vor. Denn sie rekurriert auf auch in der Historiographie übliche, kodifizierte Vorstellungsbilder revolutionärer Zeitlichkeit und löst diese lediglich rhetorisch auf zugunsten einer eindeutigen Repräsentation. Das allegorische Moment dieser Episode bestimmt sich dadurch, daß die motivischen Bildebenen derart ausgebaut sind, daß sie ihre einfache Übersetzbarkeit und Durchsichtigkeit für das »eigentlich« Reale dieser Ereignisse bzw. deren revolutionärer Bedeutung verlieren und somit genau die historisch vereindeutigende Lesart in Frage stellen.

---

[144] Vgl. die Umschreibung der hier angesprochenen Szene bei Bloch (Das Prinzip Hoffnung, Bd. 3, S. 1202): »So warf sich Odysseus mit einer Schar Matrosen erneut aufs Schiff; die Segel vierkant gebraßt, fuhren sie vor dem Wind mit einer herrlichen Brise in die offene See, an die afrikanische Küste, nach Spanien, an die Säulen des Herkules, die alte Grenze der alten Welt«. Vgl. auch die Anmerkung von Walzer, daß die Odyssee in vielem der Exodus-Geschichte ähnelt, diesem anderen narrativen Archetypus von Revolutionsgeschichten (Exodus und Revolution, S. 20).

5.3.2 Machtintrigen und Verrat – die »Verhinderer« des Zeitenbruches

Das Ende einer gescheiterten Revolution geht zumeist mit dem Sieg der sogenannten Konterrevolutionäre einher. Als »Verräter« und »Verhinderer« des revolutionären Zeitenbruchs erscheinen in »November 1918« vor allem die Figuren Friedrich Ebert, Philipp Scheidemann und andere Mehrheitssozialdemokraten, die mit der alten Militärführung zusammenarbeiten. Es ist in der Forschung häufig kritisiert worden, daß der Autor Döblin besonders die Figur Eberts in böswilliger Weise auf die Rolle des Verräters reduziert habe, was dem »historischen« Ebert weder gerecht werde noch zur literarischen Qualität dieser Figurengestaltung beigetragen habe.[145] In jüngster Zeit hat es dagegen Versuche gegeben, die »historische Glaubwürdigkeit« dieser Figurengestaltung im Vergleich zu den Ergebnissen der neueren historischen Forschung zu rehabilitieren.[146]

Wie im geschichtstheoretischen Teil dieser Interpretation gezeigt wurde, hat sich erst in den späten 50er Jahren in der historischen Forschung die Tendenz gebildet, Ebert nicht mehr als »Retter« Deutschlands, sondern als Verräter revolutionärer Veränderungen zu sehen. Dies setzte voraus, daß Historiker wieder Revolutionsgeschichten schrieben: d.h. auch die Bewertung Eberts als »Verräters« ist »faktischer« nicht allein aufgrund der besseren Quellenlage, sondern aufgrund der Deutung dieser Quellen in Relation zu einer bestimmten Konstruktion der vergangenen Wirklichkeit.

Dieser Zusammenhang von Rolle und »Geschichte« muß auch für den Novemberroman berücksichtigt werden, was ja in der Interpretation der Figur Liebknechts bereits deutlich gemacht worden ist. Es ist somit weniger wichtig zu fragen, welche »eigentliche« historische Rolle Ebert und der MSPD zukommen, oder welche Kräfte als die »wahren« Konterrevolutionäre anzusehen sind.

Entscheidend ist vielmehr, *welche Rollenkonzepte auf welche Weise* in »November 1918« verwendet worden sind, um die »Geschichte« der Gegenrevolution zu entwerfen.

Die Tatsache, daß Ebert und andere »Verhinderer« der Revolution erst unter dem Gesichtspunkt des Endes der entworfenen Revolutionsgeschichte analysiert werden, hat seinen Grund vor allem darin, daß diese Figuren und Gruppen im Roman nicht so sehr als Kräfte der kontingenten Handlungswelt erscheinen, sondern von Beginn an in der Rolle der Verursacher des

---

[145] So K. Müller-Salget: Alfred Döblin, Bonn 1988, S. 375; Auer: Das Exil vor der Vertreibung, S. 75; Kiesel: Literarische Trauerarbeit, S. 283 und S. 364; Elshorst: Mensch und Umwelt im Werk Alfred Döblins, S. 112–114.
[146] So vor allem bei Althen: Machtkonstellationen einer deutschen Revolution, S. 140ff.

Scheiterns dieser Revolution gestaltet sind. Sie sind damit deutlich aus einer deterministischen Perspektive heraus entworfen: deren erzählte Handlungen haben keine hervorragende Ereignisqualität mehr, sondern wirken wie eine von der erzählten Handlungswelt unabhängige ursächliche Kraft der Verhinderung und Zerstörung.[147] Es ist keine Frage, daß die Wirkungen ihres Handelns als fatal für den Verlauf dieser deutschen Revolution dargestellt sind. Aber dennoch erscheint dieses Handeln nicht als ein fatales Ereignis innerhalb einer sich dramatisch zuspitzenden Konfrontation. So wird beispielsweise das Bündnis zwischen Ebert und General Groener wie ein selbstverständliches Faktum erzählt, das keiner besonderen handlungsbezogenen und motivationalen Inszenierung bedarf. Der gegenrevolutionäre Zweck des Bündnisses scheint bereits realisiert, ohne daß die kontingenten Handlungsspielräume erzählt werden, die zu diesem Bündnis geführt haben könnten.

Axel Hecker hat diese Art der deterministischen Handlungserklärung, die auch in der Historiographie üblich ist, mit dem Begriff der *teleologischen Ästhetisierung* erfaßt.[148] Ästhetisch ist eine solche Handlungserklärung insofern, als erst *qua Darstellung* die retrospektiv nicht mehr rational zu überprüfenden Zwecke von Handlungen »rational« oder auch erzählbar gemacht werden.

Entscheidend ist nun, daß im Novemberroman die Handlungen der Konterrevolutionäre nicht nur diesem Prinzip der teleologischen Ästhetisierung unterworfen werden, sondern zugleich als eigene Art der Ästhetik *erscheinen*. Auf diese Weise verdoppelt sich der Effekt der ästhetischen Prädestinierung. Einerseits scheint der Erfolg der Revolutionsgegner vorherbestimmt zu sein, was im Rahmen der tragischen Romanze ja auch zur »Geschichten«-Struktur gehört. In diesem Sinne legt die Darstellung eine historische Lektüre nahe.[149] Andererseits wird durch die Markierung der Ästhetik einer solchen Rollenzuschreibung das selbst schon fiktionale Potential einer solchen Handlungserklärung reflektiert.

Es findet sich in »November 1918« noch eine andere Figur, deren Handlungswirklichkeit einer solchen teleologischen Ästhetisierung unterworfen ist: es ist die fiktive Figur des Erwin Stauffer, eines ebenso »unrevolutionären« Menschen, dessen »Geschichte« auf andere Weise einer Art ästhetischen Prä-

---

[147] Vgl. dazu auch Elshorst: Mensch und Umwelt im Werk Alfred Döblins, S. 113. Elshorst kritisiert allerdings dieses Darstellungsmoment, insofern er die Figuren auf diese Weise »nur historisch«, d. h. nicht literarisch gestaltet sieht.
[148] Hecker: Geschichte als Fiktion, S. 76ff.
[149] Vgl. ähnlich bei Haffner das einleitende Kapitel zur »Geschichte« der SPD im Kaiserreich: hier wird die SPD von vornherein auf eine Rolle reduziert, welche bereits ihr erst *anschließend* geschildertes Handeln (des Verrats) in der Novemberrevolution erklärt – bzw. gleichermaßen prädestiniert erscheinen läßt (Die deutsche Revolution 1918/19, Kapitel 1: Kaiserreich und Demokratie, S. 11–24).

Der Aufbau einer revolutionären Wirklichkeit 137

destinierung folgt.[150] Auch bei dieser Figur wird diese gestische Qualität des Handelns über eine explizite Motivik des Ästhetischen markiert: so wie Stauffers »Geschichte« durch die Handlungswelt einer Komödie vorstrukturiert ist, in der er nur noch eine bestimmte Rolle zu spielen hat, so werden auch Ebert und Scheidemann explizit im Zusammenhang mit der Ästhetik ihrer Rollen dargestellt.

Bereits in der ersten längeren szenischen Einführung der Figur Eberts wird mittels satirischer Übertreibung dargestellt, wie sich dieser »kleine dicke Mann« (II/1, S. 67) in seiner neuen Rolle als Regierender in der Reichskanzlei regelrecht einübt:

»Und plötzlich stand er auf, unter einem neuen angenehmeren Gedanken und begann langsam, langsam, den Kopf mit der rauchenden Zigarre zurückgebogen, auf dem Teppich hin und her zu schreiten. Er sagte sich: Immer Schritt für Schritt, links – rechts, links – rechts, und nicht die Miene verändern « (II/1, S. 68)

Wie ein Schauspieler bereitet sich Ebert auf seine neue Rolle als »Staatsmann« vor.[151] Nichts läßt darauf schließen, daß Eberts Rolle die des Führers einer revolutionären Interimsregierung ist. Er wird von vornherein als »Regierender« stilisiert, als jemand, der die offizielle Macht einer vermeintlich bereits errungenen neuen Ordnung repräsentiert. In der Kapitelüberschrift wird Ebert als ein »kleiner Mann« betitelt, der sich »an die Macht geschlichen« hat und seine »Umgebung betrügt« (II/1, S. 64). Hier wird schon die literarisch – ästhetische Motivierung der Darstellung dieser Figur benannt, welche im Sinne des gestischen Erzählens die gesamte Ebert-»Geschichte« prägt: er erscheint als ein intriganter Betrüger, der wie in einer Art Schmierenkomödie zwischen allen Stühlen sitzt und nach allen Seiten hin sein Intrigenspiel betreibt.

Seine historische Rolle ist damit nicht nur von vornherein festgelegt, sondern gleich zu Beginn auch als Rolle in einer Art Schauspiel stilisiert. Folgerichtig werden die zunächst auktorial vermittelten Attribute Eberts im Anschluß szenisch entworfen: In der erzählten Kabinettssitzung des Rates der Volksbeauftragten gibt Ebert Auskünfte über ein Telegramm von Hindenburg, die sich als betrügerisch gegenüber den Mitregierenden erweisen (II/1, S. 76).

---

[150] Vgl. dazu die folgenden Ausführungen im Kapitel VIII. 5.4.
[151] Dollenmayer hat darauf hingewiesen, daß diese Szene an Brechts komische Verfremdung der Hitler-Figur, Arturo Ui, erinnert, der für seine Rolle als Staatsmann Unterricht bei einem ehemaligen Schauspieler nimmt (The Berlin Novels of Alfred Döblin, S. 145). So interessant dieser Hinweis im Einzelnen auch sein mag: die funktionale Verortung dieser intertextuellen Bezugnahme bleibt bei Dollenmayer völlig im Dunkeln. Die Schauspiel-Metapher scheint hier ein grundlegender figuraler Darstellungsmodus zu sein, dessen Funktion in Revolutionsgeschichten eine ganz spezifische ist, die nicht unbedingt mit Brechts literarischem Entwurf verglichen werden kann.

Aufgrund der bereits stilisierten betrügerischen Rolle Eberts kann dieses Handeln den Leser kaum mehr erstaunen – die Rolle setzt sich hier wie in einem Schauspiel in konkrete Handlungen um. Nach der Kabinettssitzung telefoniert Ebert direkt mit Groener, um ihm zu berichten, daß die Intrige funktioniert hat. Wie erwähnt, wird dieses Gespräch als völlig »normal« dargestellt. So wird ausdrücklich gesagt, daß Ebert »wie gewöhnlich« (ebd.) mit dem Generalstab in Kassel telephonierte, und zwar auf der »Geheimlinie 998« (ebd.).

Der Titel »Geheimlinie 998« wird fortan im Roman zur leitmotivischen Überschrift all derjenigen Kapitel, in denen von den Gesprächen zwischen Ebert und Groener erzählt wird.[152] Wird bereits durch diese explizite Leitmotivik der Mechanismus der erzählerischen Kontruktion markiert, so ist in einer der erzählten Szenen eines solchen Gespräches das Intrigenmotiv noch einmal extrem inszeniert. So wird beschrieben, daß Ebert hinter der Tapete eines Bücherregals in einem Geheimfach das Telefon deponiert hat, von dem aus eine direkte Leitung zum Generalstab gelegt ist (II/1, S. 191). In dieser Szene ist die Stilisierung des »Intriganten« Ebert deutlich als eine Vertextungsstrategie erkennbar, denn die Gestaltung wirkt ebenso klischeehaft wie trivial – weiß doch der Leser längst um die Existenz dieser Geheimleitung.

Zu berücksichtigen ist auch, daß mit der motivischen Konstellation von Intrige und Verrat ein Topos des Revolutionsdiskurses aufgegriffen wird. So hat Furet angemerkt, daß die Handlungskonstellation der Verschwörung für Revolutionsgeschichten typisch sei, insofern sie oppositive semantische Qualitäten freisetze: in Zeiten des Aufbruchs und der Bereinigung aller bisherigen Handlungsmodalitäten steht die geheime Intrige wie die völlige Umkehrung und Negation des Revolutionären dar.[153] Die Ästhetisierung der Ebertschen Rolle muß somit auch intertextuell, d. h. im Bezug zu spezifischen Figurationen von Revolutionsgeschichten, betrachtet werden.

Erscheinen die Handlungen Eberts determiniert durch die Motive des Betruges und Verrats,[154] so wird die Figur Philipp Scheidemanns von vornherein

---

[152] Vgl. II/1, S. 190ff.; S. 301f.; II/2, S. 81f.
[153] Furet: 1789, S. 68. Furet argumentiert hier allerdings auf einer ideologiekritischen Ebene, während es für den in der vorliegenden Arbeit problematisierten Zusammenhang wichtig ist, daß die mit dem Motiv der Verschwörung verbundene semantische Opposition auch die narrative Modellierung prägt.
[154] Vgl. so auch II/1, S. 170, wo Ebert als »Oberfuchs« bezeichnet wird, der das Volk den Generälen ausliefert; II/1, S. 293, wo er noch einmal explizit als Betrüger betitelt wird. Im letzten Band wird Ebert – und zwar im Vergleich zu Rosa Luxemburg und Lenin – noch einmal ausdrücklich als »Verhinderer« der Revolution dargestellt (III, S. 107). Wie erwähnt wird erst hier in knapper Form seine Biographie dargeboten: so als wollte der »Verfasser« nachträglich einige »Fakten« zu dieser Figur liefern, deren Rolle schon längst festgeschrieben ist und in keiner Weise aus der Biographie dieser Figur im Roman hergeleitet wird. Zudem erscheint Ebert zugleich des öfteren in der Rolle eines »betrogenen Betrügers«, vor allem was sein Verhältnis zu der

Der Aufbau einer revolutionären Wirklichkeit

unter dem Gesichtspunkt eines fatalen Ästhetizismus entworfen. Seine Verschlagenheit und sein Intrigantentum verbergen sich hinter einer schöngeistigen Maske und einer lügnerischen Rhetorik. Die Figur Scheidemanns wirkt vielleicht am stärksten »unwirklich« in der Reihe der Verräter der Revolution, weil in ihr die teleologische Ästhetisierung der Handlungswirklichkeit am deutlichsten ausgeprägt ist. Scheidemann ist nicht nur eine Figur in dem Schauspiel dieser Intrigen, er ist in erster Linie nur Schauspieler, der sich in dem Schauspiel der Revolution permanent in Szene setzt. Die in »November 1918« leitmotivisch eingesetzte pejorative Konnotation der Schauspielmetapher und das Moment der teleologischen Ästhetisierung eines bereits auf Verrat festgelegten Handelns gehen in dieser Figur eine komplexe Verbindung ein.

So wird z.b. Scheidemanns Ausrufung der Republik am 9. November 1918 im Roman mehrfach umerzählt, so daß diese »geschichtsträchtige« Handlung Scheidemanns nur als anekdotenhaftes Produkt verschiedener komischer Erzählungen erscheint.[155] Vor allem wird aber dieses Ereignis, das in der Regel als Symbol des definitiven Bruches mit dem Kaiserreich gilt, in der nachträglichen Erzählung auf einen Akt der Selbstinszenierung Scheidemanns reduziert:

> »Man erzählte dem Scheidemann im Reichstag, Liebknecht sei im Begriff, vom Balkon des Berliner Schlosses die Republik auszurufen. Da sagte Scheidemann: ›Was die können, können wir auch.‹« (II/1, S.361)

In Scheidemann verkörpert sich die fehlende Radikalität des Bruches mit der alten Ordnung, wie es für die tragische Romanze typisch ist. Aber Scheidemann wird nicht ausführlich als Handelnder gezeigt, der den definitiven Bruch zu verhindern sucht, sondern seine Rolle wird wie in dieser erzählten Anekdote über Momentaufnahmen präsentiert, in denen das Telos seines Handelns über Momente der ästhetischen Selbstinszenierung immer schon gegeben ist.

Ganz deutlich wird diese Form der Gestaltung dieser Figur in der Szene »Mitternacht in der Wilhelmstraße«, wo es um die entscheidenden Verhandlungen zwischen der Regierung und den Vertretern der Unabhängigen wie des Revolutionären Aktionsausschusses nach dem 6. Januar 1919 geht (III, S.332ff.). Diese Szene, in der es »faktisch« um eine wichtige Situation der Entscheidung und Konfrontation geht, wird in Form einer satirischen Burleske entworfen, in deren Mittelpunkt eine surreale Charakterisierung der Scheidemann-Figur steht. Die Bedeutung seines Handelns für den definitiven Verrat an der Revolution wird durch diese Charakterisierung metonymisch umspielt: Verlauf und Ende der entscheidenden Konfrontation werden gar nicht mehr

---

OHL betrifft. Siehe zu diesem wiederum in Anlehnung an literarische Handlungsverläufe entworfenen Motiv u.a.II/1, S.77, S.192, S.298, S.333/34.
[155] Siehe II/1, S.361; III, S.103.

als Handlungswirklichkeit entworfen, insofern Scheidemann als die ekstatische Kraft eines bereits prädestinierten Verrates erscheint.

Entsprechend wirkt diese Szene auch alles andere als tragisch: Scheidemanns Verschlagenheit und Intrigantentum werden als verspielter Ästhetizismus dargestellt, und sein Verhandlungssieg steigert sich zu einer ästhetischen Ekstase.[156] So erscheint Scheidemann von Beginn der Szene an als eine Figur, die mit ständig wechselnden Epitheta »betitelt« wird. Je nach Stand der Verhandlungen erscheint er als »Philipp der Ölige« oder auch als »Philipp der Langmütige«.[157]

Diese Epitheta werden zu spielerischen ornantia seines intriganten Rollenspiels, in dem er ständig seine Maske wechselt, um die Forderungen des revolutionären Aktionsausschusses abzuwenden.[158] Die gesamten Verhandlungen werden als eine Art Schauspiel gestaltet, in dem Scheidemann die Regie führt: die Härte der Auseinandersetzungen wird auf das Bild von Gegensätzen reduziert, die »in den schönen Räumen« aufeinander prallen, »knatterten und explodierten« (III, S. 334), die Härte des Wortgefechtes endet mit Ansprachen wie »Verehrtes Publikum« (ebd.), und nach seinem Verhandlungssieg klatscht die »Galerie« Scheidemann Beifall (III, S. 335). Er gerät daraufhin in eine Art Ekstase, die in Anlehnung an Mozarts Oper »Entführung aus dem Serail« zu einer satirisch-grotesken Szene gestaltet wird (III, S. 335). Mozarts Verspieltheit steht hier Pate für den spielerisch-ästhetisch inszenierten Verhandlungssieg dieses Intriganten, dessen Redekünste nun deutlich in die Welt der Bühne entführt werden.[159]

Auch hier findet sich wie schon in der Szene im Finanzministerium die Vertextungsstrategie wieder, zentrale Ereignisse des entscheidenden Kampfes um eine noch zu erringende neue Ordnung in die Form surrealer Burlesken zu fassen, deren Irrealität die symbolischen Figurationen auch der realen »Geschichte« dieser Revolution in den Stand einer Allegorie überführt. In der hier analysierten Szene wird die teleologische Ästhetisierung der Handlungswelt der Verräter dieser Revolution derart überspitzt inszeniert, daß auch die Rolle

---

[156] Vgl. ähnlich auch die Interpretation bei Isermann: Der Text und das Unsagbare, S. 237.
[157] III, S. 333. Siehe auch die weiteren Epitheta: »der Geistvolle«, »der Verbindliche« (ebd.), »der Gütige« (S. 334), »der Entscheidemann« oder »der Gerechte« (S. 337).
[158] Auch diese Form der Stilisierung einer historischen Figur bzw. ihrer Rolle setzt sich intratextuell in eine Leitmotivik um: die gesamte politische Gruppe der Unabhängigen Sozialdemokraten bzw. deren Rolle als Verhinderer der Revolution sei gleichermaßen durch die Modelle der ästhetischen (Selbst) Inszenierung wie des steten Rollenwechsels entworfen. Vgl. dazu beispielsweise die Darstellung der Reaktion Eisners auf die blutigen Auseinandersetzungen des 6. Dezember in II/2, S. 39/40, die Schilderung des Ministers der Unabhängigen in III, S. 116–118 oder auch die Darstellung des Austritts der Unabhängigen aus der Regierung des Rates der Volksbeauftragten in III, S. 163/64.
[159] Vgl. so Isermann (siehe Kap. VIII/Anm. 156).

Der Aufbau einer revolutionären Wirklichkeit 141

dieser Verräter noch einmal als solche zum Gegenstand der Lektüre werden kann.[160] Diese selbst schon fiktionale, ja fast animistische Vorstellung von bestimmten Akteuren innerhalb der Handlungswirklichkeit einer scheiternden Revolution verdichtet sich in »November 1918« in der Figur der »kaisertreuen Sibylle«, einer alten Gräfin, die regelmäßig mit den hohen Militärs verkehrt (II/1, S. 210ff.). Diese alte Dame, über deren ablehnendes Verhältnis zur Revolution wie bei den Militärs kein Zweifel besteht, und die sogar für eine gewaltsame Niederschlagung aller begonnenen Umwälzungsversuche plädiert, wird in der Szene »Satyr hinter dem Vorhang« im Zusammenhang mit magisch – dämonischen Visionen gezeigt (II/1, S. 305/306). Wenn hier dargestellt wird, wie sich die Greisin an dem blutigem Kampf von Böcken erfreut, der in eine »entfesselte Raserei« (II/1, S. 305) mündet, so erscheint nicht nur die blutige Zerschlagung der Revolution in der Form eines dämonischen Bildes vorweggenommen.

Auch die Gräfin selbst als Vertreterin der verräterischen Kräfte wird als eine dämonische Kraft der Zerstörung stilisiert. Die Rolle der Gräfin, die als Figur in der entworfenen Handlungswirklichkeit keine weitere Bedeutung hat, ist damit in dieser Momentaufnahme deutlich hinsichtlich der ihr zugrundeliegenden Figuralität inszeniert.

Nicht alle Figuren, die zu der »Front der Verhinderer« zählen, sind wie Ebert, Scheidemann oder die alte Gräfin derart deutlich in ihrer Rolle und der dieser Rolle zugrundeliegenden fiktionalen Konstitutionsmechanismen ent-

---

[160] Eine ähnliche surreale Szene findet sich in dem Kapitel »Affaire Eichhorn« (III, S. 262–267), wo es wiederum um Ereignisse der Vorgeschichte des 6. Januar, also um eine Vorgeschichte des Ausbruches der letzten Kämpfe geht (vgl. dazu u. a. Müller – Franken: Die November-Revolution, S. 246ff.). Die Verhandlungen zwischen Eichhorn und dem Zentral- und Vollzugsrat um den Rücktritt Eichhorns als Berliner Polizeipräsident werden kompositorisch durchaus hinsichtlich dieser Bedeutung inszeniert, insofern diese Szene von Erzählungen der sich steigernden Konfrontation zwischen der Regierung und Spartakus umgeben ist. Die Signalwirkung dieses »revolutionären Augenblicks«, in dem Eichhorn konsequenten Widerstand gegen die Regierung leistet, ist mittels intratextueller Motive entworfen: explizit wird noch einmal auf die Irrealität der Ereignisse im Finanzministerium verwiesen (III, S. 264), bevor auch diese Verhandlungen wiederum aufgrund der Wirkung des »Signalwortes« der Sozialistischen Republik in eine burleske Szene des völligen Durcheinanders transformiert werden. Die Personen von Hirsch und Eichhorn verwandeln sich in Anlehnung an ihre Eigennamen in Tiere, die sich einen gegenseitigen Kampf liefern, und den Zentralräten steht wiederum der Verstand still, bevor ihre Bewegungen völlig außer Kontrolle geraten (III, S. 264/65).
Hier wird die völlige Umkehrung der Verhältnisse einfach wörtlich genommen: die Eigennamen werden zu personalen Kräften, anstatt Personen nur zu bezeichnen, und die vermeintlich auf festen Stühlen der Macht sitzenden Zentralräte erfahren die Bodenlosigkeit einer unkontrollierten Bewegung. Auch hier wird somit die letzte Gelegenheit des Umsturzes über symbolische Figurationen inszeniert, welche die Symbolisierungsstrategien des historischen Erzählens eines solchen revolutionären Augenblickes zum eigentlichen Sujet der Darstellung machen.

worfen. Die Militärs oder Gustav Noske beispielsweise sind äußerst »realistisch« dargestellt: sie erscheinen als Akteure einer reinen Machtgeschichte, in welcher der Begriff der Revolution nur ein Name für eine Kraft des politischen Kampfes ist.[161] Wie schon die Darstellung Lenins unterliegt die Gestaltung dieser Figuren einem Modus der Vertextung, der die »Fakten« von der Typik der Revolutionsgeschichte dissoziert, um auf diese Weise das »Unrevolutionäre« dieser Figuren entwerfen zu können. Im Gegensatz zu Ebert oder Scheidemann erscheinen Groener, Schleicher und andere Militäreliten nicht in das Schauspiel des Verrats und der Intrige integriert: sie fügen sich nicht in die tragische Romanze ein, insofern es eine ganz andere »Geschichte« ist, welche die narrative Modellierung dieser Figuren bzw. ihrer Rollen bestimmt. Die Art und Weise, wie die Machtintrigen der Militärs erzählt werden, erinnert eher an die »Geschichten«, wie sie in der Historiographie von Bracher oder Miller erzählt worden sind: also an »Geschichten« der Machttransformation und der Systemveränderung in einer Nachkriegszeit, in der die Figurationen von Bruch, Aufbruch und Gründung überhaupt keine Konstituenten für den Aufbau der historischen Handlungswirklichkeit sind.

Auf der Ebene der Darstellung der Verhinderer der Revolution liegt somit eine Kompilation zweier verschiedener Typen von »Geschichten« vor. Die überraschend »andere«, bis ins Detail der machtpolitischen Überlegungen gehende Darstellung der Militärs in »November 1918« macht diese Darstellung nicht »objektiver« oder »realistischer« als die Eberts oder Scheidemanns, noch wird deren Handeln damit als weniger fatal für die historische Entwicklung bewertet. Der realistische Stil dieser »Geschichte« konstituiert die Rollen der Gegenrevolutionäre nur auf andere Art: er läßt die Militärs an der Wirklichkeit dieser Revolution von vornherein gar nicht teilhaben.

Die in der Forschung zu »November 1918« häufiger thematisierte stilistische Vielfalt und Variationsbreite des Erzählens läßt sich somit nicht nur auf ideologische Vorlieben des Autors Döblin zurückführen.[162] Wenn Osterle feststellt, daß der Roman als ein »tragikomisches Werk« erscheine und dies auf den unauflösbaren Wertedualismus von Marxismus und Christentum zurückführt, der in der Gegenüberstellung von Tragik und Groteske von Döblin ad absurdum geführt worden sei,[163] so gilt es vor dem Hintergrund der hier veranschlagten Betrachtungsweise des Historischen kritisch anzumerken, daß die Stilformen des Tragischen und des Komischen im historiographischen Diskurs der Revolutionsdarstellung einen sehr genauen Ort haben, der in diesem inter-

---

[161] Vgl. so auch Dollenmayer: The Berlin Novels of Alfred Döblin, S. 146. Siehe dazu u.a. II/1, S. 201ff., S. 354ff.
[162] So Kiesel: Literarische Trauerarbeit, S. 287ff.; Osterle: Nachwort zur dtv-Ausgabe von »November 1918«, Bd. IV, S. 674; Dollenmayer: The Berlin Novels of Alfred Döblin, S. 143ff.
[163] Osterle: ebd., S. 674/75.

Der Aufbau einer revolutionären Wirklichkeit 143

textuellen Sinne auch in der Schreibweise von »November 1918« produktiv wird. Zweifelsohne würde kein Historiker die Figurationen des Tragischen und Komischen derart explizit in eine leitmotivisch eingesetzte Stilistik transformieren, wie es im Novemberroman der Fall ist. Und ebenso unzweifelhaft würde sich kein Historiker eine solche stilistische Vielfalt leisten, wie sie in »November 1918« inklusive des auffallend »realistischen« Stils der »Geschichte« der Militärs inszeniert ist. Beide Vertextungsstrategien würden den »mythischen« Effekt des historiographischen Diskurses zerstören und die Vertextungsmechanismen im Aufbau einer historischen Wirklichkeit um den Preis der Gegenständlichkeit an die Oberfläche der Texte wie deren Lektüre rücken lassen.

Die stilistische Variationsbreite in der Revolutionsdarstellung des Novemberromans kann somit im Rekurs auf historiographische Diskursbedingungen durchaus referentiell rezipiert werden.[164] Wenn in »November 1918« diese offensichtliche literarische Qualitätszuschreibungen aber in die Form einer ausgeprägten Stilistik überführt werden, dann kann auch dieser Aspekt der historiographischen Bedeutungskonstitution zu einem eigenen Thema der Lektüre werden.

5.3.3 Rosa Luxemburg – der Golgathaweg einer Revolutionärin

Die Darstellung der Rosa Luxemburg in »November 1918« hat wohl die heftigsten Debatten über die Gestaltung historischer Figuren in diesem Roman ausgelöst. Auch hier lassen sich wieder die »üblichen« Leseweisen feststellen, wie sie im Forschungsbericht allgemein und im Exkurs zur Figurengestaltung im besonderen bereits referiert worden sind. So hat man im Rahmen einer streng historischen Lektüre zumeist die Unglaubwürdigkeit der Gestaltung der Rosa Luxemburg betont: diese bedeutende Revolutionärin und brillante politische Theoretikerin würde hier auf fast schon unzumutbare Art und Weise zu einer an den Wahnsinn grenzenden Mystikerin verfremdet.[165] Grundlage einer solchen Kritik ist ein ideologisches Verständnis dieser Figur, insofern vorausgesetzt wird, daß die Historizität der Rosa Luxemburg einer anderen »Geschichte« zu folgen habe als der im Roman dargebotenen.

Andere Interpreten wie vor allem Isermann und Frühwald haben die Figur unter der Voraussetzung untersucht, daß besonders im letzten Band eine Form

---

[164] Zur diesbezüglichen Literarizität der Revolutionshistoriographie vgl. beispielsweise Müller-Franken: Die November-Revolution, S. 144 oder Haffner: Die deutsche Revolution 1918/19, S. 113.
[165] So vor allem die Kritik bei H. Thomann-Tewarson: Alfred Döblins Geschichtskonzeption in »November 1918«. Dargestellt an der Figur Rosa Luxemburgs in »Karl und Rosa«. In: Internationales Alfred Döblin-Kolloquium New York 1981 (1986) S. 64–75.

des christlichen Epos entworfen sei, in dem die Figur der Rosa eine ganz bestimmte Rolle einnehme.[166] Steht hinter dieser Deutung wiederum die konsequente Absage an eine historische, d. h. auf »Fakten« und Quellen rekurrierende Lektüre, so es die dritte Gruppe von Interpreten gibt, die, dem Schema des Hiatus von Geschichte und Fiktion folgend, die »revolutionäre Humanität« der dargestellten Rosa im Gegensatz zur politischen Revolutionärin betonten.[167]

Es gilt festzuhalten, daß die Gestaltung dieser Figur im Novemberroman derart diffizil ist, daß jede interpretatorische Zugangsweise, auch die im folgenden vorgelegte, notwendig reduktiv erscheinen muß. Vor dem Hintergrund der hier anvisierten Lektüre des Romans interessiert aber vor allem, ob die oben referierten Angriffe wie Rechtfertigungen überhaupt notwendig sind, wenn man nach der historischen Darstellung der Rosa-Figur fragt.

Denn man kann die religiöse Passionsmotivik, welche die Rosa-»Geschichte« unzweifelhaft prägt, zunächst durchaus in einem Zusammenhang mit einer historischen Lesart dieser Figur betrachten. Berücksichtigt man die archetypische Erzählform der tragischen Romanze, so ist die Darstellung der Rosa in »November 1918« intertextuell betrachtet keine Besonderheit. Bereits in der zeitgenössischen literarischen Rezeption der Novemberrevolution war es üblich, das Scheitern der spartakistischen Revolutionäre in Motiven der christlichen Passionsgeschichte zu gestalten.[168] Aber auch in der Historiographie ist dieser religiöse Prätext anzutreffen.[169]

Die religiöse Motivik als solche ist in dieser Betrachtungsweise also kein Hinweis auf die speziell literarische bzw. unhistorische Formung dieser Figur. Ein spezifisches Moment in der Gestaltung der Rosa in »November 1918« ist jedoch, daß die ihrer »Geschichte« zugrundeliegende archetypische Grund-

---

[166] Isermann: Der Text und das Unsagbare, S. 254ff.; W. Frühwald: Rosa und der Satan. In: Internationales A. D.-Kolloquium Freiburg i. Br. 1983 (1986), S. 239–256, hier S. 248ff.
[167] So vor allem bei Kiesel: Literarische Trauerarbeit, S. 398ff.; A. W. Riley: Christentum und Revolution. In: W. Frühwald/W. Schieder (Hgg.): Leben im Exil, Hamburg 1981, S. 91–102; W. Busch: Alfred Döblin und die Tradition der physiologischen Methode. In: Internationales Alfred Döblin-Kolloquium (1987) 120–164; Althen: Machtkonstellationen einer deutschen Revolution, S. 173ff.
[168] Vgl. so z. B. das Gedicht von Fritz Rück: »Auf Golgatha«. In: Feuer und Schlacken. Gedichte aus Krieg und Revolution, Stuttgart 1920, S. 29 wie die »Hymne auf Rosa Luxemburg« von J. R. Becher: In: ders.: Gedichte 1919–1925, Berlin/Weimar 1966, S. 30–33. Siehe auch M. H. Fritton: Literatur und Politik in der Novemberrevolution 1918/19, Frankfurt a. M. u. a. 1986 sowie die bereits genannte Untersuchung von Th. Koebner: Der Passionsweg der Revolutionäre (siehe Kap. VIII/Anm. 62). Auch diese literarischen Texte müssen natürlich in Bezug zum Revolutionsdiskurs gesehen werden, d. h. es geht hier nicht um den Ausweis einer rein literarischen Intertextualität.
[169] Vgl. so ganz explizit bei Haffner: Die deutsche Revolution 1918/19, S. 152.

Der Aufbau einer revolutionären Wirklichkeit 145

handlung deutlich als eine solche gestaltet ist, so daß die Figur der Rosa in der Tat »unhistorischer« als die des Karl Liebknecht wirkt. Dies liegt aber nicht daran, daß die archetypische Grundhandlung der Rosa-»Geschichte« mit der eigentlichen Revolution nichts zu tun hätte. Rosas mystische Visionen im Gefängnis und ihre zunächst irreal anmutende Erfahrungswelt können durchaus in einem Zusammenhang mit der »Geschichte« der Revolution gelesen werden, da deren Erzählung über motivische Komponenten strukturiert ist, die auch die Wirklichkeit einer gescheiterten Revolution konstituieren.

Rosas eigentliche »Geschichte« beginnt im Roman erst im letzten Band. Zuvor wird sie nur kurz von verschiedenen Figuren hinsichtlich ihrer politischen Rolle erwähnt.[170] Daß Rosas »Geschichte« ausgerechnet im III. Band erzählt wird, ja daß sie diesen letzten Teil der Gesamtgeschichte kompositorisch gesehen sogar eröffnet, scheint nicht von ungefähr. Geht es doch in »Karl und Rosa« um die tragische Peripetie dieser Revolutionsgeschichte. Und die entscheidende Grundhandlung, von der aus die Figur der Rosa entworfen ist, ist genau diesem Moment der »Geschichte« zugeordnet: Rosas »Geschichte« ist ein einziger Kampf um die Erlösung aus dem Leiden heraus, in der noch einmal in großer Dichte Figurationen der Überschreitung der Erfahrungswelt inszeniert werden, die aber schnell schon in eine tragische Peripetie münden. Die Entwicklung der Rosa Luxemburg läßt sich somit als eine tragische Romanze in nuce lesen, wobei der Schwerpunkt auf dem Aspekt des Kampfes um die endgültige Erlösung liegt, d.h. auf dem großen Drama des Endes einer tragischen Revolutionsgeschichte, welches stark apokalyptische Züge trägt.

Betrachtet man die Eröffnung ihrer »Geschichte«, so wird man zunächst in einer Art »Schnelldurchlauf« mit kurz hintereinander geschalteten Szenen aus dem Leben dieser Revolutionärin konfrontiert, wobei hier ganz typische Szenen entworfen sind, die an die Stilisierung Karls erinnern. Rosa erscheint als die rastlose Aktivistin, als Agitatorin, als unermüdliche Kämpferin und als politisch Verfolgte.[171]

Kiesel hat betont, daß der Anfang der Rosa-»Geschichte« ein »durch und durch quellengetränkter« ist: fast vollständig sei hier das Ensemble der für Luxemburg-Biographien obligatorischen Stellen mitentworfen.[172] Mit diesen Prätexten wird zunächst einmal ein historisch lesbares Bild von Rosa aufgebaut, wobei diese Prätexte auf eine ganz bestimmte Komponente des Revolu-

---

[170] Vgl. II/1, S.296ff. Siehe dazu auch Althen: Machtkonstellationen einer deutschen Revolution, S.166.
[171] Vgl. III, S.11–13.
[172] Kiesel: Literarische Trauerarbeit, S.405. Kiesel nennt hier verschiedene Schriften und Briefe von Rosa Luxemburg, wie beispielsweise den berühmten »Junius«-Brief vom Januar 1916.

tionsdiskurses verweisen: nämlich auf den Entwurf der klassischen Rolle einer Revolutionärin in Zeiten des Kampfes. Die verdichtete Aneinanderreihung der Prätexte wie deren intrapunktorische Markierung lassen allerdings deutlich werden, daß dieses Bild der Rosa Luxemburg, das viele Interpreten wohl als »historisch glaubwürdiger« einstufen würden, ebenso ein entworfenes Bild ist.

Betrachtet man, welche sonstigen Fakten aus dem Leben der »politischen« Rosa im III. Band erzählt werden, so sind dies die wichtigsten, was den erzählten Zeitraum betrifft.[173] Es ist somit weniger der Fall, daß in »November 1918« die »politische« Rosa nicht gebührend erwähnt würde. Wenn die Figur dennoch seltsam ahistorisch erscheint, so liegt dies daran, daß diese Fakten ohne Geschichtenzusammenhang entworfen sind. Diese Dissoziation von Fakten und »Geschichte« hat umgekehrt den Effekt, daß die archetypische Erzählform der tragischen Romanze um so stärker in den Blickpunkt der Lektüre rücken kann: die Rosa-»Geschichte« wird *als* »Geschichte« lesbar, d. h. als konzeptueller Entwurf einer Wirklichkeit der scheiternden Revolution.

Wie baut sich nun diese »eigentliche Geschichte« der Rosa Luxemburg auf? Ansatzpunkt ist der Tod ihres Freundes Hannes, von dem sie im Gefängnis erfährt (III, S. 13). Rosa kann und will nicht glauben, daß Hannes im Krieg gefallen ist.

In magischen Visionen erlebt sie die Wiedergeburt ihres Freundes, der fortan bis zu ihrer Ermordung ihr Begleiter bleibt. Die imaginative Wiedergeburt von Hannes erfolgt noch während ihres Zellenlebens, ja hier wird dieses Erlebnis für Rosa zu einer Erfahrung der eigenen Wiedergeburt als liebende Frau und zu einer Erfahrung der Befreiung inmitten der Gefangenschaft. Der Tod von Hannes erscheint damit als ein definitiver *Bruch* mit ihrem eigenen früheren Leben: ein neues soll geboren werden, und zwar das einer Liebenden (III, S. 16- 18).

Die Pointe dieser Erzählführung liegt darin, daß Rosa zunächst in montierten Einzelszenen als typische politische Revolutionärin entworfen wird, bevor dann noch einmal ihre »eigentliche« Revolution im Sinne einer erzählten »Geschichte« dargestellt wird. Und es scheint nicht von ungefähr, daß vor der Schilderung von Rosas »privater« Revolution das Kapitel über Lenin und »seine Revolution« eingeschoben ist (III, S. 20ff.). Wie erwähnt, ist diese »Geschichte« Lenins als eine reine Macht- und Bürgerkriegsgeschichte entworfen, d. h. ohne daß hier auf typische Figurationen der Romanze Bezug genommen wäre. Damit folgen die »Geschichten« dieser zwei Symbolfiguren der Revolu-

---

[173] Es ist im wesentlichen die Gefängniszeit bis zur Entlassung am 9. November 1918 (III, S. 103), ihre Tätigkeit als Theoretikerin und Agitatorin von Spartakus (vgl.III, S. 249ff., wo von dem Gründungsparteitag der KPD erzählt wird) und ihre Flucht und Ermordung nach den Januarkämpfen (vgl. III, 8. Buch, S. 509ff.). Siehe zu den »faktischen« Handlungen Rosas ähnlich Haffner: Die deutsche Revolution 1918/ 19, S. 152ff.

tion einem genau umgekehrten Schema der Vertextung: während die Realität der Revolution Lenins eine der »Fakten« ist, denen jegliche »Geschichte« fehlt, wird im Anschluß Rosas Revolution zu einer »Geschichte«, welche die Welt des Faktischen völlig verläßt, aber gleichwohl durch Figurationen strukturiert ist, die sich ganz klassisch als Elemente einer tragischen Romanze lesen lassen.

Rosas Visionen folgen dabei einer eigenen »Logik«, die sich als eine Steigerung der imaginären *Grenzüberschreitung* der Erfahrungswelt erweist.[174] Hannes, dessen Erscheinen in Rosas Zelle an den Mythos des unerlösten Soldaten erinnert – ein Mythos, der im übrigen auch in der Darstellung der Matrosen bzw. ihres unerlösten Aufbegehrens im Finanzministerium leitmotivisch mitentworfen ist[175] – findet zunächst in Rosas Körper einen Ort der erlösenden Wiedergeburt.

Beide zusammen erleben visionäre Grenzüberschreitungen von Zeit und Raum: sie machen eine »geheimnisvolle Weltreise« und eine »Wunderfahrt durchs Eismeer« (III, S. 69ff./ 77ff.).[176] Doch Rosas »Aufbruch« mündet nicht in die Erlösung, sondern in die *Passion* und das Märtyrium: als Hannes sich auf einer weiteren Reise mit Rosa nach deren Gefängnisentlassung als Satan zu erkennen gibt (III, S. 296ff.), wird auch die »Geschichte« Rosas zu einer zwischen Himmel und Hölle.

Die letzten politischen Kämpfe der Rosa Luxemburg und ihre Visionen der magischen Grenzüberschreitungen mit Hannes werden dabei zunehmend parallel erzählt, bis beide Erzählstränge am Ende in eine Passionsgeschichte münden.[177] Rosas »Geschichte« ist dabei deutlich an das Vorstellungsbild einer apokalyptischen Erlösung gebunden. Ihre Hochzeitsreise mit Hannes erinnert an das Bild der »Hochzeit der Braut«, wie es in der Offenbarung des Johannes entworfen ist. Es ist eine Figuration des endgültigen heilvollen Lebens: die Sehnsucht der Braut repräsentiert die Sehnsucht der Menschheit nach der messianischen Erlösung und Befreiung. Auch die Stilisierung von Hannes als eines

---

[174] Vgl. dazu auch Isermann: Der Text und das Unsagbare, S. 257.
[175] Dieser interessante Hinweis findet sich ebenfalls bei Isermann: ebd., S. 258.
[176] Die Gestaltung dieser »Grenzüberschreitung« erinnert im übrigen stark an die von Ulenspiegel und Nele in dem »Ulenspiegel«-Roman von Charles de Coster, was bisher in der Forschung noch nicht bemerkt worden ist. Vgl. Ch.de Coster: Ulenspiegel. Die Legende und die heldenhaften, fröhlichen und ruhmreichen Abenteuer von Ulenspiegel und Lamme Goedzak im flandrischen Lande und anderswo, Darmstadt 1966, Kap. 85/1. Buch, S. 261ff.). Nebenbei bemerkt läßt sich auch der »Ulenspiegel« als ein historischer Revolutionsroman lesen, in dem diese Szene einen funktional vergleichbaren Ort hat.
[177] Vgl. so die Engführung der tragischen Peripetie von Hannes Enthüllung und der »Enthüllung« des scheiternden revolutionären Kampfes vom 6. Januar 1918 im 5. Buch: III, S. 281ff. sowie die definitive Entscheidung des Kampfes im 8. Buch: III, S. 509ff.

satanischen Verführers erinnert an das Inventar von Handlungsträgern apokalyptischer Geschichtsentwürfe.

Rosas Kampf zwischen Himmel und Hölle symbolisiert somit in leitmotivischer Verknüpfung mit den »Geschichten« von Karl Liebknecht, Friedrich Becker oder auch Woodrow Wilsons die Radikalität einer geschichtlichen Umbruchserfahrung, deren revolutionäre Bedeutung sich allein über eine bestimmte Motivik realisiert.

Die Anlehnung an den Prätext der Apokalypse läßt allerdings von vornherein keinen Zweifel, daß in Rosas »Geschichte« nur noch das Ende eines tragischen Revolutionsdramas entworfen ist.

Karl und Rosas letzter Lebenstag ist so auch ganz explizit und markiert in Anlehnung an biblische Figurationen entworfen. Ein Kapitel des 8.Buches ist mit dem Titel: »Am Morgen des letzten Tages« überschrieben und ruft damit deutlich Figurationen der Schöpfungsgeschichte auf.[178] Und wenn die beiden bei der Diskussion über Karls letzten Artikel in der Roten Fahne gezeigt werden, in dem von dem »Golgathaweg der deutschen Arbeiterklasse« und dem nahenden »Tag der Erlösung« die Rede ist (III, S.570), oder wenn Rosa aus dem Exodus zitiert (III, S.574), so sind hier klassische Prätexte des Revolutionsdiskurses in die Darstellung der historischen Erfahrungs- und Handlungswelt dieser beiden Revolutionäre eingearbeitet.[179] Auf diese Weise wird das politische Scheitern von Karl und Rosa nicht nur als Mißerfolg auf der machtpolitischen Ebene erzählt. Eine revolutionäre Bedeutung erhält dieses Scheitern erst dadurch, daß die Passionsmotivik die »Geschichten« von Karl und Rosa semantisch spezifiziert.

Wenn allerdings Karl und Rosa in ihren Gesprächen das Passionsmotiv wie auch die konkreten biblischen Prätexte eigens zum Thema machen, dann transformiert sich das Vertextungsprinzip ihrer »Geschichten« in eine selbstreflexive Bewegung. Und zwar in einem ganz wörtlichen Sinne: diese beiden Figuren versprachlichen damit nämlich den Vertextungsmodus ihrer eigenen Rollen. Wenn so Rosa gegenüber Karl die für Revolutionen typische Figuration der Erlösung als ein messianisches Moment formuliert, dann erscheint dies wie ein Kommentar zu der erst noch folgenden Darstellung ihres eigenen Endes als Revolutionärin.

Denn Rosas Erlösung wird als ein solch plötzlicher Moment der visionären Erfüllung inszeniert – als ein Sprung aus der Zeit in das Reich der Freiheit.[180]

---

[178] Vgl. dazu auch Frühwald: Rosa und der Satan, S.252 und Althen: Machtkonstellationen einer deutschen Revolution, S.210ff.
[179] Daß ausgerechnet dieser letzte Artikel Liebknechts in die Darstellung integriert ist, verweist noch einmal auf den engen Zusammenhang zwischen der Selektion und Einarbeitung der Quellen und dem entworfenen narrativen Modell der Ereignisse.
[180] Rosa erkennt in einer Art Augenblicksepiphanie die Erlösung in Gestalt des Cherubs: III, S.547. Vgl. so auch Isermann: Der Text und das Unsagbare, S.261.

Der Aufbau einer revolutionären Wirklichkeit

Obwohl ihre grausame Ermordung erst nachträglich erzählt wird, ist ihre Revolutionsgeschichte damit bereits zum entscheidenden Abschluß gelangt. In Rosas Visionen ist das Ende einer tragisch scheiternden, nur jenseits des Irdischen Erlösung findenden Revolutionärin damit bereits entworfen, *bevor* dieses Vorstellungsbild der tragischen Romanze seine Historizität auf der Ebene der erzählten Ereignisse erhält.

In der Forschung ist dagegen angemerkt worden, daß das Ende der Rosa Luxemburg in »November 1918« nicht das einer Revolutionärin sei. Im Gegensatz zu der progressiven und linearen Vorstellungswelt des Revolutionären folge die Darstellung eher einem mythischen Modell der Rückkehr zu einem ewigen Ursprung.[181] Es fragt sich jedoch, ob dieses Moment der Rückkehr zu einem Ursprung unbedingt mit einem zyklischen Verständnis von historischer Veränderung einhergehen muß, was in der Tat der Semantik einer Revolutionsgeschichte widerspricht. Betrachtet man die gesamte »Geschichte« von Rosa, wie sie in »November 1918« entworfen ist, so scheint das abschließende Bild der Rückkehr eher in Anlehnung an den Archetypus der Exodus-Geschichte inszeniert zu sein. Damit kann aber kaum von einem zyklischen Modell der Veränderung gesprochen werden.[182] Die Stärke der »Geschichte« von Rosa Luxemburg scheint nämlich wie im Exodus deutlich auf dem Ende zu liegen, wobei dieses Ende schon am Anfang in den Visionen der Erlösung als ein Bestreben gegenwärtig ist. Rosa überwindet letztlich die »Geschichte« des Gefangenseins und der Passion. Mit anderen Worten: es läßt sich durchaus ein progressives Moment, eine gewisse Zweckgerichtetheit auf den Moment der Erlösung hin feststellen. Rosas Rückkehr zu Gott ist damit eine wahrhaft revolutionäre Verheißung im Sinne der Exodus-Geschichte.

Es ist eine Rückkehr nicht im mythischen Sinne, sondern eine Rückkehr zum Ursprung eines neuen Lebens, eine Art zweiter Schöpfungsakt. Allerdings ist der Exodus der Rosa Luxemburg in Anlehnung an die jüdische Überlieferung gestaltet, d.h. als eine Art messianischer Exodus, in dem die Erlösung als eine Mission, und nicht als ein irdisches Zion entworfen ist.[183] Ganz im Sinne der tragischen Romanze wird Rosas Erlösung in Form eines apokalyptischen Endkampfes mit der Gestalt Satans dargestellt, wobei dieser Kampf erzählerisch mit ihrer Ermordung engeführt wird (III, S. 587–589). Wenn Rosa im Angesicht ihres Mörders sagen kann: »Du hast keine Macht über mich« (III, S. 589), so wirken diese letzten Worte Rosas wie eine Art Verkündigung

---

[181] So Frühwald: Rosa und der Satan, S. 251 wie auch Busch: Faust und Faschismus, S. 38–40.
[182] Vgl. dazu Walzer: Exodus und Revolution, S. 22.
[183] Zu dieser Variante des Exodus vgl. Walzer: Exodus und Revolution, S. 143 ff.

der Erlösung vor ihrem endgültigen Opfertod für den unerreichten Zeitensprung in die neue Welt.[184]

Der Golgathaweg der Rosa Luxemburg formiert sich somit zu einer »Geschichte«, in der die religiösen Symbolisierungsstrategien der Historiographie zur eigentlichen Grundlage wie auch zum Thema des Erzählens werden. Auf diese Weise kann Rosa ähnlich wie Karl Liebknecht als »wirklich« revolutionär erscheinen und zugleich in ihrer Rolle reflektiert werden.

5.3.4 Woodrow Wilson – Messianismus und Donquichotterie

Es ist in der Forschung mehrfach betont worden, daß Wilson als eine äußerst positive Figur in »November 1918« gezeichnet worden sei. Seine Bemühungen um einen gerechten Frieden und eine neue Weltordnung seien ebenso revolutionär gewesen wie sie tragisch scheiterten.[185] Die Parallelität von Wilsons »Geschichte« zu der der deutschen Revolution scheint aber nicht nur auf thematische Weise gegeben. Die Wilson-Handlung kann auch als eine Revolutionsgeschichte gelesen werden, *insofern* sie in intra- und intertextuell vergleichbarer Weise als eine tragische Romanze entworfen ist.

Ähnlich wie bei der Rosa-»Geschichte« liegt der Schwerpunkt auf der Figuration von Passion und Erlösung, d. h. auch diese »Geschichte« ist stark vom Ende her strukturiert. Allerdings sind es nicht allein biblische Prätexte, mit denen Wilsons Unbedingtheit des revolutionären Handelns bzw. dessen Scheitern entworfen wird. Zentral ist auch ein literarischer Prätext, nämlich der von »Don Quichotte«. Genauer gesagt sind es zwei verschiedene Bilder der Don-Quichotte-Figur, welche die Rolle Wilsons im Sinne des gestischen Erzählens strukturieren. So erscheint Wilson zum einen als »klassischer« Don Quichotte, d. h. als ein abstrakter Idealist der Weltveränderung, dessen Scheitern eher komisch denn tragisch wahrgenommen wird. Dieser Gestus formiert sich wesentlich über die Reden anderer Figuren, vornehmlich derer, die als Gegner Wilsons dargestellt sind. Von der Erzählstruktur, der Motivik und den auktorialen Kommentaren her gesehen, liegt zumal dem Ende der Wilson-»Geschichte« ein Bild des Don Quichotte zugrunde, wie es im zweiten Teil des Textes von Cervantes gestaltet ist. Und dieses Bild erinnert eher an die Passion Jesu, trotz oder gerade wegen der karikaturhaften Elemente.[186] Wilsons mes-

---

[184] Auch damit ist in variierter Form ein Szenetypus literarischer Revolutionsdarstellungen entworfen, dessen Voraussetzungen allerdings nicht in der Literatur allein, sondern in dem semantischen Archetypus des Revolutionären zu finden sind, wie er gleichermaßen die historiographischen Wirklichkeitsentwürfe immer schon mitbestimmt. Vgl. dazu wiederum Koebner: Der Passionsweg der Revolutionäre, S. 39.
[185] Vgl. so Althen: Machtkonstellationen einer deutschen Revolution, S. 196 oder Elshorst: Mensch und Umwelt im Werk Alfred Döblins, S. 113.
[186] Vgl. so Bloch: Das Prinzip Hoffnung. Bd. 3, S. 1231.

sianisches Ringen um eine neue Welt ist damit gleichermaßen in den Gestus integriert, wie er den »Geschichten« Rosas oder Beckers zugrundeliegt, aber dieser Gestus ist über ein *variantes Modell* organisiert. Durch diese intratextuelle Relationierung wird der gestische Modus der Vertextung als eine Form des selbstreferentiellen Erzählens erkennbar: das Modell eines tragisch scheiternden grenzüberschreitenden Handelns wird in »November 1918« in ein Repertoire aufeinander verweisender Narrationen transformiert.

Auch Wilsons »Geschichte« beginnt von der Gesamtkomposition her erst verspätet. Bis zu »Heimkehr der Fronttruppen« wird er im Hinblick auf seine (außenpolitische) Rolle nur von anderen Figuren in Gesprächen erwähnt. Der Beginn der Erzählung seiner »Geschichte« in Band II/2 wirkt dabei wie ein Neuansatz oder *Neubeginn* der Erzählung. Nachdem in den ersten beiden Bänden nur von dem Ende des Krieges, dessen verheerenden Folgen und den machtpolitischen Überlegungen der Sieger die Rede war,[187] wird mit dem Auftreten Wilsons auch der Erste Weltkrieg als ein Ereignis des Bruches im bisherigen europäischen Staatensystem lesbar, das die Schöpfung einer neuen Weltordnung erhoffen läßt.

Auch die zuvor erzählten Ereignisse um den Waffenstillstand und die Reaktionen der Franzosen und Engländer auf das Ende dieses furchtbaren Krieges lassen sich nun als Momente des Ringens um eine neue internationale Ordnung deuten.[188] Mit anderen Worten: wirkten die Kriegsgeschichten zuvor vor allem im I. Band wie eine »Störung« in dem erzählerischen Entwurf einer revolutionären Wirklichkeit, so werden sie nun nachträglich *umgeschrieben* zu einer Revolutionsgeschichte spezieller Art. Der Neuansatz des Erzählens suggeriert dabei den durch Wilson verkörperten Neubeginn ebenso wie er die Rolle Wilsons als einen Entwurf der erzählerischen Konstruktion erkennbar macht. Die historische Lesart der Wilson-»Geschichte« wird so von vornherein konterkariert.

Betrachtet man nun die Art und Weise, wie diese Figur zu Beginn des Bandes II/2 eingefuhrt wird, so fällt auch hier die extreme Stilisierung dieser Figur bzw. ihrer revolutionären Rolle auf. So wird bezeichnenderweise sehr ausführlich Wilsons Schiffsfahrt nach Europa beschrieben. Die Inszenierung des »Aufbruchs« Wilsons nach Europa durch die Figuration der Seefahrt erinnert

---

[187] In »Bürger und Soldaten« wird zu Beginn des 2.Buches noch einmal ausführlich von dem Zusammenbruch der deutschen Westfront berichtet (I, S.189ff. und 195ff.). In den Kapiteln »Maurice Barrès« (I, S.260ff.) und »Marschall Foch« (I, S.294ff.) stehen vor allem die machtpolitischen Überlegungen der Franzosen im Mittelpunkt.
[188] Vgl. so auch Hamm: Alfred Döblin: »November 1918«, S.5 und Althen: Machtkonstellationen einer deutschen Revolution, S.194ff.

an den Gründungsmythos der Aeneis. Dieser Mythos ist nicht nur für historische Darstellungen der Amerikanischen Revolution von jeher bedeutsam gewesen.[189] Ausdrücklich sind in diesem Kontext Europa und Amerika als semantisch oppositive Welten dargestellt: so ist von dem »wirren«, »kranken« Europa, dem alten »Mutterland« (II/2, S. 11) die Rede, wohingegen Amerika als eine junge, gesunde Welt erscheint, als ein Land, welches kein »geographisches, sondern ein moralisches Faktum« (II/2, S. 14) ist. Mit der Lebensalter- und Krankheitsmetaphorik wird die revolutionäre Geschichtenkonstellation zweier extrem oppositiver Ordnungen noch einmal betont.[190] Ausführlich wird Wilson in die Tradition der Pilgrimväter eingeordnet. Durch die Einmontierung zentraler Texte der Amerikanischen Revolution wird Wilson ganz explizit in eine revolutionäre Tradition gestellt, in der das Revolutionäre und das Religiöse zur Deckung gebracht sind (II/2, S. 11/12).

Damit ist wiederum *vor* der eigentlichen Erzählung von Wilsons handlungsbezogener Geschichte schon der Gestus formuliert, von dem aus diese Figur bzw. ihre revolutionäre Handlungswirklichkeit entworfen ist. In dieser Figur bündeln sich gewissermaßen alle zentralen Figurationen, die mit der Vorstellungswelt eines revolutionären Gründungsaktes verbunden sind: als ein Erlöser ist er zugleich »Richter« oder gar »Weltenrichter« (II/2, S. 12/14; S. 96), ein »strenger Reiniger« (II/2, S. 13) und »Menschheitsarzt« (II/2, S. 86), der in Gottes Auftrag (II/2, S. 14) die Welt erneuern will.

Bei keiner anderen Figur werden die symbolischen Konnotationen der revolutionären Erlösungs- und Schöpfungsgeschichten derart häufig und explizit in der Form von Epitheta eingesetzt. Wilsons Rolle ist damit derart überstilisiert, daß die Rollenhaftigkeit selbst das eigentliche Thema seiner »revolutionären Geschichte« zu sein scheint.

Die handlungs- und ereignisbezogene Geschichte Wilsons ist in »November 1918« nur sehr kurz erzählt. Schwerpunktmäßig wird neben der genannten ausführlich stilisierten Einführung seiner Rolle nur sein »Endkampf« bei der Friedenskonferenz in Paris geschildert. Alle anderen Stationen seiner Europa-Reise werden nur in kurzen Szenen entworfen: so u. a. sein Empfang in Paris, wo die Massen für ihn auf die Straße gehen und Wilson auf seine Art als ein messianischer Führer erscheint (II/2, S. 307/313).[191] Der Schwerpunkt der Darstellung liegt deutlich auf dem Ende seiner »Geschichte«, und d. h. auf der

---

[189] Vgl. dazu H. Arendt: Vom Leben des Geistes. Bd.II: Das Wollen, München/Zürich 1979, S. 197; Harth: Revolution und Mythos, S. 15ff.; Althen: Machtkonstellationen einer deutschen Revolution, S. 195/Anm. 460.
[190] Zur historiographischen Intertextualität dieser Lebensaltermetaphorik vgl. D. Schulz: Die amerikanische Revolution als Familienkrach. In: Revolution und Mythos, S. 85–103.
[191] Vgl. Althen: Machtkonstellationen einer deutschen Revolution, S. 195; Humphrey: The Historical Novel, S. 138.

Schilderung seiner letzten tragisch scheiternden Versuche, die Gründung einer neuen Weltordnung doch noch zu erzwingen. Dabei wird die Aussichtslosigkeit wie Bedingungslosigkeit seines politischen Kampfes in den Mittelpunkt der Erzählung gestellt bzw. regelrecht inszeniert.

So erscheint Wilson auf der Konferenz in Paris noch einmal in seiner symbolisch inszenierten Rolle eines Revolutionärs. Wilson verhandelt hier nicht als ein Politiker unter anderen, sondern als ein »Verkündiger« (II/2, S. 443) oder gar Schöpfer einer neuen Welt:

»Die Konferenz.
Bestrahlt von der Lampe der Wilsonschen Gerechtigkeit und angelockt von diesem Licht, traten sie einer nach dem anderen an, jeder mit Gefolge, jeder im Nationalkostüm, und verbeugten sich. Sie waren da, sie waren gerettet. Sie waren wie die Menschen, die Tiere und Vögel, die Gott eingeladen hatte, in der Arche Noah Platz zu nehmen, und die die Sintflut überstanden hatten und nun daran gingen, die Erde von neuem mit Wesen ihrer Art zu bevölkern.« (II/2, S. 412)

Durch die Bezugnahme auf Motive des Genesis-Textes wird Wilsons eigentliche Rolle auf dieser Konferenz noch einmal deutlich stilisiert – so, als solle mit dieser wiederholten Stilisierung die spezifisch revolutionäre Tragik seines im folgenden erst erzählten Scheiterns ausdrücklich betont werden. Wenn dagegen im Anschluß von seiner diplomatischen Niederlage in Paris und deren Besiegelung in Versailles bzw. Amerika erzählt wird, rückt der literarische Prätext des »Don Quichotte« stärker in den Mittelpunkt. Der biblische Intertext wird somit in einen literarischen transformiert. Die Konstitution der revolutionären Rolle Wilsons erweist sich als ein intertextuelles Spiel mit der Textualität von Revolutionsgeschichten.

So wird erzählt, daß Wilson nach seiner Rückkehr nach Amerika eine »Kreuzzugsidee« gegen den amerikanischen Senat entwickelt, der seine sowieso schon gescheiterten Verhandlungsergebnisse von Versailles auch noch ablehnt (II/2, S. 471). Sein »Endkampf« (II/2, S. 467) wird einerseits über bestimmte Motive als donquichottisch entworfen – so vor allem über das Motiv der anachronistisch anmutenden Ritterlichkeit (ebd.) – wie andererseits auch explizite Einarbeitungen des literarischen Prätextes festzustellen sind (II/2, S. 472). Die Donquichotterie Wilsons ist hierbei nicht als komische Geschichte eines abstrakten Idealisten entworfen. Er erscheint vielmehr als eine tragische »Traumgestalt der Ausfahrt«[192], deren vergebliches Ringen um die Gründung einer neuen Welt von dem auktorialen Erzähler deutlich in die Nähe der Passion Jesu gerückt wird.[193]

---

[192] Bloch: Das Prinzip Hoffnung. Bd. 3, S. 1227.
[193] Vgl. II/2, S. 472 und S. 473–476, wo Wilson als eine Art messianischer Prediger dargestellt ist. Diese Gestaltung kehrt in der Darstellung der Becker-Figur wieder. Siehe dazu die folgenden Ausführungen in Kapitel VIII. 5.5.

Wie schon in der Rosa-»Geschichte«, so sind es auch hier ganz spezifische narrativ-semantische Modelle und figurale Repräsentationsmodi, die Wilsons Entwicklung bzw. sein Scheitern als Teil der Revolutionsgeschichte erscheinen lassen. Denn die erzählten Fakten der Friedensverhandlungen alleine können nicht eine solche historische Parallele zu der deutschen Revolution konstituieren. Nicht von ungefähr sind die »Geschichten« um die anderen Handlungsträger dieser Friedensverhandlungen im Stile einer reinen Diplomatie- und Machtgeschichte gestaltet. Wie so häufig in »November 1918« wird auch hier mit verschiedenen narrativen Typen der Historiographie gearbeitet. Auf diese Weise wird die historische Wirklichkeit der Revolution bzw. der Revolutionäre abgegrenzt, wie andererseits das narrative Modell einer solchen revolutionären Wirklichkeit als ein Erzählmodell bewußt werden kann.

Durch diese Gestaltung der Wilson-Handlung wird wie in einer musikalischen Struktur bereits in »Heimkehr der Fronttruppen« die Leitmotivik von Passion und Erlösung vorgegeben, die erst in »Karl und Rosa« zum entscheidenden narrativen Archetyp wird. Die Vorstellungsbilder eines revolutionären Bruches und Aufbruches spielen dabei ähnlich wie in der Rosa-»Geschichte« eher eine untergeordnete Rolle. Die gestische Gestaltung dieser beiden Figuren ist damit deutlich dem Ende der Gesamtgeschichte zugeordnet.

Es gibt allerdings auch Figuren, die durchgehend von dem narrativen Typus der tragischen oder auch komischen Romanze her gestaltet werden: in »November 1918« sind dies vor allem Erwin Stauffer und Friedrich Becker, deren jeweilige Entwicklung abschließend untersucht werden soll. Anhand dieser fiktiven »Geschichten« kann die bisher in einzelne entscheidende Figurationen analytisch zerlegte Revolutionsgeschichte noch einmal in einem Zusammenhang gelesen werden.

5.4 Die »Geschichte« des Erwin Stauffer – eine komische Romanze

Die »Geschichte« des Erwin Stauffer, die sich durch den gesamten Roman zieht, hat in der Forschung vor allem zu Diskussionen über die Bedeutsamkeit dieser Figur geführt. Während einige Interpreten diese Figur trotz der relativen Ausführlichkeit der Gestaltung für eine eher überflüssige Randfigur halten,[194] haben andere Forscher die »Geschichte« dieser Figur als eine Satire auf den deutschen, unpolitischen Intellektuellen gesehen, als eine

---

[194] So Mader: Sozialismus- und Revolutionsthematik, S. 336.

Der Aufbau einer revolutionären Wirklichkeit

Gegenfigur der Revolution und als eine Gegenfigur vor allem zu Friedrich Becker.[195]

Die »Geschichte« von Erwin Stauffer erscheint in der Tat zunächst befremdend, vor allem was die Thematik und die stilistische Form betrifft. Es ist im Grunde eine triviale Geschichte um eine wiedergefundene alte Liebe, die zudem deutlich in Klischees des Trivialromans gestaltet ist. Betrachtet man allerdings das archetypische Schema, welches den ansonsten skurillen und in der Tat weitgehend »unhistorischen« Ereignissen dieses erzählten Handlungsstranges unterliegt, so kann auch diese »Geschichte« als eine Revolutionsgeschichte gelesen werden.

Stauffers »Geschichte« läßt sich nämlich als eine Form der komischen Romanze lesen, also als eine Erzählung von Krise, Bruch, Aufbruch und Erneuerung, in der diese typischen semantischen Figurationen derart verfremdet sind, daß sie nur mehr in einer diminuitiven Form erscheinen, vor allem was die oppositionellen Relationen von Altem und Neuem bzw. von Bruch und Erneuerung betrifft. Es ist somit durchaus richtig, daß diese »Geschichte« im Grunde »unrevolutionär« erscheint. Allerdings ist dies weniger auf die erzählten Inhalte zurückzuführen, sondern vielmehr ein Effekt der Struktur der komischen Romanze und ihrer gegenbildlichen Figurationen.

Zudem erweist sich im Rahmen eines close reading, daß diese »Geschichte« sehr stark intratextuell geprägt ist, zumal was den Gegensatz zu der tragischen Romanze eines Friedrich Becker oder einer Rosa Luxemburg betrifft. Darüber hinaus wird die »Merkwürdigkeit« dieser Figur, auch was deren komische »Revolution« betrifft, im Text ausdrücklich thematisiert und als Gestaltungsmodus reflektiert.

Stauffers »Geschichte« beginnt zunächst im Zentrum der Berliner Revolution. So wird er erstmals im Zusammenhang mit einer Tagung des »Rates der geistigen Arbeiter« eingeführt (I, S. 289). Stauffer zeigt allerdings wenig Interesse für diese Form der Revolution der Intellektuellen, die sich in der Darstellung des Romans auf das »Erzählen von Geschichten« bzw. das Zitieren großer Worte beschränkt. Seine »eigentliche« Revolution beginnt vielmehr, weil er die politische Revolution als eine »Ruhestörung« empfindet. Als er daraufhin umzieht, findet er in einer der Umzugskisten die entscheidenden Briefe seiner alten Geliebten Lucie, die seine ehemalige Frau vor ihm versteckt gehalten hatte (II/1, S. 244ff.). Wesentlich scheint, daß Stauffer sich bereits in einer Art »faustischer Krise« befindet: er fühlt sich als Dichter in seiner Schöpferkraft verlassen, sehnt sich nach einem Erwachen aus dem engen Leben, nach großen

---

[195] Vgl. so Elshorst: Mensch und Umwelt im Werk Alfred Döblins, S. 123/24; Auer: Das Exil vor der Vertreibung, S. 84f.; Althen: Machtkonstellationen einer deutschen Revolution, S. 91ff.

Momenten, wie sie ehemals sein Leben als berühmter Dichter füllten.[196] Wie für Faust die Worte des Evangeliums zu einem Erwachen aus der Lebenskrise werden, so für Stauffer das Lesen der alten Liebesbriefe. Allerdings hat dies zunächst lediglich zur Folge, daß er in eine Nervenkrise verfällt und ärztlich behandelt werden muß (II/1, S. 253) – was ironischerweise von dem herbeigeeilten Portier auf »die Revolution« geschoben wird. Doch der *Bruch* scheint zunächst doch zu einem *Aufbruch* zu werden: denn Stauffer geht nun auf den »Kriegspfad« (II/1, S. 279) nach Hamburg, wo seine ehemalige Frau Klara lebt. Stauffers Entschluß zum »Kampf« kommt ebenso plötzlich wie gewaltig:

> »Die Briefe in der Nacht hatten ihm einen entscheidenden Ruck gegeben. Er war wütend und wild, aktiv, aus der gröbsten Misere heraus [...] Denn sein Entschluß war gefaßt: das Fenster aufzureißen, zum Telephon zu gehen und mit dem nächsten Hamburger Zug abzufahren.« (II/1, S. 279)

Stauffers Zustand wird hier als völlig verwandelt beschrieben: sein »gewaltsamer Aufbruch« ist regelrecht in Szene gesetzt, wobei das Bild der aufzureißenden Fenster inter- wie intratextuell eine typische Metapher für die Situation des revolutionären Umbruches ist.[197] Kurz darauf meldet sich dann auch der »Verfasser« zu Wort, mit den bereits analysierten Überlegungen zu der Merkwürdigkeit dieser so gewaltlosen und langweiligen Revolution (II/1, S. 280). Es scheint, daß Stauffers »Geschichte« hier die erfundene »spannende« Geschichte ist, die der »Verfasser« sich am Ende seiner Reflexionen ausdenkt, um seine Langeweile zu besiegen. Auch kompositorisch gesehen wird damit der auffällige Inszenierungs-Charakter der Stauffer-»Geschichte« markiert. Der »Dichter-Erzähler« ist ständig präsent und Stauffers Entwicklung gleicht der stilisierten Entelechie eines Schauspiels.[198] Die Handlungswelt der Stauffer-»Geschichte« erscheint damit wie schon die des Friedrich Ebert, aber besonders die von Scheidemann von einer Art teleologischer Ästhetik geprägt. Die Gruppe der Verhinderer der Revolution oder der Unrevolutionären ist intratextuell gesehen somit in ähnlicher Weise entworfen.

Die Ästhetik der Stauffer-»Geschichte« zeichnet sich allerdings vor allem durch ihre Komödienstruktur wie ihre Trivialität aus.[199] Indem das Schema der

---

[196] Vgl. die Einmontierung des »Faust«-Zitats in II/1, S. 245 (»Komm du herab, du liebliche Phiole, die ich mit Andacht jetzt herunterhole«). Auch der Beginn der Bekker-Geschichte ist in Anlehnung an diesen Prätext entworfen. Vgl. dazu die Ausführungen im nachfolgenden Kapitel VIII. 5.5.
[197] Vgl. dazu z.B. I, S. 156 sowie die ähnliche Verwendung dieses Bildes bei Haffner: Die deutsche Revolution 1918/19, S. 15.
[198] Vgl. dazu auch II/2, S. 47 und S. 143.
[199] Vgl. dazu die These von Mark Goldberg, der in Anlehnung an Kierkegaard die Figur Stauffers als eine »ästhetische Existenz« interpretiert hat (Individual and society, S. 135/136). Goldberg betrachtet allerdings nicht die erzählerische Konstitu-

komischen Romanze auf völlig belanglose Ereignisse appliziert wird, kann das Geschichtenschema jedoch zugleich markiert erscheinen.

In Hamburg angekommen, fühlt sich Stauffer von einem »Dämon« getrieben (II/1, S. 283). Die magisch-dämonischen Visionen der Aufbruchs- und Passionsgeschichten von Rosa oder Becker werden hier ironisch verflacht zitiert, insofern der Anlaß für Stauffers »dämonische Vision« allein darin besteht, daß ihm seine Brieftasche geklaut wurde. Kann dieses Ereignis seine Aufbruchsstimmung zunächst nicht mindern, so erhält im Anschluß seine »Revolution« vorerst einen Rückschlag: er wird nämlich von seiner eigenen, mittlerweile erwachsenen Tochter vor der Türe stehen gelassen (II/1, S. 284) bzw. er läßt sich von Klara wieder nach Hause schicken. Auch in dieser Szene wird ein intratextuelles Leitmotiv der entworfenen Revolutionsgeschichte eingearbeitet und trivialisiert: nämlich das der abgewiesenen Revolution, die wie das »arme Blumenmädchen« verzweifelt aber erfolglos um Einlaß bittet.

Daraufhin dichtet Stauffer ein »Locklied an den Tod« (II/1, S. 363). Er inszeniert sozusagen seine eigene »Geschichte« zwischen Paradies und Abgrund, Himmel und Hölle, wie sie bei den Figuren Beckers, Rosas oder Karls entworfen ist. Doch die Tragik seiner Romanze wendet sich alsbald schon zu einer »Märchenfahrt« (II/2, S. 44). Seine »Odyssee« endet mit der Ankunft in einem Schweizer Hotel, da er in der Nähe seine alte Geliebte Lucie vermutet.

Auf dem Ball einer Gräfin darf Stauffer dann ein Theaterstück ansehen, welches ebenfalls von dem Kampf zwischen Himmel und Hölle handelt. Die Erfahrung der tragischen Grenzüberschreitung wird zu einem Schauspiel im ganz wörtlichen Sinne (II/2, S. 48/49). Die übliche und in »November 1918« mehrfach benutzte Metapher der Revolution als eines Schauspiels wird hier spielerisch auf eine konkrete Theateraufführung reduziert: die Bildlichkeit der realen Ereignishaftigkeit der Revolution wird wörtlich in ein realistisches Motiv der Handlungswelt transformiert.[200]

Die letzte Steigerung von Stauffers »Kampf« um ein neues Leben mit Lucie wird wiederum in Anspielung auf die intratextuelle Motivik der Visionen eines Becker oder einer Rosa in der Form komischer »Geisterstunden« (II/2, S. 51) und »Gespensterbühnen« (II/2, S. 55) entworfen. Auch hier wird der Effekt

---

tion einer solchen »ästhetischen« Handlungswelt, und ebenso nicht deren Relevanz im Rahmen einer selbstreflexiven Darstellung bestimmter historiographischer Erzählformen.
[200] Vgl. auch Mader: Sozialismus- und Revolutionsthematik, S. 336, der ebenfalls auf die intratextuelle Motivik von »Himmel und Hölle« in der Stauffer-Geschichte verweist, ohne allerdings diese Motivik als Teil einer historiographischen Schreibart bzw. deren satirische Reflexion zu berücksichtigen.

des »Unrevolutionären« durch eine komische Diminution derjenigen intra- und intertextuellen Motivik erreicht, die ansonsten gerade dem Aufbau einer revolutionären Handlungswelt dient.

Die große Stunde der Entscheidung wird dann zunächst gemäß dem Genre der Komödie mit einer Verwechslung eingeleitet: Stauffer erkennt Lucie überhaupt nicht, und bevor er dann doch wie in einem »Wunder« (II/2, S. 165) bei ihr die Erneuerung und Erfüllung findet, hat er erst einmal ein böses Erwachen, denn Lucie ist natürlich sehr viel älter geworden. Gleichwohl beschließen Lucie und Erwin, ein neues Leben zu gründen, und zwar in einer »neuen Welt«, nämlich in Amerika (II/2, S. 379). Wie zuvor dargestellt, ist im Band II/2 Amerika als die neue Welt und als Prinzip der Erneuerung vor allem durch die Figur Woodrow Wilsons präsentiert. Die Motivik der Stauffer-»Geschichte« referiert somit auch hier auf die intratextuell entworfenen »eigentlichen« Revolutionsgeschichten.

Interessanterweise wird Stauffers »Geschichte« an diesem Punkt der glücklichen »Peripetie« noch einmal mit der politischen Revolution in Berlin enggeführt. Als Erwin und Lucie zunächst nach Berlin zurückkehren, treffen sie einen Vertreter des Rates der geistigen Arbeiter (II/2, S. 374ff.). Es ist Lucie, welche die Visionen dieses »Rats« über Lenin und Wilson, die neuen Führer der Massen und einer erneuerten Welt, in einem wiederum komischen Sinne reduziert:

> »Es ist wirklich gut, daß ich von hier weggehe. Du hast mich im letzten Augenblick auf diesem irrsinnigen Kontinent getroffen, ich könnte in dem europäischen Wahnsinn nicht leben. Mal verhimmelt ihr einen Menschen, mal vergöttert ihr den Staat, und jetzt sind die Massen dran […] Drüben – leben wir realer, kälter, aber auch weniger donquichottisch.« (II/2, S. 378)

Amerika, die »neue Welt«, erscheint hier nicht mehr in dem Glanz der verheißenden Erfüllung, wie es im Rahmen einer klassischen Romanze zu erwarten wäre oder wie es in der tragischen Romanze des Woodrow Wilson und seiner gescheiterten Revolution der Weltordnung als verhindertes Telos zuvor entworfen worden ist. Nicht von ungefähr benutzt Lucie das Bild der Donquichotterie, wie es in einem negativen Sinne von den Kritikern Wilsons benutzt wird. Auf diese Weise wird ein motivisches Gegenbild zu der revolutionären Donquichotterie entworfen, welche für die Stilisierung Wilsons als eines Welterneuerers im Novemberroman so wesentlich ist.

Auch Amerika wird somit im Rahmen der Stauffer-»Geschichte« auf eine nur andere, sogar betont realistische Welt reduziert, die mit dem Paradies oder dem Messianismus eines Woodrow Wilson nicht mehr viel zu tun hat. Die Tatsache, daß Erwin und Lucie in einem solchen Amerika gleichwohl ihr neues Leben aufbauen wollen, erinnert an eine weitere motivische Figur der komischen Romanze. Auch hier erscheint die neue Ordnung am Ende der

»Geschichte« zwar als bessere aber nicht radikal andere Welt. Folglich wird am Ende des letzten Bandes das »neue« Leben der beiden – die bezeichnenderweise dann doch in Berlin bleiben – als nicht besonders verändert beschrieben.

Im Rekurs auf komödienhafte Elemente kommt es sogar zu einer engen Verbindung zwischen Stauffers ehemaliger Ehefrau und seiner ehemaligen bzw. neuen Geliebten, so daß rückblickend selbst Stauffers Bruch mit der Vergangenheit bzw. sein Aufbruch in Hamburg als nicht besonders tiefgreifend erscheinen (II/2, S. 423ff.). Im letzten Buch von »Karl und Rosa«, welches mit der Überschrift »Das Ende der deutschen Revolution« versehen ist, wird seitens des »Dichter-Erzählers« ausdrücklich betont, daß diesen beiden – im Gegensatz zur Tragik der deutschen Revolution – »nichts mißglückt« sei (III, S. 603). Deren »Revolution« ist geglückt, insofern ganz im Sinne der komischen Romanze die »Geschichte« der dramatischen Veränderung am Ende doch so dramatisch nicht ist.

Berücksichtigt man die Geschichte des Exils, so kann man annehmen, daß es Döblin nicht mehr möglich war, eine solche komische Romanze als Struktur der Gesamtgeschichte zu entwerfen, wie es noch in der Historiographie der 20er Jahre üblich war. Gleichwohl läßt sich die Stauffer-»Geschichte« als eine solche »Geschichte« lesen: als einen erzählerischen Archetypus, der quer zu der tragischen Romanze entworfen ist und diesen als solchen bewußt werden läßt.

Die Stauffer-»Geschichte« kann somit ebenfalls zum Objekt der aporetischen Lektüre werden. Sie kann, wie in einem Teil der Forschung geschehen, historisch gelesen werden als »Geschichte« eines unpolitischen und damit »uneigentlichen« Revolutionärs. Sie kann aber ebenso als narrativer Archetyp rezipiert werden: Die Stauffer-»Geschichte« referiert dann nicht auf die unrevolutionären oder nur scheinbar revolutionären Intellektuellen, sondern auf den Entwerfungsprozess einer solchen Rolle innerhalb einer Revolutionsgeschichte.

5.5 Die »Geschichte« des Friedrich Becker – eine tragische Romanze

Wolfgang Frühwald hat bemerkt, daß bereits der Vorname Beckers diese Figur an die Seite der Erlöserfiguren des expressionistischen Verkündigungsdramas stellt.[201] Was Frühwald dabei nicht erwähnt, ist die Tatsache, daß die Figurationen dieses literarischen Genres auch in vielen Revolutionsdramen der 20er

---

[201] Frühwald: Rosa und der Satan, S. 241.

Jahre wie in Revolutionsromanen oder -gedichten vorzufinden sind.[202] Dies verwundert insofern nicht, als in beiden Genres das Vorstellungsbild der radikalen Grenzüberschreitung zentral ist. Gemeinsamer Intertext ist auch hier zumeist die christliche Passions- und Erlösungsgeschichte. Frühwalds Anmerkung zu dieser literarischen Intertextualität der Becker-Figur ist damit im Rahmen der hier anvisierten Betrachtungsweise der historischen Schreibart von »November 1918« ein weiterer Hinweis darauf, daß in diesem Roman verschiedene textuelle Modelle integriert sind, die auf unterschiedliche Weise die Textualität des historiographischen Wirklichkeitsentwurfes imitieren wie zugleich reflektieren.

Die Becker-Figur wird wie erwähnt in der Forschung zu Recht in eine gestische Reihe mit den Figuren der Rosa Luxemburg oder Woodrow Wilsons gestellt. Die Gemeinsamkeiten scheinen auf der Hand zu liegen: ist doch Beckers »Geschichte« auch als eine Allegorie des Scheiterns der Revolution lesbar.[203] In den bisher vorliegenden Interpretationen wird jedoch das allegorische Moment zumeist nur auf die christliche Motivik der Becker-Geschichte bezogen: Die »Geschichte« der politischen Revolution erhält durch Beckers Bekehrungsgeschichte erst ihre bedeutsame »Überhöhung«.

Nur auf diese Weise kann die christliche Passion die »eigentliche« Realität der gescheiterten Revolution dann doch in einem historischen Sinne repräsentieren. Die Voraussetzung dieser »allegorischen« Lektüre besteht also darin, daß Geschichte bzw. Revolution hier einerseits als pures Faktum gesehen werden, andererseits aber als eine spezifische textuelle und semantische Figuration, die »irgendwie« mit der christlichen Motivik der Passions- und Erlösungsgeschichte etwas zu tun hat. Nach der hier vorgelegten Betrachtungsweise des Historischen kann diese Interpretation der Becker-Figur als im Prinzip historische Lesart eingestuft werden, insofern sie schon in einem geschichtstheoretisch legitimen Sinne die historische Wirklichkeit der politischen Revolution nicht mehr in den Fakten, sondern in deren Verbindung mit einer typischen »Geschichte« sieht.

Damit ist aber die Motivik der Passion und Erlösung als solche noch nicht allegorisch lesbar. Dies wird sie auch im Rahmen der Becker-»Geschichte« erst

---

[202] Siehe dazu allgemein Koebner: Der Passionsweg der Revolutionäre (vgl. Kap. VIII/Anm. 62), Fritton: Literatur und Politik (vgl. Kap. VIII/Anm. 68) wie auch W. Fiesser: Christus-Motive in Revolutionsdramen, Heidelberg 1977. Vgl. genauer beispielsweise die Figur des Ackermann in dem Revolutionsroman von B. Kellermann: Der 9. November, Berlin 1946 (1920) oder auch die des Karl in dem Revolutionsdrama »Das Haus in der Mitte« von G. Burg. In: Revolutionsbühne. Hg. v. A. Jahn-Verlag, Leipzig 1926–28, S. 5–32.
[203] So Isermann: Der Text und das Unsagbare, S. 272 und auch M. Luserke: Allegorie und Psychomachie. Revolutionsdeutung in Klingers »Genius«-Fragment und Döblins Roman »November 1918«. In: Internationales A. D.-Kolloquium Münster 1989 (1993), S. 262–270, hier S. 268.

dadurch, daß mit der Art ihrer Verwendung der »übliche« Gegensatz von politischer Revolution und christlicher Metaphysik gerade aufgelöst wird.

Beckers »Geschichte« organisiert sich über verschiedene gestische Modelle, die sukzessiv aufeinanderfolgen und über unterschiedliche motivische Figurationen verschiedener Prätexte ausgestaltet sind.[204] So beginnt seine »Geschichte«, wie sie rückblickend von ihm selbst erzählt wird, mit einem absoluten und radikalen Bruch: seine schwere Verletzung im Ersten Weltkrieg wird für ihn zum Erlebnis einer völligen Vernichtung, die einer tabula rasa gleicht.[205] Wenn er zunächst diese Vernichtung als eine Heilung und als die Geburt eines neuen Lebens erfährt,[206] so muß er bald schon feststellen, daß dieser Lebensbruch erst der Beginn einer langen Passion ist, der Beginn eines lebenslangen Ringens um diese erlösende Neugeburt.

Gleichwohl evozieren Beckers Erzählungen gerade zu Beginn des Romans genau dasjenige Bild von völligem Bruch und schöpfungsgleichem Aufbruch, das in klassischen Revolutionsromanzen zu einer typischen motivischen Figuration des Erzählens gehört, in »November 1918« von Beginn des Erzählens an jedoch nur als »gestörte« Figuration der Handlungswirklichkeit entworfen ist.

Becker fordert von sich nichts Geringeres als ein »neuer Mensch« zu werden. Er verlangt nach dem revolutionären Ursprungsakt, wie er in »November 1918« auch von Lenin, Karl Liebknecht oder Woodrow Wilson postuliert wird.[207] Es ist zunächst die Figur des mittelalterlichen Mystikers Tauler, welche zu Beginn des Romans diese revolutionäre Forderung Beckers bereits in eine tragische Vision verwandelt. Tauler, der zu Beckers visionärem Begleiter wird, entwirft Beckers »Geschichte« schon früh als eine Geschichte der Passion, in welcher die Notwendigkeit einer radikalen Selbstreinigung und die Hoffnung auf einen erlösenden Ursprungsakt nur in einem tragischen Zusammenhang erscheinen.[208] Becker wird am Ende seines Lebens selbst diese mystische Tauler-Rolle übernehmen: was zunächst visionäres Modell seiner »Geschichte« ist, wird später eine gestische Grundhaltung seiner entworfenen Erfahrungs- und Handlungswirklichkeit, wenn er als »revolutionärer« Laienprediger durch Deutschland zieht und ähnlich wie Wilson die radikale Selbstreinigung fordert.[209]

---

[204] Vgl. dazu auch Dollenmayer: The Berlin Novels of Alfred Döblin, S. 159ff. Dollenmayer geht es aber in erster Linie um die intertextuellen Bezüge als solche, d. h. nicht um eine mögliche Relationierung der einzelnen Prätexte zur Textualität der Revolutionsgeschichte.
[205] I, S. 159ff.
[206] I, S. 163; I, S. 231/32, wo Becker selbst den klassischen Prätext der Genesis zitiert.
[207] Vgl. dazu ähnlich Elshorst: Mensch und Umwelt im Werk Alfred Döblins, S. 126.
[208] Vgl. die erste Taulervision in I, S. 139/140 sowie I, S. 173/174.
[209] III, S. 639ff.; III, S. 645ff. Vgl. auch Busch: Faust und Faschismus, S. 180.

Es ist typisch für die Gestaltung der Becker-»Geschichte«, daß die über bestimmte Prätexte vermittelten gestischen Figurationen der Handlungswelt zuvor als solche explizit thematisiert werden. Auch der Antigone-Mythos, der an späterer Stelle der Becker-»Geschichte« produktiv gemacht wird, wird von Becker selbst zunächst als ein Handlungsmodell problematisiert.[210] Auf diese Weise werden die gestischen Modelle und damit auch die motivischen Figurationen von Beckers Revolutionsgeschichte ganz explizit markiert.

Und es ist ebenso typisch für die Gestaltung der Becker-»Geschichte«, daß ein und dieselbe gestische Figuration durch verschiedene Prätexte inszeniert wird. Denn die Tauler-Rolle am Ende von Beckers »Geschichte« zitiert zugleich den Prätext des messianischen Märtyriums, wie er für die oben genannten Verkündigungsdramen bzw. die biblisch überlieferte Passions- und Erlösungsgeschichte spezifisch ist.[211]

Die Figurationen, die den plot der Becker-»Geschichte« strukturieren, lassen sich dennoch in einer gewissen Sukzessivität lesen. Dollenmayer hat detailliert nachgewiesen, wie sich diese »Geschichte« über den Faust-Mythos, dann anschließend über den Antigone-Mythos organisiert, bis nach Beckers Gefängnisentlassung die Figuration der Imitatio Christi oder eben die Passions- und Erlösungsgeschichte bestimmendes Modell des Erzählens wird.[212] Alle diese »mythic prefigurations« (Dollenmayer) referieren auf klassische »Leitfiguren der Grenzüberschreitung«, mit denen verschiedene Grundhandlungen von Beckers Revolutionsgeschichte thematisiert sind.

So endet der Faust-Gestus mit Beckers Selbstmordversuch, also vor seiner Konversion und dem Beginn seiner eigentlichen Handlungsgeschichte, die nach Wiederaufnahme seines Lehrerberufes folgt. Mit dem Faust-Mythos wird zunächst noch einmal auf die motivische Figuration des Lebensbruches und dem Wunsch nach Neugeburt referiert: wie Faust sucht Becker den Ursprung in sich selbst.[213]

---

[210] III/3.Buch und 7.Buch. Zur Funktion des Antigone-Mythos im Rahmen von Bekkers »Revolutionsgeschichte« vgl. die folgenden Ausführungen im Text.
[211] Vgl. zu dieser gestischen Erzähltechnik auch Keller: Tristan und Antigone, S. 11. Dollenmayer hat das Ende der Becker-Geschichte noch spezieller dahingehend untersucht, wie hier die Imitatio Christi bis in die physiognomische Gestaltung der Becker-Figur hinein strukturrelevant wirkt. Vgl.: Dollenmayer: The Berlin Novels of Alfred Döblin, S. 165ff. Die Gestaltung der Tauler-Figur bzw. deren Imitatio durch Becker ruft noch einen anderen revolutionären Typus auf: nämlich den des mystisch-christlichen Revolutionärs des Mittelalters, als deren Verkörperung z.B. häufig Thomas Müntzer gesehen worden ist. Vgl. dazu u.a.H.-J.Goertz: Thomas Müntzer. Mystiker – Apokalyptiker – Revolutionär, Frankfurt a.M. 1989, besonders S. 160–172 oder T. Nipperdey: Reformation, Revolution, Utopie. Studien zum 16.Jahrhundert, Göttingen 1975.
[212] Siehe Kap. VIII/Anm. 204.
[213] Es ist wesentlich, zunächst diese übergreifende Funktion der Einarbeitung des

Während mit dem Faust-Mythos die Konstellation von Bruch und Aufbruch in der Weise eines Zustands inszeniert ist,[214] wird der Antigone-Mythos stärker als ein Handlungsmodell relevant. Mit dem Antigone-Gestus wird Beckers »Geschichte« vor allem zu einer aktiven Widerstands- und Kampfgeschichte. Es kommt auch hier zu Konfrontationen und Entscheidungskämpfen: Seine Bemühungen um die Beerdigung des ermordeten homosexuellen Schuldirektors, die bis ins Detail motivisch der Antigone-Geschichte nachgetextet sind,[215] führen nicht nur zu seiner Entlassung aus dem Schuldienst.

Im Verlauf dieser Vorgänge wird Becker zugleich in das zentrale politische Ereignis kurz vor dem tragischen Ende der Revolution involviert: in den

---

Faust-Mythos zu bestimmen, bevor man dann die intertextuellen Bezüge im einzelnen nachzuweisen sucht. In den diesbezüglichen Analysen Dollenmayers und auch Buschs ist dieser funktionale Gesichtspunkt zu wenig beachtet, so daß man hier nur zu dem sehr vagen Ergebnis kommen kann, daß »November 1918« insgesamt intertextuell organisiert ist – was im Grunde wohl für alle literarischen, aber auch andere Diskurse gilt. Was die konkreten Referenzen auf den Faust-Mythos betrifft, so wären hier vor allem die Einarbeitungen von Goethes »Faust« zu nennen: so nennt Becker seinen Freund Maus einen »Mephisto« (II/2, S. 29), bevor er anschließend »wirklich« mit dem Satan visionär in Berührung gelangt (II/2, S. 200ff., S. 217ff., S. 243ff.). Diese Begegnungen mit den verschiedenen satanischen Gestalten erfolgen in seinem Arbeitszimmer, welches als »Laboratorium« benannt wird (II/2, S. 219). Zuvor bereits war Hilde, Beckers Freundin, als »Gretchen« betitelt worden (I, S. 320). Es gilt auch die intratextuellen Bezüge zu der Stauffer-»Geschichte« zu beachten, wie sie ja bereits in dem Kapitel 5.4. angedeutet worden sind. Auch Stauffer durchlebt seine »Hölle« in Anlehnung an Goethes »Faust«, wenn er in seinem Arbeitszimmer nach der »lieblichen Phiole« greifen will (II/1, S. 245) oder wenn er von dem »Ewigweiblichen« spricht, das »uns hinan zieht« (II/2, S. 227). Im Rahmen der Stauffer-»Geschichte« haben diese intertextuellen Bezüge natürlich eine andere Funktion, insofern sie Teil der komischen Romanze sind. Mit ihnen wird nur das »eigentlich Revolutionäre« der faustischen Überschreitung zitiert, um es dann komisch zu verfremden. Gleichwohl verweist dieser intratextuelle Bezug auf die intertextuellen Konstruktionsmechanismen, denen die Gestaltung dieser beiden Figuren auch im Rahmen der historischen Darstellung unterliegt. Zum Zusammenhang von Faust-Mythos und revolutionärer Vorstellungswelt vgl. u.a. Lasky: Utopie und Revolution, S. 270; Bloch: Das Prinzip Hoffnung. Bd. 3, S. 1194ff.

[214] Was im übrigen auch für das Ereignis des revolutionären Bruches im historischen Sinne gilt. Wie im Zusammenhang mit der Analyse der Rolle der Massen gezeigt wurde, geht es bei diesem Punkt der »Geschichte« im wesentlichen auch um einen Zustand und nicht um eine Handlungsfolge.

[215] Vgl. die Kapitel – Überschriften im 7. Buch: »Am Boden vor den Toren der Stadt« (III, S. 413), »Auf den Spuren der Antigone« (III, S. 423) und »König Kreon« (III, S. 434). Die Arbeit mit dem Prätext erfolgt hier auf unterschiedliche Weise: zum einen auf der plot-Ebene, wo es um die Verweigerung einer Beerdigung geht, die von Becker dann dennoch durchgeführt wird; zum anderen durch die direkte Zitation des Textes der Antigone-Tragödie; und darüberhinaus durch die Markierung dieser Intertextualität, so wenn in einer vorangehenden Kapitelüberschrift davon die Rede ist, daß »Das Leben aus dem Buch heraustritt« (III, S. 202): Becker erscheint nicht nur wie Antigone, sondern die Konstruktionsweise dieses möglichen Erscheinens wird zugleich bewußt gehalten.

Kampf um das Polizeipräsidium in den Januartagen des Jahres 1919. Es gilt zu berücksichtigen, daß durch den Antigone-Gestus, der nach dieser Szene im Polizeipräsidium nicht mehr als gestisches Modell relevant bleibt, die semantische Handlungsqualität von Beckers Teilnahme an den Januarkämpfen schon entworfen ist, *bevor* diese Handlungsqualität ihre Historizität im Zusammenhang mit den »faktischen« Ereignissen erhält.[216] Denn mit dem Antigone-Mythos ist bereits die archetypische Grundhandlung des radikalen Kämpfens um Erlösung gestaltet, die auch Beckers Teilnahme an den revolutionären Entscheidungskämpfen ihre »geschichtliche« Bedeutung verleiht.

Auf der plot-Ebene erscheint Beckers Teilnahme an den Kämpfen um das Polizeipräsidium in keiner Weise motiviert: es ist »faktisch« reiner Zufall, daß Becker in diese Entscheidungskämpfe hineingerät. Es liegt vielmehr eine inszenierte Dissoziation von Handlungs*intention* und Handlungs*bedeutung* vor. Anders als in der Historiographie wird hier die (re-) konstruierte Handlungsbedeutung nicht zu einer Intention des Handelnden umgedeutet. Die über den Antigone-Mythos generierte Handlungsbedeutung bleibt vielmehr als erzählerische Konstruktion erkennbar, insofern sie gerade nicht mit den erzählten Motiven Beckers ineins gesetzt ist.

Dies gilt es zu bedenken, wenn man andererseits betonen muß, daß Beckers Teilnahme an diesen revolutionären Entscheidungskämpfen gerade durch die inszenierte Unerklärlichkeit seiner Motivation eine sehr typische revolutionäre Handlungs- und Erfahrungsqualität suggeriert. Denn mittels dieser Darstellungsweise kann es so scheinen, als gelange Beckers Passion – wie auch die seines Schülers Heinz Riedel, der ebenso unerklärlich zu den Spartakisten übergegangen ist und den Becker dort sucht[217] – durch einen spontanen »Sprung« zur tragischen Erlösungstat.

Beide riskieren ohne motivationale Begründung die Selbstauflösung im Kampf: das revolutionäre Begehren wird noch einmal in seiner ganz typischen Eruptivität inszeniert.[218]

Beckers Ende ist gleichwohl nicht das der politischen Revolution. Nachdem er mehrere Jahre im Gefängnis verbringen muß, beginnt erst anschließend

---

[216] Vgl. so auch Osterle: Auf den Spuren der Antigone, S. 91.
[217] Es ist eine Augenblicksvision Beckers, die ihn dazu bewegt anzunehmen, Heinz sei an den Kämpfen des Polizeipräsidiums beteiligt: er liest in der Zeitung von den Kämpfen um das Präsidium und hat eine kurze Vision, in welcher er Heinz dort zu erkennen glaubt (III, S. 480).
[218] Vgl. auch Isermann: Der Text und das Unsagbare, S. 264. Isermann hält diese Inszenierung allerdings für untypisch, insofern er revolutionäres Agieren für motiviert und geplant hält. Dazu gilt es zu sagen, daß erst durch die retrospektive Konstruktion der Historiographie solches Handeln als motiviert und erklärbar erscheint, wenngleich auch hier die Eruptivität einer solchen Handlungsweise Einzelner oder von Gruppen betont werden muß, um die Ereignisqualität eines solchen Handelns »realisieren« zu können.

Der Aufbau einer revolutionären Wirklichkeit

seine »Geschichte« als messianischer Märtyrer, die wie erwähnt deutlich an eine imitatio christi erinnert.[219] Erst jetzt wird das tragische Ringen um Erlösung zum bestimmenden Moment der Handlungswelt Beckers, wie es in den »Geschichten« von Rosa oder Wilson von Beginn an zentral ist. Auch Becker gerät noch einmal in einen Kampf zwischen Himmel und Hölle, an dessen Ende er im Angesicht der Erlösung stirbt. Becker stirbt wie Wilson und Rosa in einem bedingungslosen Kampf um die irdische Erlösung, ohne daß ihm das irdische Zion zuteil wird. So wird die Becker-»Geschichte« in der Tat zu einer tragischen Romanze in nuce.

Das Scheitern Beckers ist aber nur insofern auch als tragisches Scheitern der deutschen Revolution lesbar, als die »Geschichte« dieses Scheiterns auf klassische Figurationen und Texte des Revolutionsdiskurses rekurriert. Die gestischen Figurationen, die Beckers »Geschichte« organisieren, lassen jedoch in umgekehrter Weise die Textualität jeder Revolutionsgeschichte zum Thema der Lektüre werden. Indem derart explizit die verschiedensten Prätexte zum eigentlichen Faden der Erzählung werden, ist das »Revolutionäre« der Becker-Figur wie das der Ereignisse um den November 1918 *als* »Geschichte« lesbar.

---

[219] Vgl. seine Beschreibung als »hoher, ernster, leicht gebeugter Mann mit braunem Vollbart« (III, S.610), die noch mehrfach wiederholt wird (III, S.610 und S.639), seine Stilisierung als Prediger, um den sich seine Jünger sammeln (III, S.641ff.; S.645f.), die explizite Zitation der Christus-Nachfolge (vgl. »Christus der König« III, S.639 und S.647). Vgl. dazu genauer auch Dollenmayer: The Berlin Novels of Alfred Döblin, S.165ff. Zum Vergleich siehe auch die Untersuchungen von T. Ziolkowski: Fictional Transfigurations of Jesus, Princeton 1972.

IX Zusammenfassung

Mit der hier vorgeschlagenen Interpretation von »November 1918« sollten die literaturwissenschaftlichen Lektüremöglichkeiten des historischen Romans exemplarisch ausgewiesen werden. Die relative Ausführlichkeit, mit der in der fortlaufenden Analyse des Romans die geschichts- und literaturtheoretischen Bedingungen der Lektüre thematisiert wurden, ist durch die aktuelle Problemlage der Gattungsforschung bedingt.

Denn obgleich seit der von Hans-Vilmar Geppert erarbeiteten Poetik der Gattung in der Literaturwissenschaft ein *theoretischer* Konsens über die ästhetische Struktur dieses Genres besteht, ist die überwiegende *Praxis* der Interpretation historischer Romane von ganz anderen Gesichtspunkten bestimmt. Diese Dichotomie von Theorie und Praxis, die sich auch innerhalb der neueren Gattungstheorien (Geppert, Müller, Kebbel) nachweisen läßt, ist in der vorliegenden Arbeit als eine Differenz verschiedener *Lektüremodelle* der Literatur wie der Historiographie ausgewiesen worden.

Mit dem von Geppert fiktionstheoretisch hergeleiteten »Hiatus« von Geschichte und Fiktion werden lediglich romantheoretische Paradigmen für die Lektüre historischer Romane in Anspruch genommen. Indem die Kategorie der Geschichte mit referentialisierbaren Fakten gleichgesetzt wird, kann der historische Roman im Spannungsfeld von Roman und Wirklichkeit bzw. Literatur und Realität gesehen werden. Auch die geschichtsreflexive Tragweite, die besonders für den modernen oder auch postmodernen historischen Roman veranschlagt wird, bleibt an diesem Modell orientiert: historische Wirklichkeit wird als ein Realitätskonzept problematisiert, das aber gleichwohl als ein solches Konzept nicht für die Schreibweise des historischen Romans bestimmend ist. Denn auch die problematische Realität bleibt eine Realität, die der Struktur des Romans qua Hiatus entgegengestellt ist.

Implizit wurde damit eine andere Lesart ausgeschlossen, die sich rein fiktions- bzw. literaturtheoretisch nicht erfassen läßt, aber in der Regel die Praxis der Lektüre bestimmt. Gemeint ist die »übliche« historiographische Rezeption von historischen Romanen, die in den meisten Interpretationen wie auch in den exemplarischen Romananalysen der Gattungstheoretiker zu finden ist. In solchen historiographischen Lesarten wird implizit die Kategorie der Geschichte nicht mehr als ein referentialisierbarer thematischer Gegenstand verstanden, sondern selbst *als Diskurs* betrachtet. Historische Romane werden als eine Form der historiographischen Erzählung gelesen, in der die epistemische Unterscheidbarkeit von Faktizität und Fiktion keine Rolle mehr spielt, da sowohl die miterzählten Fakten der Vergangenheit wie erfundene Elemente als Teile des narrativen Gesamtentwurfs interessieren. Eine solche Lesart ist durchaus berechtigt und keinesfalls nur trivial oder »üblich«. Jeder historische Roman produziert historiographische Diskursformationen immer schon mit – ansonsten könnte er gar nicht als ein historischer Roman gelesen werden. Wie in jeder Historiographie, so wird auch in jedem historischen Roman je nach Thema zunächst eine bestimmte »Geschichte« erzählt. Die spezifischen narrativen Modellierungen (White) sind dabei als sprachlich-epistemische Konstruktionsprinzipien zu betrachten, mit denen eine historische Gegenständlichkeit aufgebaut bzw. mittels derer das Historische des Romans erst lesbar wird. Diese Konstruktionsmechanismen können, zumal aus theoretisch-methodischen Gründen, *analog* zu literarischen Schreibweisen erfaßt werden. Die spezifisch literarischen Diskursbedingungen des historischen Romans sind damit gleichwohl noch nicht bestimmt.

Historische Romane sind nur insofern auch als literarische Diskurse rezipierbar, als sie autoreflexiv die Bedingungen ihrer eigenen historiographischen Lesbarkeit zum Thema machen können. Die geschichtsreflexive Tragweite des historischen Romans ist damit notwendig immer eine selbstreferentielle: setzt sie doch eine historiographische Schreibweise und eine damit einhergehende Konstitution von historischer Referentialität immer schon voraus.

Im Rekurs auf die literaturwissenschaftliche Dekonstruktion ist diese immanente Struktur des historischen Romans als *aporetisch* bestimmt worden. Denn beide Leseweisen lassen sich nicht widerspruchslos in der Interpretation auflösen: man kann nicht zugleich auf Referenz lesen und diese Referenz in Frage stellen. Der »Gattungszwitter« vereinbart somit in sich widersprüchliche diskursive Formationen, die in der literaturwissenschaftlichen Lektüre immer nur nacheinander ausgewiesen werden können, obgleich es der aporetische Zusammenhang ist, der für den historischen Roman spezifisch ist.

Der Analyse von »November 1918« ist entsprechend ein solches Programm der aporetischen Lektüre zugrundegelegt worden. Das Historische dieses Romans (bzw. seine historiographische Lesbarkeit) konstituiert sich über spezifische narrative Modellierungen bzw. historiographische Subdiskurse, mittels derer die Wirklichkeit der Novemberrevolution aufgebaut wird. Der für Revolutionsgeschichten zentrale Subdiskurs kann in Anlehnung an Whites Typologie analog der Struktur der literarischen »Romanze« beschrieben werden. Im Novemberroman sind diese besonderen sprachlich-epistemischen Konstruktionsmechanismen der Historiographie zugleich Grundlage wie Thema des Erzählens.

Die spezifische literarische Fiktionalität der »Geschichte«, wie sie in »November 1918« entworfen ist, basiert auf diesen epistemisch-historiographi-

Zusammenfassung

schen Fiktionen wie sie diese zugleich selbstreferentiell problematisiert. »November 1918« läßt sich nicht nur als Revolutionsdarstellung, sondern auch als Darstellung eines bestimmten »Geschichten«-Erzählens lesen: die Revolutionsgeschichte erscheint *als* »Geschichte«.

X Schlußbetrachtung

Im Mittelpunkt der Untersuchung stand in erster Linie ein wissenschafts- bzw. fachimmanentes Problem. Aus methodischen wie theoretischen Gründen wurden dabei viele angrenzende Fragen und Probleme nicht berücksichtigt: Einseitigkeit ist nicht nur der Preis für die Forcierung einer ganz bestimmten Fragestellung, sondern war im Rahmen dieser Arbeit auch eine methodische Konsequenz der systematischen und damit notwendig idealtypischen Perspektive.[1]

Es stellt sich somit abschließend die Frage, in welcher Hinsicht die hier vorgebrachten Überlegungen anschlußfähig für angrenzende Problemstellungen der Literaturwissenschaft sind. Zunächst wäre hier zu berücksichtigen, inwiefern das dargebotene Analyseprogramm eines historischen Romans als Forschungsprogramm generalisierbar ist.

In *systematischer* Perspektive könnten literaturwissenschaftliche Interpretationen von historischen Romanen zunächst von verschiedenen »Geschichtentypen« ausgehen, wie es in der vorliegenden Untersuchung für das historische Sujet der Revolution erarbeitet wurde. Jede Analyse hätte entsprechend damit zu beginnen, das jeweilige Thema des zu untersuchenden historischen Romans zu bestimmen und anschließend in Relation zu spezifischen Erzählformen der Historiographie zu setzen. Auf diese Weise könnte die Gattung des historischen Romans zugleich als eine thematische wie diskursive Kategorie erfaßt werden, wobei allerdings erst die erzählerisch-diskursiven Formen das Historische des historischen Romans bzw. seine referentielle Lesart ermöglichen.

Es wäre denkbar, daß so die Gattung nach verschiedenen Typen von »Geschichten« systematisch ausdifferenziert würde. Der vergleichsweise hohe geschichtstheoretische Aufwand dieser Arbeit könnte insofern reduziert werden, als beispielsweise die Analyse anderer Revolutionsromane auf das hier erarbeitete Geschichtenschema bereits zurückgreifen könnte.

---

[1] Vgl. dazu M. Weber: Gesammelte Aufsätze zur Wissenschaftslehre. Hg. v. J. Winkkelmann, Tübingen 1968³, S. 190ff. wie S. 275ff. sowie A. Hecker: Geschichte als Fiktion, S. 82.

Entsprechend wären durch die Ausarbeitung anderer narrativer Typen der Historiographie weitere historische Romane gruppenweise in ihrer historischen Schreibart zu erfassen.

Von hier aus läßt sich dann zugleich auch eine *literatur-* bzw. *gattungsgeschichtliche* Perspektive ableiten. Es wäre möglich, verschiedene historische Romane einer Gruppe in der hier vorgeschlagenen zweifachen Weise zu analysieren und sie anschließend in eine synchrone oder diachrone zeitliche Reihe zu stellen. Eine solche »materiale« Geschichte des historischen Romans würde damit nicht so sehr von den einzelnen Texten ausgehen, sondern zunächst von den spezifischen Vertextungsstrategien ganz spezifischer Arten von »Geschichte«.

Die hier dargelegte geschichtstheoretische Betrachtungsweise bliebe allerdings unabdingbar. Denn auch wenn die Historiographie bzw. literarische Texte in synchroner oder diachroner Perspektive untersucht werden, bleibt es Aufgabe der geschichtstheoretischen Reflexion, die Konstituenten des historischen Schreibens zu bestimmen.

Und natürlich hätte jede diachrone Rekonstruktion wiederum den Status einer »Geschichte«: d. h. sie praktizierte genau dies, was auf theoretischer Ebene thematisiert werden müßte. Aus diesen Gründen wurde ja erklärtermaßen in der vorliegenden Arbeit auf eine solche »historische« Perspektive weitgehend verzichtet. Dies muß nicht bedeuten, daß man dies notwendig immer mit einer solchen Konsequenz betreiben muß. Aber es muß bedeuten, daß man immer in diesem Zirkel befangen bleibt, wenn man Geschichtstheorie und Geschichtsschreibung gleichzeitig praktizieren will.[2]

Eine solche Betrachtungsweise des Historischen würde unter einem eher *kultursemiotischen* Gesichtspunkt wahrscheinlich zu der Erkenntnis führen, daß auch in unserer so stark historistischen Kultur die ahistorischen »Mythen« stärker produktiv sind als es uns vielleicht lieb ist. Eine solche Sichtweise auf die Archetypen unserer Erinnerungsarbeit einfach als »postmodern« oder »poststrukturalistisch« abzutun, wäre wohl kaum zu rechtfertigen. Nicht das »Ende der Geschichte« wäre damit postuliert, sondern nur das Ende der Hegemonie einer ganz spezifischen »Geschichte«, die auch in der vorliegenden Arbeit bei aller Selbstreflexivität doch noch zu häufig miterzählt worden ist: nämlich derjenigen, die immer noch unhinterfragt den Anfang der »eigentlichen« Geschichte an das Ende des 18. Jahrhunderts setzt, um in gleichsam »revolu-

---

[2] Eine solche Zirkelstruktur der Argumentation sehe ich auch in der sehr interessanten Arbeit von M. Reisenleitner vorliegen: Die Produktion historischen Sinnes: Mittelalterrezeption im deutschsprachigen historischen Trivialroman vor 1848, Frankfurt a.M. 1992. Während Reisenleitner im theoretischen Teil seiner Untersuchung den Konstruktions- und Textcharakter aller Geschichte betont, erzählt er anschließend wieder eine eigene Art von Mentalitätsgeschichte, wenn es um die praktische Analyse von Romanen geht.

Schlußbetrachtung

tionärer« Weise den Ursprung des modernen Geschichtsbewußtseins zu konstituieren.

Zumal das Jahr 1989, das vor allem in den Medien als ein Jahr der Wiedergeburt der Revolution gefeiert wurde, obwohl doch angeblich der »Mythos« der Revolution längst als irrelevantes Relikt vergangener Zeiten betrachtet worden war, zeigt dieses Ineinander von archetypischer Erinnerungsarbeit und diachroner Relativierung. Die kritischen Stimmen, die schon bald laut wurden und davor warnten, diese Ereignisse vor allem in den östlichen Ländern noch als Revolutionen in einem »klassischen« Sinne zu bezeichnen, haben im Grunde auch nur die »mythischen« Strukturen des Revolutionsdiskurses untermauert. Denn hinter der vorgegebenen Gewißheit, die »Wirklichkeit« einer Revolution genau bestimmen und abgrenzen zu können, verbarg sich häufig nur das Festhalten an einem bestimmten Bild von historischer Veränderung, welches meist in Anlehnung an die Französische Revolution als »eigentliche« Wirklichkeit einer Revolution ausgegeben wurde.[3]

Die hier vorgenommene Trennung von »Sein« und »Schein« beruhte damit letztlich auf einer Vorliebe für einen bestimmten Archetyp der Erinnerungsarbeit, dessen mythopoetische Form hinter dem »Mythos« eines Wissens um die historische Realität verborgen blieb.

Und betrachtet man die Art und Weise, wie die Medien bestimmte Ereignisse des Jahres 1989 im Sinne einer »Revolutionsdarstellung« inszenierten, und auf welche Weise die Zeitgenossen und Beteiligten das Revolutionäre der Ereignisse wahrnahmen, so läßt sich auch hier das Repertoire von archetypischen Figurationen wiederfinden, welches schon in »November 1918« und in anderen hier betrachteten Texten als zentral für die Bedeutungskonstitution nachgewiesen werden konnte.

Die Öffnung der Mauer und die Nacht des 9. November 1989 waren nur eine solche Figuration, wenngleich bis heute vielleicht die zentralste von allen. Dieses Ereignis und die so häufig gezeigten Bilder davon symbolisierten wohl in »Reinform« das Revolutionäre der Ereignisverläufe, die davor und danach erfolgten, schien doch hier so etwas wie eine deutsche Variante der Erstürmung der Bastille stattzufinden. Auch hier war es nicht das Faktum des Mauerfalls als solches, das die Wirklichkeit dieser Revolution repräsentierte. Es war vielmehr die Deutung dieses Faktums, seine intertextuelle Symbolik, welche dieses Faktum als revolutionäres Ereignis erscheinen ließ.

Für kurze Zeit wurde in der deutschen Öffentlichkeit, Publizistik und Wissenschaft auffallend häufig über »Ende und Anfang«, über »dramatische Auf-

---

[3] So zu finden beispielsweise bei F. Furet: »Die revolutionäre Idee in Europa ist tot«. Interview in Universitas 47 (1992/1) Nr. 547, 84–90. Vgl. dazu auch J. Habermas: Die nachholende Revolution. Kleine politische Schriften VII, Frankfurt a.M. 1990, S. 179ff.

brüche« und »Gründungsakte« gesprochen.⁴ Und in den Dossiers großer Zeitungen wurde gar ein Teil der deutschen Geschichte noch einmal »neugeschrieben«.

Wie schon in den späten 50er Jahren ging das Bewußtsein für eine revolutionäre Tradition in Deutschland mit einer »Wiederentdeckung« der narrativen Modellierung der Romanze einher.⁵ Im Deutschland der ausgehenden 80er Jahre hatte die Revolution wieder eine Sprache gefunden, und es war eine Sprache, wie sie in den Klassikern der Revolutionshistoriographie des 19. Jahrhunderts nicht viel anders gestaltet ist. Der Archetypus der Romanze, mit all seinen semantischen Figurationen von Bruch, Aufbruch und Ursprungsakten, war hierbei deutlich konstituierendes Moment der Wirklichkeitsdeutung und der Vergewisserung, diese Ereignisse seien eine wirkliche Revolution gewesen.

Dieser Archetypus hat aber anscheinend die Erinnerung nicht ausreichend geprägt. Schon heute entwerfen Historiker und Publizisten lieber wieder andere »Geschichten«, zum Beispiel die von Bismarck und den Schwierigkeiten des Nationalen. Diese Typen von »Geschichten« scheinen in Deutschland in der Tat eine längere Tradition zu haben und für die Erinnerungsarbeit wichtiger zu sein. Aber auch diese »Geschichten« müssen zunächst erzählt werden, um zum zentralen Bestandteil der Erinnerung werden zu können. Denn was wir erinnern, hängt entscheidend davon ab, wie wir uns erinnern.⁶

⁴ Vgl. exemplarisch dazu Chr.Graf von Krockow: Die deutschen in ihrem Jahrhundert. 1890–1990. 11.Kapitel: Ein Ende, ein Anfang – Die Deutschen 1989–1990, Reinbek 1990, S.332ff.; H.Zwahr: Die Revolution in der DDR. In: Revolution in Deutschland? 1789–1989, S.122–143, dessen Text ganz »klassisch« durch die Begriffe der »Selbstzerstörung« (S.124) und der »Selbstbefreiung« (S.127) strukturiert ist, und in dem ebenso typisch die Szenen der Leipziger Demonstrationen hinsichtlich der symbolischen Rolle der Massen entworfen sind (vgl. S.129).
⁵ Vgl. so den Artikel von K.-H. Janßen: »Die Revolution aus dem Stegreif«. In: Die Zeit 25 (18. Juni 1993) S.13ff., wo die »Geschichte« des Arbeiteraufstandes vom 17. Juni 1953 noch einmal als eine Revolutionsgeschichte *umgeschrieben* wird. Janßen betont ausdrücklich, daß man die »Geschichte neu erzählen« muß (S.13), und er erzählt sie in der Tat in einer ganz »klassischen« Weise: da ist von »aufgestautem Volkszorn« die Rede, der zum »Ausbruch« gebracht wurde (ebd.), von eruptiven Massenaktionen (S.14) wie Erstürmungen (S.15) von Polizei- und Stasi-Ämtern und Gefängnissen. 40 Jahre lang war es kaum denkbar, daß die »Geschichte« dieses Arbeiteraufstandes derart geschrieben worden wäre.
⁶ Vgl. so auch J.E. Young. Beschreiben des Holocaust. Darstellung und Folgen der Interpretation, Frankfurt a.M. 1992, S.13. Young hat in diesem seinen mutigen und intelligenten Buch zu dem gerade für die deutsche Geschichtsdeutung zentralen und moralisch brisanten Thema des Holocaust ebenfalls mit Theorien der Sprachlichkeit und Literarizität geschichtlicher Wirklichkeitskonstitution gearbeitet. Und Young kann sehr überzeugend zeigen, daß wir nicht nur der Sprache und figuraler Repräsentationen bedürfen, um uns an dieses schreckliche Ereignis erinnern zu können (wobei die Art der sprachlichen Formen zugleich die Art der Erinnerung bedingt). Young weist darüberhinaus aus, daß selbst für die Handelnden – und zwar für die Täter wie für die Opfer – die Interpretation der Ereignisse auch als entscheidendes Moment des Handelns, als »Triebkraft« der Ereignissen« (S.17) betrachtet werden kann.

Schlußbetrachtung

Daher ist die hier vorgelegte geschichtstheoretische Sichtweise, die sich notwendig nur mit einem ganz spezifischen Aspekt der revolutionären Vorstellungswelt beschäftigen konnte, durchaus mit kultursemiotischen Fragen in eine Verbindung zu bringen.

Auch historische Romane, insofern sie in dem hier apostrophierten Sinne historisch gelesen werden, nehmen Teil an den bestimmten Formen der Erinnerungsarbeit, da sie über diejenigen archetypische Formen der Erzählung organisiert sind, welche auch die kulturelle Erinnerungsarbeit strukturieren.

Aber sie können eben auch in einer Weise gelesen werden, die uns die narrativen Archetypen selbst bewußt werden läßt. »November 1918« ist nicht nur einer der wenigen Romane dieses Jahrhunderts, in der die deutsche Novemberrevolution von 1918 umfassend dargestellt wird. Der Novemberroman macht zugleich die Archetypen des Revolutionsdiskurses, wie sie 1989 wieder für kurze Zeit die Erfahrungs- und Handlungswelt der deutschen Gesellschaft bestimmten, unter dem Gesichtspunkt des historischen Erzählens zum Thema der Reflexion.

Vielleicht vermag die hier vorgeschlagene Lektüre dieses historischen Romans ja manch einen dazu bewegen, auch etwas anders über die Wirklichkeit und Unwirklichkeit der deutschen Revolution von 1989 nachzudenken.

Daß die Erfahrung des unendlichen Leidens und der unendlichen Grausamkeit durch keine Form der Repräsentation eingeholt werden kann, steht dabei außer Frage – doch wenn uns nur das Schweigen bliebe, würden diese schrecklichen Ereignisse irgendwann für immer aus unserer Erinnerung verschwinden.

XI Literaturverzeichnis

a) Primärtext:
Döblin, A.: November 1918. Eine deutsche Revolution. Erzählwerk in drei Teilen. 1.Teil: Bürger und Soldaten 1918. 2.Teil/1.Band: Verratenes Volk. 2.Teil/2.Band: Heimkehr der Fronttruppen. 3.Teil: Karl und Rosa. Hg.v. W.Stauffacher, Olten/Freiburg i.Br. 1991.

b) Darstellungen:
Adorno, Th.W.: Standort des Erzählers im zeitgenössischen Roman. In: ders.: Noten zur Literatur I, Frankfurt a.M. 1965, S.61–72.
Althen, Chr.: Machtkonstellationen einer deutschen Revolution. Alfred Döblins Geschichtsroman »November 1918«, Frankfurt a.M. 1993.
Angehrn, E.: Geschichtsphilosophie, Stuttgart/Berlin/Köln 1991.
Arendt, H.: Über die Revolution, München 1963.
– Vom Leben des Geistes. Bd.II: Das Wollen, München/Zürich 1979.
Aristoteles: Poetik. Grch./dt. Übers.u.hg.v. M.Fuhrmann, Stuttgart 1994.
Assmann, A.: Die Legitimität der Fiktion, München 1980.
– Fiktion als Differenz. In: Poetica 21 (1989), H.3/4, 239–260.
Auer, M.: Das Exil vor der Vertreibung. Motivkontinuität und Quellenproblematik im späten Werk Alfred Döblins, Bonn 1977.
Aust, H.: Der historische Roman, Stuttgart/Weimar 1994.

Baake, D.: Erzähltes Engagement. Antike Mythologie in Döblins Romanen. In: Text + Kritik 13/14 (1972^2) 27–39.
Bachtin, M.M.: Die Ästhetik des Wortes. Hg.v. R.Grübel, Frankfurt a.M. 1979.
– Literatur und Karneval. Zur Romantheorie und Lachkultur. Frankfurt a.M. 1990.
Baecker, D.: Anfang und Ende der Geschichtsschreibung. In: Technopathologien. Hg.v. B.J.Dotzler, München 1992, S.59–86.
Bahners, P.: Die Ordnung der Geschichte. Über Hayden White. In: Merkur 46 (1992/6), H.519, 506–521.
Bahti, T.: Allegories of history: literary historiography after Hegel, Baltimore u.a. 1992.
Barthes, R.: Mythen des Alltags, Frankfurt a.M. 1964.
– Historie und ihr Diskurs. In: alternative 62/63 (1968) 171–180.
– Michelet, Frankfurt a.M. 1980.
Baumgartner, H.M.: Kontinuität und Geschichte, Frankfurt a.M. 1972.
– Erzählung und Theorie in der Geschichte. In: Geschichte – Ereignis und Erzählung, S.259–287.
– u. Rüsen, J. (Hgg.): Seminar: Geschichte und Theorie. Umrisse einer Historik, Frankfurt a.M. 1976.
Bebenburg, F.v.: Ludendorff. Studie eines Revolutionärs, München 1985.
Becker, C.L.: What are historical facts? In: The Philosophy of History in our time. Hg.v. H.Meyerhoff, New York 1959, S.120–137.
Belhalfaoui, B.: Alfred Döblin und die Sozialdemokratie. In: Internationales A.D.-Kolloquium Berlin 1985 (1988), S.127–142.
Bellair, J.: La Révolution allemande de 1918 vue par B.Kellermann, A.Döblin et A.Seghers, Paris 1963 (Masch.).
Benjamin, W.: Über die Gewalt. In: ders.: Zur Kritik der Gewalt und andere Aufsätze, Frankfurt a.M. 1965, S.29–65.
– Ursprung des deutschen Trauerspiels. In: Gesammelte Schriften Bd.I/Teil 1. Hg.v. R.Tiedemann/H.Schweppenhäuser, Frankfurt a.M. 1974, S.203–430.

- Über den Begriff der Geschichte. In: Gesammelte Schriften Bd.I/ Teil 2. Hg.v. R. Tiedemann/H. Schweppenhäuser, Frankfurt a.M. 1974, S. 691–704.
Bernstein, E.: Die deutsche Revolution. Ihr Ursprung, ihr Verlauf und ihr Werk. Bd.1: Geschichte der Entstehung und der ersten Arbeitsperiode der deutschen Republik, Berlin 1921.
Beyer, M.: »Ändere die Welt – sie braucht es.« 50 Jahre NovemberRevolution und die deutsche Literatur. In: Kultur und Gesellschaft. Monatsschrift des demokratischen Kulturbundes Deutschlands (November 1968) 1–2.
- Nachwort zur DDR – Ausgabe von »November 1918«. Berlin: Rütten & Loening 1981, Bd.IV, S. 780–829.
Beyme, K.v. (Hg.): Empirische Revolutionsforschung, Opladen 1973.
- Die Oktoberrevolution und ihre Mythen in Ideologie und Kunst. In: Revolution und Mythos, S. 149–177.
Biemel, W.: Zeitigung und Romanstruktur. Philosophische Analysen zur Deutung des modernen Romans, Freiburg i.Br./München 1985.
Bloch, E.: Das Prinzip Hoffnung. 3 Bände, Frankfurt a.M. 1959.
- Politische Messungen, Pestzeit, Vormärz, Frankfurt a.M. 1970.
Blume, J.: Die Lektüren des Alfred Döblin. Zur Funktion des Zitats im Novemberroman, Bern u.a. 1991.
Blumenberg, H.: Wirklichkeitsbegriff und Möglichkeit des Romans.In: Nachahmung und Illusion, S. 9–28.
- Arbeit am Mythos, Frankfurt a.M. 1979.
- Die Lesbarkeit der Welt, Frankfurt a.M. 1983[2].
Bock, S./Hahn, M. (Hgg.): Erfahrung Exil. Antifaschistische Romane 1933–45. Analysen, Berlin/Weimar 1979.
Bode, Chr.: Ästhetik der Ambiguität. Zu Funktion und Bedeutung von Mehrdeutigkeit in der Literatur der Moderne, Tübingen 1988.
Bode, I./Schuster, I. (Hgg.): Alfred Döblin im Spiegel der zeitgenössischen Kritik, Bern/ München 1973.
Böhme, H.: Geschichte und Gesellschaft im bürgerlichen Roman. In: Sozialgeschichte der deutschen Literatur von 1918 bis zur Gegenwart. Hg.v. J.Berg u.a., Frankfurt a.M. 1981, S. 261–361.
Bohn, V. (Hg.): Romantik. Literatur und Philosophie. Internationale Beiträge zur Poetik, Frankfurt a.M. 1987.
Bohrer, K.H. (Hg.): Mythos und Moderne. Begriff und Bild einer Rekonstruktion, Frankfurt a.M. 1983.
- Zeit der Revolution – Revolution der Zeit. In: Merkur 43 (1989/1) H.479, 13–28.
Booth, W.C.: The Rhetoric of fiction, Chicago/London 1961.
Borgmeier, R./Reitz, B. (Hgg.): Der historische Roman I und II, Heidelberg 1984.
Bosl, K. (Hg.): Die Revolution von 1918, München 1969.
Bosse, H.: Autorschaft ist Werkherrschaft, Paderborn u.a. 1981.
Bracher, K.D.: Die Auflösung der Weimarer Republik. Eine Studie zum Problem des Machtverfalls in der Demokratie, Villingen 1971[5].
- u. Funke, M./Jacobsen, H.-A. (Hgg.): Die Weimarer Republik 1918–1933. Politik, Wirtschaft, Gesellschaft, Bonn 1988.
Braudel, F.: Geschichte und Sozialwissenschaften – Die »longue durée«. In: Geschichte und Soziologie. Hg.v. H.-U. Wehler, Köln 1972, S. 189–215.
Brauneck, M. (Hg.): Der deutsche Roman im 20. Jahrhundert. Analysen und Materialien zur Theorie und Soziologie des Romans. Bd.1, Bamberg 1976.
Breipohl, R.: Religiöser Sozialismus und bürgerliches Geschichtsbewußtsein zur Zeit der Weimarer Republik, Zürich 1971.
Broich, U./Pfister, M. (Hgg.): Intertextualität. Formen, Funktionen, anglistische Fallstudien, Tübingen 1985.
Buchner, E. (Hg.): Revolutionsdokumente. Die deutsche Revolution in der Darstellung der zeitgenössischen Presse, Berlin 1921.
Busch, A.: Faust und Faschismus. Thomas Manns »Doktor Faustus« und Alfred Döblins »November 1918« als exilliterarische Auseinandersetzung mit Deutschland, Frankfurt a.M.u.a. 1984.

- »Aber es ist Berlin«. Das Bild Berlins in Döblins »November 1918«. In: Internationales A.D.-Kolloquium Berlin 1985 (1988), S. 239-246.
Busch, W.: Alfred Döblin und die Tradition der physiologischen Methode. Zur Bedeutung des »inneren Figurenmilieus« im Romanzyklus »November 1918«. In: Internationales A.D.-Kolloquium Lausanne 1987 (1991), S. 120-165.
Busse, D.: Historische Semantik. Analyse eines Programms, Stuttgart 1987.
- u.Hermanns, F./Teubert, W. (Hgg.): Begriffsgeschichte und Diskursgeschichte. Methodenfragen und Forschungsergebnisse der historischen Semantik, Opladen 1994.

Capra, D. La/Kaplan, St.L. (Hgg.): Geschichte denken. Neubestimmung und Perspektiven moderner europäischer Geistesgeschichte, Frankfurt a.M. 1988.
Carr, E.H.: Was ist Geschichte? Dt.v. S.Sommer/G. Kurz, Stuttgart 1963[3].
Cerquiglini, B./Gumbrecht, H.U. (Hgg.): Der Diskurs der Literatur- und Sprachhistorie – Wissenschaftsgeschichte als Innovationsvorgabe, Frankfurt a.M. 1983.
Charlesworth, M.: Protest, Aufstand, Revolution. Von der Amerikanischen Unabhängigkeitserklärung 1776 bis zu den revolutionären Bewegungen der Dritten Welt, München 1973.
Clements, K.A.: Woodrow Wilson. World Statesman, Boston 1987.
Cohn, N.: The Pursuit of the Millenium. Revolutionary Messianism in the Middle Ages and its bearing on Modern Totalitarian Movements, London 1957 (1962).
Collingwood, R.G.: Philosophy der Geschichte, Stuttgart 1955.
Conrad, C./Kessel, M. (Hgg.): Geschichte schreiben in der Postmoderne. Beiträge zur aktuellen Diskussion. Stuttgart 1994.
Culler, J.: Dekonstruktion. Derrida und die poststrukturalistische Literaturtheorie, Reinbek 1988.

Dähnhardt, D.: Revolution in Kiel. Der Übergang vom Kaiserreich zur Weimarer Republik. 1918/19, Neumünster 1978.
Dahlke, H.: Geschichtsroman und Literaturkritik im Exil, Berlin/ Weimar 1976.
Danneberg, L./Vollhardt, F. (Hgg.): Vom Umgang mit Literatur und Literaturgeschichte: Positionen und Perspektiven nach der »Theoriedebatte«, Stuttgart 1992.
Danto, A.C.: Analytische Philosophie der Geschichte, Frankfurt a.M. 1974.
Demandt, A.: Metaphern für Geschichte. Sprachbilder und Gleichnisse im historisch – politischen Denken, München 1978.
- Ungeschehene Geschichte. Ein Traktat über die Frage: Was wäre geschehen, wenn...?, Göttingen 1984.
- Endzeit? Die Zukunft der Geschichte, Siedler Verlag 1993.
Denkler, H.: Restauration und Revolution, München 1973.
- (Hg.): Revolutionskomödien der Achtundvierziger, Stuttgart 1971.
Derrida, J.: Die Schrift und die Differenz, Frankfurt a.M. 1972.
Döblin, A.: Aufsätze zur Literatur. Hg.v W. Muschg, Olten/Freiburg i.Br. 1963.
- Schriften zu Ästhetik, Poetik und Literatur. Hg.v. E. Kleinschmidt, Olten/Freiburg i.Br. 1989.
Dollenmayer, D.B.: Der Wandel in Döblins Auffassung von der Deutschen Revolution 1918-1919. In: Internationales A.D.-Kolloquium New York 1981 (1986), S. 56-63.
- The Berlin Novels of Alfred Döblin. Wadzek's Battle with the Steam Turbine, Berlin Alexanderplatz, Men without Mercy and November 1918, Berkeley u.a. 1988.
Dollinger, R.: Totalität und Totalitarismus im Exilwerk Döblins, Würzburg 1994.
Domenach, J.M.: Revolution und Moderne. In: Merkur 43 (1989/1) H.479, 1-12.
Droysen, J.G.: Historik. Vorlesungen über Enzyklopädie und Methodologie der Geschichte. Hg.v. R. Hübner, Darmstadt 1971[6].
Düsing, W.: Das Epos der Weimarer Republik. Döblins Romanzyklus »November 1918«. In: Schriftsteller und Politik in Deutschland. Hg.v. W. Link, Düsseldorf 1979, S. 49-61.
Dunn, J.: Modern revolutions. An introduction to the analysis of a political phenomenon, Cambridge University Press 1972.
Durzak, M. (Hg.): Der deutsche Roman der Gegenwart. Entwicklungsvoraussetzungen und Tendenzen, Stuttgart u.a. 1979.

Eggert, H.: Studien zur Wirkungsgeschichte des deutschen historischen Romans 1850-75, Frankfurt a.M. 1971.
- u.Profitlich, U./Scherpe, K.R. (Hgg.): Geschichte als Literatur. Formen und Grenzen der Repräsentation von Vergangenheit, Stuttgart 1990.
Eke, N.O./Steinecke, H. (Hgg.): Geschichten aus (der) Geschichte. Zum Stand des historischen Erzählens im Deutschland der frühen Restaurationszeit, München 1994.
Ellrich, L./Wegmann, N.: Theorie als Verteidigung der Literatur? Eine Fallgeschichte: Paul de Man. In: DVjs für Literaturwissenschaft und Geistesgeschichte 64 (1990) 467-513.
Ellul, J.: Von der Revolution zur Revolte, Hamburg 1974.
Elshorst, H.: Mensch und Umwelt im Werk Alfred Döblins, München 1966 (Diss.).
Engler, B./Müller, K. (Hgg.): Historiographic Metafiction in Modern American and Canadien Literature, Paderborn 1995.
Erdmann, K.D.: Die Weimarer Republik, Stuttgart 1973.
Eschenburg, Th.: Die Republik von Weimar. Beiträge zur Geschichte einer improvisierten Demokratie, München 1984.
Ettinger, E.: Rosa Luxemburg. Ein Leben, Bonn 1990.

Federman, R.: Surfiction: Der Weg der Literatur, Frankfurt a.M. 1992.
Fiesser, W.: Christus – Motive in Revolutionsdramen, Heidelberg 1977.
Finnegan, E.P.: Biblical themes in the novels of Alfred Döblin, Michigan Ph.D. 1967.
Fleishman, A.: The English Historical Novel: Walter Scott to Virginia Woolf, Baltimore/London 1971.
Flusser, V.: Vom Autor oder vom Wachsen. In: Kunst machen? Hg.v. F.Rötzer/S.Rogenhofer, Berlin 1990, S.57-73.
Fohrmann, J./Müller, H. (Hgg.): Diskurstheorien und Literaturwissenschaft, Frankfurt a.M. 1988.
- u.W.Voßkamp(Hgg.): Wissenschaftsgeschichte der Germanistik im 19. Jahrhundert, Stuttgart 1994.
Foucault, M.: Les mots et les choses. Une archéligie des sciences humaines, Paris 1966.
- Schriften zur Literatur. Aus dem Französischen v. K.v. Hofer/ A.Botond, München 1974.
Frank, M.: Was ist Neostrukturalismus? Frankfurt a.M. 1984.
- Das Sagbare und das Unsagbare. Studien zur deutsch-französischen Hermeneutik und Texttheorie. Erweiterte Ausgabe, Frankfurt a.M. 1989.
Fritsch, Chr./Winckler, L. (Hgg.): Faschismuskritik und Deutschlandbild im Exilroman, Berlin 1981.
Fritton, M.H.: Literatur und Politik in der Novemberrevolution 1918/19, Frankfurt a.M. 1986.
Fröhlich, P.: Rosa Luxemburg: Gedanke und Tat. Mit einem Nachwort von I.Fetscher, Frankfurt a.M. 1973[4].
Frühwald, W.: Rosa und der Satan. Thesen zum Verhältnis von Christentum und Revolution im Schlußband von Alfred Döblins Erzählwerk »November 1918«. In: Internationales A.D.Kolloquium Freiburg i.Br.1983 (1986), S.239-256.
Frye, N.: Analyse der Literaturkritik, Stuttgart 1963.
Füger, W.: Intertextualia Orwelliana. Untersuchungen zur Theorie und Praxis der Markierung von Intertextualität. In: Poetica 21 (1989) 179-200.
Fülop-Miller, R.: Geist und Geschichte des Bolschewismus. Darstellung und Kritik des kulturellen Lebens in Sowjetrußland, Zürich 1926.
Fuhrmann, M. (Hg.): Terror und Spiel. Probleme der Mythenrezeption, München 1971 (= P&H IV).
Furet, F.: 1789 – Vom Ereignis zum Gegenstand der Geschichtswissenschaft, Frankfurt a.M.u.a. 1980.
- »Die revolutionäre Idee in Europa ist tot.« Interview in: Universitas. Zeitschrift für interdisziplinäre Wissenschaft 47 (1992/1) Nr.547, 84-90.

Gabriel, G.: Fiktion und Wahrheit. Eine semantische Theorie der Literatur, Stuttgart/ Bad Cannstatt 1975.

Gadamer, H. G.: Wahrheit und Methode, Tübingen 1965².
Geertz, C.: Dichte Beschreibung. Beiträge zum Verstehen kultureller Systeme, Frankfurt a.M. 1983.
Geier, M./Woetzel, H. (Hgg.): Das Subjekt des Diskurses. Beiträge zur sprachlichen Bildung von Subjektivität und Intersubjektivität, Berlin 1983.
- Die Schrift und die Tradition. Studien zur Intertextualität, München 1985.
Geppert, H. V.: Der »andere« historische Roman. Theorie und Strukturen einer diskontinuierlichen Gattung, Tübingen 1976.
Gewecke, F.: Mythen als Begründungs- und Beglaubigungsrede: das Beispiel der Kubanischen Revolution. In: Revolution und Mythos, S. 266–288.
Ginzburg, C.: Spurensicherung. Über verborgene Geschichte, Kunst und soziales Gedächtnis. Aus dem Italienischen v. K. F. Hauber, Berlin 1983.
Goertz, H.-J.: Thomas Müntzer. Mystiker, Apokalyptiker, Revolutionär, München 1989.
Goldberg, M.: The individual and society in the novels of Alfred Döblin, New York University 1969.
Graber, H.: Politisches Postulat und autobiographischer Bericht. Zu einigen im Exil entstandenen Werken Alfred Döblins. In: Die deutsche Exilliteratur 1933–45, S. 418–429.
Graczyk, A.: Die Masse als Erzählproblem. Unter besonderer Berücksichtigung von Carl Sternheims »Europa« und Franz Jungs »Proletarier«, Tübingen 1993.
Graevenitz, G. v.: Mythos. Zur Geschichte einer Denkgewohnheit, Stuttgart 1987.
Grebing, H.: Konservative Republik oder soziale Demokratie? Zur Bewertung der Novemberrevolution in der neueren westdeutschen Historiographie. In: Vom Kaiserreich zur Weimarer Republik, S. 386–403.
Greenblatt, S.: Schmutzige Riten. Betrachtungen zwischen Weltbildern. Aus dem Amerikanischen v. J. Gaines, Berlin 1990.
Griewank, K.: Der neuzeitliche Revolutionsbegriff. Entstehung und Entwicklung. Aus dem Nachlaß hg.v. I. Horn-Staiger, Frankfurt a.M. 1969².
Grimm, G. E./Faulstich, W./Kuon, P. (Hgg.): Apokalypse. Weltuntergangsvisionen in der Literatur des 20. Jahrhunderts, Frankfurt a.M. 1986.
Groh, D.: Der Umsturz von 1918 im Erlebnis der Zeitgenossen. In: Zeitgeist der Weimarer Republik. Hg.v. H. J. Schoeps, Stuttgart 1968, S. 7–33.
Grolmann, A. v.: Über das Wesen des historischen Romans. In: DVjs 7 (1929) 587–605.
Grothe, W.: Die Theorie des Erzählens bei Alfred Döblin. In: Text+ Kritik 13/14 (1972²) 7–27.
Grubitzsch, H./Kublitz, M. (Hgg.): Frauen – Literatur – Revolution, Pfaffenweiler 1992.
Günther, H.: Utopie nach der Revolution. In: Utopieforschung Bd.3, S. 378–393.
Gumbrecht, H.-U.: Funktionen parlamentarischer Rhetorik in der Französischen Revolution. Vorstudien zur Entwicklung einer historischen Textpragmatik, München 1978.
- »Das in vergangenen Zeiten Gewesene so gut erzählen, als ob es in der eigenen Welt wäre« – Versuch zur Anthropologie der Geschichtsschreibung. In: Formen der Geschichtsschreibung, S. 480–513.
- Posthistoire Now. In: Ders./Link-Heer, U. (Hgg.): Epochenschwellen und Epochenstrukturen im Diskurs der Literatur- und Sprachhistorie, Frankfurt a.M. 1985, S. 34–50.
- Über allen Wipfeln ist Ruh: Literaturwissenschaft jenseits der Literatur. In: FAZ (20. Juli 1988) 29.

Habermas, J.: Über das Subjekt der Geschichte. Kurze Bemerkung zu falsch gestellten Alternativen. In: Geschichte – Ereignis und Erzählung, S. 470–476.
- Die nachholende Revolution. Kleine Politische Schriften VII, Frankfurt a.M. 1990.
Hackert, F.: Die Forschungsdebatte zum Geschichtsroman im Exil. Ein Literaturbericht. In: Exilforschung. Ein internationales Jahrbuch. Hg.im Auftrag der Gesellschaft für Exilforschung v. Th. Koebner u.a. Bd.1, München 1983, S. 367–388.
Haffner, S.: Die deutsche Revolution 1918/19. Wie war es wirklich?, München 1979².
Hahl, W.: Reflexion und Erzählung. Ein Problem der Romantheorie von der Spätaufklärung bis zum programmatischen Realismus, Stuttgart u.a. 1971.

Hamburger, K.: Die Logik der Dichtung. Ungekürzte Ausgabe nach der 3.Aufl.1977, Frankfurt a.M. 1980.
Hamm, H.T.: Poesie und kommunikative Praxis, Heidelberg 1981.
– Alfred Döblin: »November 1918«. Bemerkungen zur Begründung des Geschichtsromans. In: Beiträge zur deutschen Literatur 20 (1983) 1–18.
Hanimann, W. A.: Studien zum historischen Roman (1930–1945), Bern/ Frankfurt a.M. 1981 (Diss.).
Hans, J.: Historische Skizze zum Exilroman. In: Der deutsche Roman im 20. Jahrhundert, S. 240–259.
Hardtwig, W.: Die Verwissenschaftlichung der Historie und die Ästhetisierung der Darstellung. In: Formen der Geschichtsschreibung, S. 147–191.
Harth, D.: Biographie als Weltgeschichte. Die theoretische und ästhetische Konstruktion der historischen Handlung in Droysens »Alexander« und Rankes »Wallenstein«. In: DVjs für Literaturwissenschaft und Geistesgeschichte 54 (1980) 58–104.
– Die Geschichte ist ein Text. Versuch über die Metamorphosen des historischen Diskurses. In: Formen der Geschichtsschreibung, S. 452–479.
– Historik und Poetik. Plädoyer für ein gespanntes Verhältnis. In: Geschichte als Literatur, S. 12–23.
– u.Assmann, J. (Hgg.): Revolution und Mythos, Frankfurt a.M. 1992.
Haussmann, T.: Erklären und Verstehen: Zur Theorie und Pragmatik der Geschichtswissenschaft. Mit einer Fallstudie über die Geschichtsschreibung zum deutschen Kaiserreich 1871–1918, Frankfurt a.M. 1991.
Haverkamp, A./Lachmann, R. (Hgg.): Memoria. Vergessen und Erinnern, München 1993 (=P&H XV).
Hecker, A.: Geschichte als Fiktion. Alfred Döblins »Wallenstein« eine exemplarische Kritik des Realismus, Würzburg 1986.
Hempel, C. G.: Wissenschaftliche und historische Erklärungen. In: Theorie und Realität. Ausgewählte Aufsätze zur Wissenschaftslehre der Sozialwissenschaften. Hg.v. H. Albert, Tübingen 1972², S. 237–261.
Henrich, D.: Selbsterhaltung und Geschichtlichkeit.In: Geschichte – Ereignis und Erzählung, S. 456–463.
– u.Iser, W. (Hgg.): Funktionen des Fiktiven, München 1983 (=P&H X).
Herles, H./Rose, E. (Hgg.): Parlaments – Szenen einer deutschen Revolution. Bundestag und Volkskammer im November 1989, Bonn 1990.
Hermand, J.: Geschichte der Germanistik, Reinbek 1994.
Hetmann, Fr.: Rosa L. Die Geschichte der Rosa Luxemburg und ihrer Zeit, Frankfurt a.M. 1979.
Hettling, M. (Hg.): Revolution in Deutschland? 1789 – 1989. Sieben Beiträge, Göttingen 1991.
Hey'l, B.: Geschichtsdenken und literarische Moderne. Zum historischen Roman in der Zeit der Weimarer Republik, Tübingen 1994.
Hinderer, W.: Das deutsche Revolutionsdrama als Gattungsmodell. Zum Problem von Geschichte und Fiktion. In: Die Fürstliche Bibliothek Corvey. Ihre Bedeutung für eine neue Sicht der Literatur des frühen 19.Jahrhunderts. Hg.v. R. Schöwerling/ H. Steinecke, München 1992, S. 281–293.
Hobsbawm, E. J.: Revolution und Revolte. Aufsätze zum Kommunismus, Anarchismus und Umsturz im 20.Jahrhundert. Übers.v. I. Rütters/ R. Wiltz, Frankfurt a.M. 1977.
– Revolution. In: Revolution in history, S. 5–46.
Hoelzel, A.: Betrayed Rebels in German Literature: Büchner, Toller and Koestler. In: Orbis Litterarum 34 (1979) 238–258.
Hoesterey, I.: Verschlungene Schriftzeichen. Intertextualität von Literatur und Kunst in der Moderne/Postmoderne, Frankfurt a.M. 1988.
Höyng, P.: »Erzähl doch keine Geschichte«. Zum Verhältnis von Geschichtsschreibung und erzählender Literatur. In: DU 43 (1991) H.4, 80–89.
Hohendahl, P. U.: Nach der Ideologiekritik: Überlegungen zu geschichtlicher Darstellung. In: Literatur als Geschichte, S. 77–90.
Honegger, C. (Hg.): Schrift und Materie der Geschichte. M. Bloch, F. Braudel, L. Febvre u.a., Frankfurt a.M. 1977.

Hürten, H.: Zwischen Revolution und Kapp – Putsch. Militär und Innenpolitik 1918–1920, Düsseldorf 1977.
Humphrey, R.: The Historical Novel as Philosophy of History. Three German Contributions: Alexis, Fontane, Döblin, University of London 1986.
Hunt, L.: Symbole der Macht – Macht der Symbole: Die Französische Revolution und der Entwurf einer politischen Kultur, Frankfurt a.M. 1989.
Hutcheon, L.: The Politics of Postmodernism, London/New York 1989.

Ingarden, R.: Das literarische Kunstwerk, Tübingen 1965[3].
– Vom Erkennen des literarischen Kunstwerkes, Tübingen 1968.
Iser, W.: Möglichkeiten der Illusion im historischen Roman. In: Nachahmung und Illusion, S. 135–157.
– u.Schalk, F. (Hgg.): Dargestellte Geschichte in der europäischen Literatur des 19. Jahrhunderts, Frankfurt a.M. 1970.
– Akte des Fingierens. Oder: Was ist das Fiktive am fiktionalen Text? In: Funktionen des Fiktiven, S. 121–152.
– Das Fiktive und das Imaginäre: Perspektiven literarischer Anthropologie, Frankfurt a.M. 1991.
Isermann, T.: Der Text und das Unsagbare. Studien zu Religionssuche und Werkpoetik bei Alfred Döblin, Idstein 1989.
Jakobson, R.: Über den Realismus in der Kunst. In: Texte der russischen Formalisten. Bd.1. Hg.v. J.Striedter, München 1969, S.373–391.
– Aufsätze zur Linguistik und Poetik. Hg.u.eing.v. W.Raible, München 1974.
Janßen, K.-H.: Die Revolution aus dem Stehgreif. In: Die Zeit 25 (18.Juni 1993) S. 13–16.
Japp, U.: Hermeneutik. Der theoretische Diskurs, die Literatur und die Konstruktion ihres Zusammenhangs in den philologischen Wissenschaften, München 1977.
– Der Ort des Autors in der Ordnung des Diskurses. In: Diskurstheorien und Literaturwissenschaft, S.223–234.
Jauß,H.R. (Hg.): Nachahmung und Illusion, München 1964 (=P&H I).
– (Hg.): Die nicht mehr schönen Künste. Grenzphänomene des Ästhetischen, München 1968 (=P&H III).
– Der Gebrauch der Fiktion in Formen der Anschauung und Darstellung der Geschichte. In: Formen der Geschichtsschreibung, S.415–451.
– Zur historischen Genese der Scheidung von Fiktion und Realität. In: Funktionen des Fiktiven, S.423–431.
– Ästhetische Erfahrung und literarische Hermeneutik, Frankfurt a.M. 1984[4].
Johnson, B.: The Critical Difference. Essays in the Contemporary Rhetoric of Reading, Baltimore/London 1980.

Kaes, A.: New Historicism: Literaturgeschichte im Zeichen der Postmoderne? In: Geschichte als Literatur, S.56–65.
Käsler, D.: Revolution und Veralltäglichung. Eine Theorie postrevolutionärer Prozesse, München 1977.
Kammen, M.: A Season of Youth. The American Revolution and the Historical Imagination, New York 1978.
Kasics, K.: Literatur und Fiktion. Zur Theorie und Geschichte der literarischen Kommunikation, Heidelberg 1990.
Kebbel, G.: Geschichtengeneratoren. Lektüren zur Poetik des historischen Romans, Tübingen 1992.
Keller, O.: Tristan und Antigone. Gestus, Verfremdung und Montage als Medien der Figurengestaltung in Döblins »November 1918«. In: Internationales A.D.-Kolloquium Basel 1980 (1986), S.1019.
Kiesel, H.: Literarische Trauerarbeit. Das Exil- und Spätwerk Alfred Döblins, Tübingen 1986.
– Totengräber des Sozialismus. Alfred Döblins Roman »November 1918«: eine frühe Kritik an Lenin. In: FAZ (11. August 1990).
– »November 1918«. In: Deutscher Romanführer. Hg.v. I.Klemm, Stuttgart 1991, S. 84–87.

- Revolutionsgymnastik, Geburtsfehler. Fakten und Fiktion: Alfred Döblins großes Erzählwerk »November 1918«. In: FAZ (18. April 1992).
Kimber, R. B.: Alfred Döblins godless mysticism, Princeton 1965.
Kittler, F. A./Turk, H. (Hgg.): Urszenen. Literaturwissenschaft als Diskursanalyse und Diskurskritik, Frankfurt a.M. 1977.
- Autorschaft und Liebe. In: Ders.(Hg.): Austreibung des Geistes aus den Geisteswissenschaften, Paderborn 1980, S. 142-173.
- Aufschreibesysteme 1800-1900, München 1985.
Klein, F.: Deutschland 1918, Berlin 1962.
Kleinschmidt, E.: Döblin - Studien I./II. In: Jahrbuch der deutschen Schillergesellschaft 26 (1982) 383-428.
- Parteiliche Fiktionalität. Zur Anlage historischen Erzählens in Alfred Döblins »November 1918«. In: Internationales A. D. Kolloquium New York 1981 (1986), S. 116-132.
- Gleitende Sprache: Sprachbewußtsein und Poetik in der literarischen Moderne, München 1992.
Kluge, A.: Kommentare zum antagonistischen Realismusbegriff. In: Ders.: Gelegenheitsarbeit einer Sklavin. Zur realistischen Methode, Frankfurt a.M. 1975, S. 187-250.
- u. Negt, O.: Geschichte und Eigensinn, Frankfurt a.M. 1981.
Kluge, U.: Die deutsche Revolution 1918/19. Staat, Politik und Gesellschaft zwischen Weltkrieg und Kapp - Putsch, Frankfurt a.M. 1985.
Knoll, J. H./Schoeps, J. H. (Hgg.): Von kommenden Zeiten. Geschichtsprophetien im 19. und 20. Jahrhundert, Stuttgart/Bonn 1984.
Kobel, E.: Alfred Döblin. Erzählkunst im Umbruch, Berlin 1985.
Kocka, J./Nipperdey, Th.(Hgg.): Theorie und Erzählung in der Geschichte, München 1979 (= Beiträge zur Historik 3).
Koebner, T.: Der Passionsweg der Revolutionäre. Christliche Motive im politischen Drama der zwanziger Jahre. In: Preis der Vernunft. Festschrift für W. Huder. Hg. v. K. Siebenhaar/H. Haarmann. Berlin 1982, S. 39-50.
Köhn, B.: Alfred Döblins Katholizismus - Kontinuität oder Diskontinuität? In: Internationales A. D.-Kolloquium Lausanne 1987 (1991), S. 51-68.
Koepcke, C.: Revolution. Ursachen und Wirkungen, München 1971.
Koepke, W.: Spontane Ansätze zur Überwindung der Individuation. Zur Struktur von Döblins »Bürger und Soldaten 1918«. In: Internationales A. D.-Kolloquium Basel 1980 (1986), S. 20-33.
- Schwierigkeiten bei der Beurteilung von Döblins »November 1918«. In: Exil. Wirkung und Wertung. Hg.v. D. G. Daviau/L. M. Fischer, Columbia 1985, S. 195-202.
- Abschied vom Mythos Berlin in »November 1918«. In: Internationales A. D.-Kolloquium Berlin 1985 (1988), S. 247-255.
- Konzepte des historischen Romans nach 1933. In: Realismuskonzeptionen der Exilliteratur zwischen 1935 und 1940/41. Hg.v. E. Koch/F. Trapp, Maintal 1987, S. 76-83.
Kohpeiss, R.: Der historische Roman der Gegenwart in der Bundesrepublik Deutschland: ästhetische Konzeption und Wirkungsintention, Stuttgart 1993.
Kolb, E. (Hg.): Vom Kaiserreich zur Weimarer Republik, Köln 1972.
Koopmann, H.: Geschichte ist die Sinngebung des Sinnlosen. Zur Ästhetik des historischen Romans im Exil. In: Schreiben im Exil, Bonn 1985, S. 18-40.
Kort, W.: Alfred Döblin. Das Bild des Menschen in seinen Romanen, Bonn 1970.
Koselleck, R.: Historia Magistra Vitae. Über die Auflösung des Topos im Horizont neuzeitlich bewegter Geschichte. In: Natur und Geschichte. K. Löwith zum 70. Geburtstag. Hg.v. H. Braun/ M. Riedel, Stuttgart u.a. 1967, S. 196-219.
- u. Stempel, W.-D. (Hgg.): Geschichte - Ereignis und Erzählung, München 1973 (= P&H V).
- u. Mommsen, W. J./Rüsen, J. (Hgg.): Objektivität und Parteilichkeit in der Geschichtswissenschaft, München 1977.
- Vergangene Zukunft. Zur Semantik geschichtlicher Zeiten, Frankfurt a.M. 1979.
- u. Lutz, H./Rüsen, J. (Hgg.): Formen der Geschichtsschreibung, München 1982.

- Die Verzeitlichung der Utopie. In: Utopieforschung. Bd.3, S. 1-14.
- Revolution. Rebellion, Aufruhr, Bürgerkrieg. In: Geschichtliche Grundbegriffe. Historisches Lexikon zur politisch – sozialen Sprache in Deutschland. Hg.v. O. Brunner/W. Conze/ R. Koselleck. Bd.5, Stuttgart 1984, S. 653-788.
- Revolution als Begriff. Zur Semantik eines einst emphatischen Wortes. In: Merkur 39 (1985/3) H.433, 203-211.

Kossok, M. (Hg.): Vergleichende Revolutionsgeschichte – Probleme der Theorie und Methode, Berlin 1988.

Kottowski, W.: Die Novemberrevolution und das bürgerliche deutsche Drama zwischen 1917 und 1920, Berlin 1969 (Diss.).

Kracauer, S.: General History and the Aesthetic Approach. In: Die Nicht Mehr Schönen Künste, S. 111-127.
- Geschichte. Vor den letzten Dingen. Aus dem Amerikanischen von K. Witte, Frankfurt a.M. 1971.

Kristeva, J.: Die Revolution der poetischen Sprache, Frankfurt a.M. 1978.

Krockow, Chr.Graf von: Die Deutschen in ihrem Jahrhundert 1890-1990, Reinbek 1990.

Kurth, L.: Historiographie und historischer Roman. Kritik und Theorie im 18. Jahrhundert. In: MLN 79 (1964) 337-362.

Kurz, G.: Mythisierung und Entmythisierung der Revolution. Die Französische Revolution als Schauspiel der Geschichte. In: Revolution und Mythos, S. 128-148.

Lachmann, R. (Hg.): Dialogizität, München 1982.
- Intertextualität als Sinnkonstitution. Andrej Belyis »Petersburg« und die »fremden« Texte. In: Poetica 15 (1983) 66-107.
- Gedächtnis und Literatur, Frankfurt a.M. 1990.

Lämmert, E.: Zum Wandel der Geschichtsauffassung im Reflex der Romantheorie. In: Geschichte – Ereignis und Erzählung, S. 503- 515.
- (Hg.): Erzählforschung. Ein Symposium, Stuttgart 1982.
- Geschichten von der Geschichte. Geschichtsschreibung und Geschichtsdarstellung im Roman. In: Poetica 17 (1985) 228-254.

Langewiesche, D. (Hg.): Revolution und Krieg. Zur Dynamik historischen Wandels seit dem 18. Jahrhundert, Paderborn 1989.

Laqueur, W.: Mythos der Revolution. Deutungen und Fehldeutungen der Sowjetgeschichte. Eine Studie, Frankfurt a.M. 1967.

Lasky, M.J.: Utopie und Revolution. Über die Ursprünge einer Metapher oder Eine Geschichte des politischen Temperaments. Dt.v. St.Polter, Reinbek 1989.

Lehmann, E.: Dreimal Caesar. Versuch über den modernen historischen Roman. In: Poetica 9 (1977) 352-369.

Leiteritz, Chr.: Revolution als Schauspiel. Beiträge zur Geschichte einer Metapher innerhalb der europäisch amerikanischen Literatur des 19. und 20.Jahrhunderts, Berlin/New York 1994.

Lenk, K.: Theorien der Revolution, München 1973.

Liebig, H.v.: Der Betrug am deutschen Volke, München 1919.

Link, J.: Elementare Literatur und generative Diskursanalyse, München 1983.
- u.Wülfing, W. (Hgg.): Bewegung und Stillstand in Metaphern und Mythen. Fallstudien zum Verhältnis von elementarem Wissen und Literatur im 19. Jahrhundert, Stuttgart 1984.
- Literaturanalyse als Interdiskursanalyse. Am Beispiel des Ursprungs literarischer Symbolik in der Kollektivsymbolik. In: Diskurstheorien und Literaturwissenschaft, S. 284-310.

Links, R.: Alfred Döblin. Leben und Werk, Berlin/Ost 1965.
- Mit Geschichte will man etwas. Alfred Döblin: »November 1918«. In: Erfahrung Exil, S. 328-352.

Löwenthal, R.: Der russische Oktober als Revolution neuen Typs. In: Deutschland und die Russische Revolution, S. 24-36.

Luckmann, T.: Lebensweltliche Zeitkategorien, Zeitstrukturen des Alltags und der Ort des historischen Bewußtseins. In: Der Diskurs der Literatur- und Sprachhistorie, S. 13-28.

Lübbe, H.: Was heißt: »Das kann man nur historisch erklären«? In: Geschichte – Ereignis und Erzählung, S. 542–554.
- Geschichtsbegriff und Geschichtsinteresse. Analytik und Pragmatik der Historie, Basel/Stuttgart 1977.
- Wieso es keine Theorie in der Geschichte gibt. In: Theorie und Erzählung in der Geschichte, S. 65–84.
Lüdtke, A. (Hg.): Alltagsgeschichte: zur Rekonstruktion historischer Erfahrungen und Lebensweisen, Frankfurt a.M. 1989.
Lützeler, P. M. (Hg.): Deutsche Romane des 20. Jahrhunderts. Neue Interpretationen, Königstein/Ts. 1983.
- Fiktion in der Geschichte – Geschichte in der Fiktion. In: Poetik und Geschichte. V. Zmegac zum 60. Geburtstag, Tübingen 1989, S. 11–21.
Luhmann, N.: Weltzeit und Systemgeschichte. Über Beziehungen zwischen Zeithorizonten und sozialen Strukturen gesellschaftlicher Systeme. In: Soziologische Aufklärung 2. Aufsätze zur Theorie der Gesellschaft, Opladen 1975, S. 103–133.
Lukács, G.: Die Theorie des Romans. Ein geschichtsphilosophischer Versuch über die Formen der großen Epik, Darmstadt/Neuwied 1965[3].
- Der historische Roman, Neuwied/Berlin 1965.
Luserke, M.: Allegorie und Psychomachie. Revolutionsdeutung in Klingers »Genius«-Fragment und Döblins Roman »November 1918«. In: Internationales A. D.-Kolloquium Münster 1989 (1993), S. 262–270.

Mader, H.: Sozialismus- und Revolutionsthematik im Werk Alfred Döblins. Mit einer Interpretation seines Romans »November 1918«, Mainz 1977 (Diss.).
Man, P. de: Blindness and Insight: Essays in the Rhetoric of Contemporary Criticism, Minnesota 1971/1983[2] (erweitert).
- Der Widerstand gegen die Theorie. In: Romantik, S. 80–106.
- Allegorien des Lesens. Aus dem Amerikanischen v. W. Hamacher/ P. Krumme. Mit einer Einleitung v. W. Hamacher, Frankfurt a.M. 1988.
Mann, G.: Geschichtsschreibung als Literatur. In: Literatur und Dichtung. Hg.v. H. Rüdiger, Stuttgart 1973, S. 107–124.
Marquard, O./Stierle, K. H. (Hgg.): Identität, München 1979 (=P&H VIII).
Matthias, E.: Zwischen Räten und Geheimräten. Die deutsche Revolutionsregierung 1918/19, Bonn 1969.
Mayer, H.: Eine deutsche Revolution – Also keine. Über Alfred Döblins wiederentdecktes Erzählwerk »November 1918«. In: Der Spiegel 32 (14.August 1978) 124–128.
- Alfred Döblins Erzählwerk »November 1918«. In: Ders.: Die umerzogene Literatur. Deutsche Schriftsteller und Bücher 1945 – 1967, Berlin 1988, S. 66–70.
Meier, Chr.: Narrativität, Geschichte und die Sorgen des Historikers. In: Geschichte – Ereignis und Erzählung, S. 571–586.
Meinecke, F.: Nach der Revolution. Geschichtliche Betrachtungen über unsere Lage, München/Berlin 1919.
- Zur Geschichte der Geschichtsschreibung. Werke Bd.VII. Hg.v. E. Kessel, München 1968.
Menge, M.: »Ohne uns läuft nichts mehr«. Die Revolution in der DDR. Vorwort von Christa Wolff, Stuttgart 1990.
Mengel, E.: Geschichtsbild und Romankonzeption. Drei Typen des Geschichtsverstehens im Reflex der Form des englischen historischen Romans, Heidelberg 1986.
Meurer, K.: Für einen neuen Fiktionsbegriff. Betrachtungen zu den historischen Voraussetzungen der Verwendung lebensweltlicher Bauformen in modernen Erzähltexten. In: Erzählforschung, S. 527–551.
Miller, S./Ritter, G.: Die Novemberrevolution 1918 im Erleben und Urteil der Zeitgenossen. In: Aus Politik und Zeitgeschichte. Beilage zu »Das Parlament« B 45/68 (09.11.1968) 3–39.
- Die Bürde der Macht. Die deutsche Sozialdemokratie 1918–1920, Düsseldorf 1978.
Möller, H.: Weimar. Die unvollendete Demokratie, München 1985.
Mommsen, H.: Die verspielte Freiheit. Der Weg der Republik von Weimar in den Un-

tergang 1918–1933. Propyläen Geschichte Deutschlands Bd.8, Frankfurt a.m./Berlin 1989.
Müller, H.: Geschichte zwischen Kairos und Katastrophe. Historische Romane im 20. Jahrhundert, Frankfurt a.M. 1988.
Müller, R.: Geschichte der deutschen Revolution. 3 Bände, Berlin 1924/25 (Nachdruck: Berlin 1979).
Müller-Franken, H.: Die November – Revolution. Erinnerungen, Berlin 1928.
Müller-Salget, K.: Alfred Döblin. Werk und Entwicklung, Bonn 1988[2].

Nash, Chr.(Hg.): Narrative in culture. The uses of storytelling in the sciences, philosophy and literature, London/New York 1990.
Neff, E.: The Poetry of History. The Contribution of Literature and Literary Scholarship to the Writing of History since Voltaire, New York 1947.
Nettl, P.: Rosa Luxemburg. 2 Bände, London u.a. 1966.
Neubauer, H. (Hg.): Deutschland und die Russische Revolution, Stuttgart 1968.
Neuhaus, V.: Illusion and Narrative Technique: The Nineteenth – Century Historical Novel between Truth and Fiction. In: Aesthetic Illusion. Theoretical and Historical Approaches. Hg.v. FR.Burwick/W.Pape, Berlin/New York 1990, S.275–283.
Niemann, A.: Revolution von oben – Umsturz von unten. Entwicklung und Verlauf der Staatsumwälzung in Deutschland 1914–1918. Mit einem Dokumentenanhang, Berlin 1927.
Nipperdey, T.: Reformation, Revolution, Utopie. Studien zum 16. Jahrhundert, Göttingen 1976.
Noack, P.: Die manipulierte Revolution. Von der Bastille bis in unsere Zeit, München 1978.
Noske, G.: Von Kiel bis Kapp. Zur Geschichte der deutschen Revolution, Berlin 1920.
Nünning, A.: Von historischer Fiktion zu historiographischer Metafiktion. Theorie, Erscheinungsformen und Entwicklungstendenzen des historischen Romans in England seit 1950, Köln 1994 (Habil.).

Oertzen, P.v.: Betriebsräte in der Novemberrevolution, Berlin 1976[2].
Opitz, A.: »Zimmer mit Spiegeln überall«. Zur Revolutions – Metaphorik bei Weitzel, Börne, Heine und Büchner. In: Georg Büchner im interkulturellen Dialog. Hg.v. K.Bohnen/E.-U. Pinkert, München 1988, S.72–98.
Orlow, D.: 1918/19: A German Revolution. In: German Studies Review 5 (1982) 187–203.
Osterle, H.D.: Alfred Döblins Revolutionstrilogie »November 1918«. In: Monatshefte 62 (1970) 1–23.
– Neufassung in: Nachwort zur dtv – Ausgabe von »November 1918«. Bd.IV, S.665–694 und wieder in: Interpretationen zu Alfred Döblin, S.160–177 (gekürzte Fassung).
– Auf den Spuren der Antigone: Sophokles, Döblin, Brecht. In: Internationales A.D.-Kolloquium New York 1981 (1986), S.86115.

Panorama 1918. Eine Jahr im Spiegel der Presse. Hg.v. A.Gräfin Wallwitz. Eing.v. K.D.Bracher, München/Bern 1968.
Patzig, G.: Das Problem der Objektivität und der Tatsachenbegriff. In: Objektivität und Parteilichkeit in der Geschichtswissenschaft, S.319–336.
Petersen, J.H.: Der deutsche Roman der Moderne. Grundlegung, Typologie, Entwicklung, Stuttgart 1991.
Pfanner, H.F.: Sachlichkeit und Mystik: Zur Erzählhaltung in Alfred Döblins Revolutionsroman. In: Internationales A.D.-Kolloquium New York 1981 (1986), S.76–85.
Pfeiffer, K.L.: Fiction: On the Fate of a Concept between Philosophy and Literary Theorie. In: Aesthetic Illusion, S.92–104.
Pfister, M.: Konzepte der Intertextualität. In: Intertextualität. Formen, Funktionen, anglistische Fallstudien, S.1–31.
Pohl, K.H.: Obrigkeitsstaat und Demokratie. Aspekte der »Revolution« von 1918/19. In: Revolution in Deutschland? 1789 – 1989, S.46–69.

Porter, R./Teich, M. (Hgg.): Revolution in history, Cambridge University Press 1986.
Prangel, M.: Alfred Döblin. 2.neub.Auflage, Stuttgart 1987.

Quandt, S./Süssmuth, H. (Hgg.): Historisches Erzählen. Formen und Funktionen, Göttingen 1982.
Radek, K./Mandel, E.: Rosa Luxemburg. Leben – Kampf – Tod, Frankfurt a.M. 1986.
Raulff, U. (Hg.): Vom Umschreiben der Geschichte. Neue historische Perspektiven, Berlin 1986.
– (Hg.): Mentalitäten – Geschichte. Zur historischen Rekonstruktion geistiger Prozesse, Berlin 1987.
Reichardt, R./Schmitt, E. (Hgg.): Die Französische Revolution als Bruch des gesellschaftlichen Bewußtseins, München 1988.
Reichardt, U.: Poststrukturalismus und der New Historicism: Geschichte(n) und Pluralität. In: Arbeiten aus Amerikanistik und Anglistik 16 (1991) H.2, 205–223.
Reinalter, H. (Hg.): Revolution und Gesellschaft. Zur Entwicklung des neuzeitlichen Revolutionsbegriffes, Innsbruck 1980.
Reisenleitner, M.: Die Produktion historischen Sinnes: Mittelalterrezeption im deutschsprachigen historischen Trivialroman vor 1848, Frankfurt a.M. 1992.
Rey, W.H.: Deutschland und die Revolution. Der Zerfall der humanistischen Utopie in Theorie und Drama, Bern 1983.
Ribbat, E.: Döblin, Brecht und das Problem des historischen Romans. Überlegungen im Hinblick auf »November 1918«. In: Internationales A.D.-Kolloquium Basel 1980 (1986), S. 34–44.
Ricoeur, P.: Geschichte und Wahrheit. Übers. u. eing. v. R.Leick, München 1974.
– Zeit und Erzählung. 2 Bände, München 1988/89.
Riley, A.W.: The Aftermath of the First World War: Christianity and Revolution in Alfred Döblins »November 1918«. In: The First World War in German Narrative Prose. Essays in honor of G.W. Field. Hg.v. Ch.N. Genno/H.Wetzel, Toronto 1980, S.93–118.
– Christentum und Revolution. Zu Alfred Döblins Romanzyklus »November 1918«. In: Leben im Exil, S. 91–103.
Ritter, G./Miller, S. (Hgg.): Die deutsche Revolution 1918/19. Dokumente, Frankfurt a.M. 1983.
Roberts, D./Thomson, P. (Hgg.): The Modern German Historical Novel. Paradigms, Problems, Perspectives, New York/Oxford 1991.
Rodiek, Chr.: Potentielle Historie (Uchronie). Literarische Darstellungsformen alternativer Geschichtsverläufe. In: Arcadia 22 (1987) 39–54.
Rosenberg, A.: Entstehung der Weimarer Republik. Hg.u.eing.v. K. Kersten, Frankfurt a.M. 1971[13].
– Geschichte der Weimarer Republik. Hg.v. K. Kersten, Frankfurt a.M. 1972[14].
Rothe, W.: Deutsche Revolutionsdramatik seit Goethe, Darmstadt 1989.
Rother, R.: Aktualität des Vergangenen. Die Präsenz der Geschichte als Darstellungsproblem in geschichtstheoretischer und ästhetisch geformter Reflexion, Hannover 1987.
– (Hg.): Bilder schreiben Geschichte. Der Historiker im Kino, Berlin 1991.
Rürup, R.: Probleme der Revolution in Deutschland 1918/19, Wiesbaden 1968.
Rüsen, J.: Ästhetik und Geschichte. Geschichtstheoretische Untersuchungen zum Begründungszusammenhang von Kunst, Gesellschaft und Wissenschaft, Stuttgart 1976.
– Geschichtsschreibung als Theorieproblem der Geschichtswissenschaft. Skizze zum historischen Hintergrund der gegenwärtigen Diskussion. In: Formen der Geschichtsschreibung, S. 14–35.
– Lebendige Geschichte. Grundzüge einer Historik III: Formen und Funktionen des historischen Wissens, Göttingen 1989.

Sandkühler, H.J.: Die Wirklichkeit des Wissens. Geschichtliche Einführung in die Epistemologie und Theorie der Erkenntnis, Frankfurt a.M. 1991.

Sautermeister, G.: Literarischer Messianismus in Deutschland. Politische Ästhetik im Banne der Revolution (1789-1914). In: Die Französische Revolution in der deutschen Literatur, S. 122-161.
Schabert, I.: Der historische Roman in England und Amerika, Darmstadt 1981.
Schäffner, W.: Psychiatrische Erfahrung und Literatur. Antihermeneutik bei Alfred Döblin. In: Internationales A. D.-Kolloquium Münster 1989 (1993), S. 44-56.
Schalk, A.: Geschichtsmaschinen: über den Umgang mit der Historie in der Dramatik des technischen Zeitalters, Heidelberg 1989.
Schapp, W.: In Geschichten verstrickt. Zum Sein von Mensch und Ding. Mit einem Vorwort zur Neuauflage von H. Lübbe, Wiesbaden 1976[2].
Scheibe, E.: Ursache und Erklärung. In: Erkenntnisprobleme der Naturwissenschaften. Texte zur Einführung in die Philosophie der Wissenschaft, Köln/Berlin 1970, S. 253-275.
Schieder, T. (Hg.): Revolution und Gesellschaft. Theorie und Praxis der Systemveränderung, Freiburg i.Br. 1973.
Schiffels, W.: Geschichte(n) Erzählen. Über Geschichte, Funktionen und Formen historischen Erzählens, Kronberg 1975.
Schiffer, W.: Theorien der Geschichtsschreibung und ihre erzählerische Relevanz. Danto, Habermas, Baumgartner, Droysen, Stuttgart 1980.
Schlenstedt, S.: Wegscheiden. Deutsche Lyrik im Entscheidungsfeld der Revolutionen von 1917 und 1918, Berlin 1976.
Schmid, G.: Die Zeichen der Historie. Beiträge zu einer semiologischen Geschichtswissenschaft, Köln/Wien 1986.
- Die Spur und die Trasse. (Post-) Moderne Wegmarken der Geschichtswissenschaft, Wien/Köln/Graz 1988.
Schmidt, S. J.: Interpretation Today - Introductory Remarks. In: Poetics 12 (1983) 71-81.
Scholdt, G.: Autoren über Hitler: deutschsprachige Schriftsteller 1919-1945 und ihr Bild vom »Führer«, Bonn/Berlin 1993.
Scholz-Williams, G.: Geschichte und die literarische Dimension. Narrativik und Historiographie in der anglo-amerikanischen Forschung der letzten Jahrzehnte. Ein Bericht. In: DVjS 2 (1989) 315-392.
Schüddekopf, Ch.(Hg.): »Wir sind das Volk!« Flugschriften, Aufrufe und Texte einer deutschen Revolution, Reinbek 1990.
Schultze Pfaelzer, G.: Von Spa nach Weimar. Die Geschichte der deutschen Zeitenwende, Leipzig 1929.
Schuster, I. (Hg.): Interpretationen zu Alfred Döblin, Stuttgart 1980.
Schwabe, K.: Woodrow Wilson. Ein Staatsmann zwischen Puritanertum und Liberalismus, Göttingen u.a. 1971.
Schwanitz, D.: Verselbständigung von Zeit und Strukturwandel von Geschichten. Zum Zusammenhang zwischen temporalem Paradigmawechsel und Literaturgeschichte. In: Epochenschwellen und Epochenstrukturen, S. 89-109.
- Zeit und Geschichte im Roman - Interaktion und Gesellschaft im Drama: zur wechselseitigen Erhellung von Systemtheorie und Literatur. In: Theorie als Passion, S. 181-213.
Seeba, H. C.: Literatur und Geschichte. Hermeneutische Ansätze zu einer Poetik der Geschichtsschreibung. In: Akten des XI. Internationalen Germanistenkongresses. Hg.v. H. Rupp/H.-G. Roloff, Bd. 8,3, Reihe A, Basel 1980, S. 201-209.
Seibt, F.: Revolution in Europa. Ursprung und Wege innerer Gewalt. Strukturen, Elemente, Exempel, München 1984.
Seiler, B.: Die leidigen Tatsachen. Von den Grenzen der Wahrscheinlichkeit in der deutschen Literatur seit dem 18.Jahrhundert, Stuttgart 1983.
Serke, J.: Alfred Döblin. Ein Ketzer wird Katholik. In: Ders.: Die verbrannten Dichter. Berichte. Texte. Bilder einer Zeit, Frankfurt a.M. 1980, S. 232-250.
Shelton, D. S.: History and Fiction in Alfred Döblins »November 1918«, Cambridge 1981 (B. A./Masch.).
Siebers, G.: Psychologie der Revolution, Stuttgart 1976.
Simmel, G.: Das Problem der historischen Zeit. In: Ders.: Das Individuum und die Freiheit. Essays, Berlin 1984, S. 48-60.

Sottong, H.J.: Transformation und Reaktion. Historisches Erzählen zwischen Goethezeit und Realismus, München 1992.
Spalek, J.M./Strelka, J.u.a.(Hgg.): Deutsche Exilliteratur seit 1933. 2 Halbbände, Bern/München 1976.
Stanzel, F.K.: Theorie des Erzählens, Göttingen 1979.
Stauffacher, W. (Hg.): Internationale Alfred Döblin-Kolloquien Basel 1980 – New York 1981 – Freiburg i.Br. 1983, Bern u.a. 1986 (= Jb.f.Internationale Germanistik, Reihe A – Kongreßberichte Bd.14).
- (Hg.): Internationale A.D.-Kolloquien Marbach a.N. 1984 – Berlin 1985, Bern u.a. 1988 (= Jb.f.Intern.Germ., Reihe A, Kongreßberichte Bd.24).
- (Hg.): Internationales A.D.-Kolloquium Lausanne 1987, Bern u.a. 1991 (= Jb.f.Intern.Germ., Reihe A, Kongreßberichte Bd.28).
- (Hg.): Internationale A.D.-Kolloquien Münster 1989 – Marbach a.N. 1991, Bern u.a. 1993 (= Jb.f.Intern.Germ., Reihe A, Kongreßberichte Bd.33).
- Vom Umgang mit »falschen« Zitaten. Zu editorischen Problemen mit Alfred Döblins »November 1918«. In: Textkonstitution bei mündlicher und bei schriftlicher Überlieferung. Basler Editoren – Kolloquium 19.-22. März 1990. Hg.v. M.Stern, Tübingen 1991, S.189–197.
- »November 1918«. Zum Erscheinen der Neuausgabe. In: Internationales A.D.-Kolloquium Marbach a.N. 1991 (1993), S.356–369.
Stedman Jones, G.: Klassen, Politik und Sprache. Für eine theorieorientierte Sozialgeschichte. Hg.u.eing.v. P.Schöttler, München 1988.
Stephan, A/Wagener, H. (Hgg.): Schreiben im Exil. Zur Ästhetik der deutschen Exilliteratur 1933–45, Bonn 1985.
Stierle, K.H.: Geschichte als Exemplum – Exemplum als Geschichte. Zur Pragmatik und Poetik narrativer Texte. In: Geschichte – Ereignis und Erzählung, S.347–377.
- Geschehen, Geschichte, Text der Geschichte: ebd., S.530–535.
- Erfahrung und narrative Form. Bemerkungen zu ihrem Zusammenhang in Fiktion und Historiographie. In: Theorie und Erzählung in der Geschichte, S.85–118.
- u.Warning, R. (Hgg.): Das Gespräch, München 1984 (=P&H XI).
- Werk und Intertextualität. In: ebd., S.139–150.
Süssmuth, H. (Hg.): Historische Anthropologie. Der Mensch in der Geschichte, Göttingen 1984.

Tannert, G.: Alfred Döblins Trilogie »November 1918« und ihre Problematik als historischer Roman, Leipzig 1959 (Staatsexamensarbeit 1959, Karl-Marx-Universität).
Theweleit, K.: Männerphantasien. 2 Bände, Hamburg 1980.
Thomann Tewarson, H.: Alfred Döblins Geschichtskonzeption in »November 1918. Eine deutsche Revolution.« Dargestellt an der Figur Rosa Luxemburgs in »Karl und Rosa«. In: Internationales A.D. Kolloquium New York 1981 (1986), S.64–75.
Toews, J.E.: Stories of Difference and Identity: New Historicism in Literature and History. In: Monatshefte 84 (1992) No.2, 193–211.
Troeltsch, E.: Spectator – Briefe. Aufsätze über die deutsche Revolution und die Weltpolitik 1918/22. Hg.v. H.Baron, Tübingen 1924.

Veyne, P.: Foucault. Die Revolutionierung der Geschichte. Aus dem Frz.v. G.Roßler, Frankfurt a.M. 1992.
Visch, M.: Zur Funktion von Dokumenten im historischen Roman. Eine exemplarische Untersuchung anhand von A.Kluges »Schlachtbeschreibung«. In: Alexander Kluge. Hg.v. Th.Böhm-Christl, Frankfurt a.M. 1983, S.24–49.
Voßkamp, W.: Romantheorie in Deutschland. Von Martin Opitz bis Friedrich von Blanckenburg, Stuttgart 1973.
- Literatur als Geschichte? Überlegungen zu dokumentarischen Prosatexten von Alexander Kluge, Klaus Stiller und Dieter Kühn. In: Basis. Jahrbuch f. dt. Gegenwartsliteratur IV (1973) 235–250.
- Gattungen als literarisch-soziale Institutionen. Zu Problemen sozial- und funktionsgeschichtlich orientierter Gattungstheorie und -historie.In: Textsortenlehre – Gattungsgeschichte. Hg.v. W.Hinck, Heidelberg 1977, S.27–42.

- Methoden und Probleme der Romansoziologie. Über Möglichkeiten einer Romansoziologie als Gattungssoziologie. In: Internationales Archiv für Sozialgeschichte der deutschen Literatur 3 (1978) 28-37.
- (Hg.): Utopieforschung: interdisziplinäre Studien zur neuzeitlichen Utopie. 3 Bände, Stuttgart 1982.
- Literaturwissenschaft als Geisteswissenschaft. Thesen zur Geschichte der deutschen Literaturwissenschaft nach dem zweiten Weltkrieg. In: Die sogenannten Geisteswissenschaften. Innenansichten. Hg.v. W.Prinz/P.Weingart, Frankfurt a.M. 1990, S. 240-247.

Vovelle, M.: Die Französische Revolution – Soziale Bewegung und Umbruch der Mentalitäten. Mit einem Nachwort des Autors zur dt. Ausgabe u. einer Einführung v. R.Reichardt. Aus dem Frz. v. P.Schöttler, München/Wien 1982.

Walzer, M.: Exodus und Revolution. Dt.v. B.Rullkötter, Berlin 1988.
Wassmund, H.: Revolutionstheorien. Eine Einführung, München 1978.
Weber, E.: Die poetologische Selbstreflexion im deutschen Roman des 18.Jahrhunderts. Zur Theorie und Praxis von Roman, Historie und pragmatischem Roman, Stuttgart u.a. 1974.
Weber, H.-D.: Das Ereignis – dichterische Perspektive oder geschichtlicher Grundbegriff? In: DU 26 (1974) H.6, 77-87.
- Heiner Müllers Geschichtsdrama – die Beendigung einer literarischen Gattung. In: DU 43 (1991) H.4, 43-57.
Weber, M.: Gesammelte Aufsätze zur Wissenschaftslehre. Hg.v. J. Winckelmann, Tübingen 1968³.
Wehler, H.-U. (Hg.): 200 Jahre Amerikanische Revolution und moderne Revolutionsforschung. Geschichte und Gesellschaft. Sonderheft 2, Göttingen 1976.
- Das deutsche Kaiserreich 1871-1918, Göttingen 1988.
Weinrich, H.: Allgemeine Semantik der Metapher. In: Ders.: Sprache in Texten, Stuttgart u.a. 1976, S.317-327.
Weissenberger, K.: Alfred Döblin im Exil. Eine Entwicklung vom historischen Relativismus zum religiösen Bekenntnis. In: Colloquia Germanica 1974, I/2, 37-51.
- (Hg.): Prosakunst ohne Erzählen. Die Gattungen der nicht- fiktionalen Kunstprosa, Tübingen 1985.
Werner, R.: Transparente Kommentare. Überlegungen zu historischen Romanen deutscher Exilautoren. In: Poetica 9 (1977) 324-351.
Westenfelder, F.: Genese, Problematik und Wirkung nationalsozialistischer Literatur am Beispiel des historischen Romans zwischen 1890 und 1945, Frankfurt a.M. u.a. 1989.
Weyembergh-Boussart, M.: Alfred Döblin. Seine Religiösität in Persönlichkeit und Werk, Bonn 1970.
White, H.: Auch Klio dichtet oder die Fiktion des Faktischen. Studien zur Tropologie des historischen Diskurses, Stuttgart 1986.
- Die Bedeutung der Form. Erzählstrukturen in der Geschichtsschreibung, Frankfurt a.M. 1990.
- Metahistory. Die historische Einbildungskraft im 19. Jahrhundert in Europa. Aus dem Amerikanischen v. P. Kohlhaas, Frankfurt a.M. 1991.
Wichert, A.: Alfred Döblins historisches Denken. Zur Poetik des modernen Geschichtsromans, Stuttgart 1986.
Widmann, W.: Theater und Revolution, Berlin 1920.
Winkler, H.A.: Die Sozialdemokratie und die Revolution von 1918/ 19, Berlin 1980².
- Revolution als Konkursverwaltung. 9. November 1918: Der vorbelastete Neubeginn. In: Der 9. November. Fünf Essays zur deutschen Geschichte. Hg.v. J.Willms, München 1994, S.11-32.
Wolff, E.: Zwei Versionen des historischen Romans. Scotts Waverley und Thackerays Henry Esmond. In: Lebende Antike. Symposium für R.Sühnel. Hg.v. H.Meller/H.-J.Zimmermann, Berlin 1967, S.348369.

Young, J.E.: Beschreiben des Holocaust. Darstellung und Folgen der Interpretation. Aus dem Amerik.v. C.Schuenke, Frankfurt a.M. 1992.

Zima, P. V.: Literarische Ästhetik. Methoden und Modelle der Literaturwissenschaft, Tübingen 1991.
- Die Dekonstruktion. Einführung und Kritik, Tübingen/Basel 1994.
Zimmermann, E.: Krisen, Staatsstreiche und Revolutionen, Opladen 1981.
Zimmermann, H. (Hg.): Die Französische Revolution in der deutschen Literatur. Essays, Frankfurt a.M. 1989.
Ziolkowski, T.: Dimensions of the Modern Novel: German Texts and European Contexts, Princeton: University Press 1969.
- Fictional Transfigurations of Jesus, Princeton 1972.
Zitelmann, R.: Hitler. Selbstverständnis eines Revolutionärs. 2., überarb. u. erg. Auflage, Stuttgart 1989.
Zwahr, H.: Die Revolution in der DDR. In: Revolution in Deutschland? 1789–1989, S. 122–143.

Index

Adorno, Theodor W. 93, 177
Alexis, Wilibald 41, 183
Althen, Christina 1,37-39, 65, 68, 71, 81, 87, 109, 115, 117, 125, 135, 144, 145, 148, 150-52, 155, 177
Arendt, Hannah 104, 152, 177
Aristoteles 12, 177
Assmann, Jan 52, 53, 182
Auer, Manfred 35, 78, 135, 155, 177
Aust, Hugo 22, 177
Bahners, Patrick 27, 177
Barthes, Roland 18, 44, 53, 58, 98, 177
Baumgartner, Hans Michael 28, 177, 189
Becher, Johannes R. 144
Belyi, Andrej 57, 185
Benjamin, Walter 65, 100, 177
Bernstein, Eduard 59, 111, 131, 178
Beyer, Manfred 37, 178
Beyme, Klaus von 120, 123, 178
Bloch, Ernst 83, 98, 134, 150, 153, 163, 178
Blume, Jörg 57, 178
Blumenberg, Hans 15, 16, 19, 178
Bode, Ingrid 34, 178
Bohn, Volker 6,178
Bohrer, Karl-Heinz 58, 178
Borgmeier, Raimund 22, 178
Bracher, Karl Dietrich 63, 142, 178, 187
Braun, Hermann 11, 184
Brauneck, Manfred 29, 178
Brecht, Bertold 115, 137, 187, 188
Broich, Ulrich 57, 178
Burg, Gustav 160
Busch, Arnold 35, 83, 91, 115, 149, 161, 163, 178
Busch, Walter 144, 179
Cervantes, Miguel de 150
Coster, Charles de 147
Danto, Arthur C. 25, 29, 179, 189
Demandt, Alexander 30, 87, 97, 107, 109, 179
Dilthey, Wilhelm 20
Döblin, Alfred 1,32-41, 44-47, 57, 68, 69, 73, 74, 78, 81, 91, 96, 114, 115, 117, 119, 120, 125, 127, 135-137, 142-144, 150, 151, 155, 159, 160-162, 165, 177-191

Dollenmayer, David B. 115, 137, 142, 161-163, 165, 179
Domenach, Jean-Marie 52, 179
Droysen, Johann Gustav 20, 25, 179, 182, 189
Durzak, Manfred 34, 179
Ellrich, Lutz 3,5, 180
Elshorst, Hansjörg 34, 47, 65, 96, 115, 117, 119, 135, 136, 150, 155, 161, 180
Enzensberger, Hans-Magnus 127
Fiesser, Wilhelm 160, 180
Fohrmann, Jürgen 47, 180
Fontane, Theodor 41, 183
Foucault, Michel 28, 32, 47, 52, 54, 180, 190
Fritton, Michael H. 144, 160, 180
Frühwald, Wolfgang 143, 144, 148, 149, 159, 160, 180
Frye, Nortrhop 31, 180
Füger, Wilhelm 46, 180
Fülop-Miller, René 120, 180
Fuhrmann, Manfred 12, 177, 180
Furet, Francois 52-56, 56, 58, 100, 111-113, 123, 124, 138, 173, 180
Gadamer, Hans-Georg 51, 181
Genno, Charles N. 34, 188
Geppert, Hans Vilmar 1,2, 4,7, 11-23, 35, 37, 39, 40, 45, 46, 167, 181
Goethe, Johann W. 58, 100, 163, 188
Goertz, Hans-Jürgen 162, 181
Goldberg, Marc 34, 156, 157, 181
Graber, Heinz 34, 181
Graczyk, Anette 89, 181
Grebing, Helga 61, 62, 181
Günther, Hans 56, 181
Haarmann, Hermann 83, 184
Habermas, Jürgen 173, 181, 189
Haffner, Sebastian 60-62, 68, 69, 78, 87, 117, 131, 136, 143, 144, 146, 156, 181
Hamacher, Werner 5,186
Hamburger, Käte 93, 182
Hamm, Heinz Toni 45, 73, 74, 81, 115, 125, 127, 151, 182
Hans, Jan 29, 182
Harth, Dietrich 52, 53, 56, 101, 107, 117, 152, 182
Haverkamp, Amseln 54, 182
Hecker, Axel 17, 19, 26, 28-30, 40, 44, 123, 124, 136, 171, 182

Hegel, Georg W.F. 20, 177
Hettling, Manfred 62, 182
Hinderer, Walther 58, 182
Hobsbawm, Eric J. 53, 55, 124, 182
Hoesterey, Ingrid 57, 182
Höyung, Peter 28, 182
Homeyer, Helene 25
Huder, Walter 83, 184
Hübner, Rudolf 25, 179
Humphrey, Richard 41, 90, 91, 127, 128, 152, 183
Hutcheon, Linda 18, 183
Ingarden, Roman 14, 18, 93, 183
Iser, Wolfgang 16, 18, 19, 39, 182, 183
Isermann, Thomas 35, 114, 115, 140, 143, 144, 147, 148, 160, 164, 183
Janßen, Karl-Heinz 174, 183
Japp, Uwe 47, 183
Jauß, Hans Robert 15, 183
Jung, Franz 89, 181
Käsler, Dirk 101, 123, 183
Kebbel, Gerhard 2,7, 12-14, 17, 19, 22, 23, 45, 167, 183
Keller, Otto 115, 116, 162, 183
Kellermann, Bernd 160, 177
Kierkegaard, Sören 156
Kiesel, Helmuth 1,38, 39, 68, 76, 77, 92, 93, 105, 114, 119, 120, 122, 125, 131, 134, 135, 142, 144, 145, 183
Kittler, Friedrich A. 23, 32, 184
Kleinschmidt, Erich 33, 45, 47, 114, 179, 184
Klinger, Friedrich M. 160, 186
Kluge, Ulrich 61, 63, 64, 66, 184
Kobel, Erwin 39, 40, 120, 125, 184
Kocka, Jürgen 26, 28, 184
Koebner, Thomas 83, 144, 150, 160, 181, 184
Koepke, Wulff 35, 71, 114, 184
Kohpeiss, Ralf 22, 184
Kolb, Eberhard 61, 62, 184
Kort, Wolfgang 34, 184
Koselleck, Reinhart 11, 12, 25, 26, 52, 56, 184, 185
Kristeva, Julia 57, 185
Krockow, Christian Graf von 174, 185
Kurz, Gerhard 87, 185
Lachmann, Renate 54, 57, 182, 185
Lämmert, Eberhard 12, 185
Langewiesche, Dieter 104, 185
Laquer, Walter 123, 185
Lasky, Melvin J. 56, 57, 97, 107, 163, 185
Leiteritz, Christiane 87, 185
Liebig, Hans von 63, 185
Link, Jürgen 52, 185
Links, Roland 34, 185
Lübbe, Hermann 25, 26, 31, 186, 189
Lützeler, Paul M. 27, 186

Lukács, Georg 11, 37, 186
Lukian 25
Luserke, Matthias 160, 186
Lutz, Heinrich 26, 184
Mader, Helmut 36, 38, 81, 91, 95, 115, 118, 120, 154, 157, 186
Man, Paul de 3-6, 9,180, 186
Mann, Heinrich 21
Mann, Thomas 35, 178
Marx, Karl 109
Mayer, Hans 65, 186
Meier, Christian 26, 186
Mengel, Ewald 17, 22, 186
Michelet, Jules 54, 57, 177
Miller, Susanne 63, 66, 142, 186, 188
Müller, Harro 4,12, 14, 17, 19, 21-23, 41, 47, 167, 180, 187
Müller, Heiner 12, 191
Müller, Richard 61, 62, 66, 101, 131, 187
Müller-Franken, Hermann 59, 66, 102, 131, 141, 143, 187
Müller-Salget, Klaus 135, 187
Müntzer, Thomas 162, 181
Muschg, Walter 34, 179
Niemann, Alfred 66, 187
Nipperdey, Thomas 26, 28, 162, 184, 187
Nünning, Ansgar 17, 18, 22, 27, 187
Oertzen, Peter von 61, 187
Osterle, Karl-Heinz 34, 142, 164, 187
Pfister, Manfred 57, 178, 187
Pohl, Karl Heinrich 62, 69, 131, 187
Porter, Roy 51, 188
Prinz, Wolfgang 3,191
Pynchon, Thomas 12
Reisenleitner, Markus 172, 188
Reitz, Bernhard 22, 178
Riedel, Manfred 11, 184
Riley, Anthony W. 34, 144, 188
Ritter, Gerhard A. 66, 186, 188
Roberts, David 22, 188
Rodieck, Christoph 30, 188
Roloff, Hans-Gert 25, 189
Rosenberg, Arthur 61, 78, 131, 188
Rothe, Wolfgang 58, 100, 188
Rück, Fritz 144
Rürup, Roland 61-64, 69, 101, 188
Rüsen, Jörn 26, 177, 184, 188
Rullkötter, Bernd 53, 191
Runkel, Ferdinand 66, 111
Rupp, Heinz 25, 189
Schabert, Ina 22, 189
Schalk, Axel 13, 189
Schapp, Wilhelm 51, 189
Schieder, Theodor 101, 189
Schieder, Wolfgang 144
Schöwerling, Rainer 58, 182
Scholdt, Günter 110, 189
Scholz-Williams, Gerhild 26, 189

Index

Schulz, Dieter 152
Schuster, Ingrid 34, 178, 189
Schweppenhäuser, Hermann 65, 177
Scott, Walter 16, 18, 29, 127, 180, 191
Seeba, Hinrich C. 25, 189
Shelton, David S. 37, 68, 70, 114, 189
Siebenhaar, Klaus 83, 184
Simmel, Georg 29, 30, 189
Sottong, Hermann J. 13, 190
Spalek, John J. 37, 190
Stauffacher, Walter 33, 70, 177, 190
Steinecke, Hartmut 58, 180, 182
Stempel, Wolf-Dieter 25, 184
Sternheim, Carl 89, 181
Stierle, Karlheinz 51, 186, 190
Strelka, Joseph P. 37, 190
Teich, Mikulás 51, 188
Theweleit, Klaus 110, 190
Thoman-Terwason, Heidi 37, 143, 190
Thomson, Philip 22, 188
Tiedemann, Rolf 65, 177
Troeltsch, Ernst 101, 190

Vondung, Klaus 110
Voßkamp, Wilhelm 3,15, 56, 180, 190
Vovelle, Michel 53, 54, 101, 191
Walzer, Michael 53, 56, 134, 149, 191
Weber, Heinz-Dieter 12, 191
Weber, Max 171, 191
Wegmann, Nikolaus 3,5, 180
Weingart, Peter 3,191
Weissenberger, Klaus 37, 191
Wetzel, Horst 34, 188
Weyembergh-Boussart, Monique 34, 191
White, Hayden 26-28, 31, 49-52, 54-56, 58, 73, 96, 168, 177, 191
Wichert, Adalbert 40, 47, 191
Willms, Johannes 101, 191
Winckelmann, Jürgen 171, 191
Winkler, Heinrich August 101, 191
Young, James E. 174, 191
Ziolkowski, Theodor 165, 192
Zitelmann, Rainer 110, 192
Zmegac, Victor 27, 186
Zwahr, Helmut 174, 192

AUSGESCHIEDEN
Stadtbücherei Bochum